Ullstein Sachbuch

W0197516

Widmung

Unseren Eltern

DIE AUTOREN:

M. O. C. Döpfner, geboren in Bonn, Studium der Musikwissenschaft, Theater-
wissenschaft und Germanistik in Frankfurt. Studienaufenthalt am Berklee
College of Music in Boston, Musikkritiker für Tageszeitungen und Zeitschriften, seit 1981 freier Mitarbeiter der Frankfurter Allgemeinen Zeitung. 1984
Ullstein-Buch »Neue Deutsche Welle – Kunst oder Mode?«.

Thomas Garms, geboren in Frankfurt, Studium der klassischen Gitarre,
Musikwissenschaft, Germanistik und Psychologie. Musikkritiker für Tageszeitungen und Zeitschriften, seit 1981 freier Mitarbeiter der Frankfurter Allgemeinen Zeitung. 1984 Ullstein-Buch »Neue Deutsche Welle – Kunst oder
Mode?«.

Döpfner & Garms

Erotik in der Musik

populäre Kultur

Populäre Kultur
Lektorat: Martin Compart
Ullstein Buch Nr. 36517
im Verlag Ullstein GmbH,
Frankfurt/M – Berlin

Originalausgabe

Umschlagentwurf:
Hansbernd Lindemann
Alle Rechte vorbehalten
© 1986 by Verlag Ullstein GmbH,
Frankfurt/M – Berlin & Autoren
Printed in Germany 1986
Gesamtherstellung:
Ebner Ulm
ISBN 3 548 36517 5

März 1986

CIP-Kurztitelaufnahme
der Deutschen Bibliothek

Döpfner, M. O. C.:
Erotik in der Musik / Döpfner & Garms. –
Orig.-Ausg. – Frankfurt/M; Berlin:
Ullstein, 1986.
   (Ullstein-Buch; Nr. 36517:
   Populäre Kultur)
   ISBN 3-548-36517-5
NE: Garms, Thomas:; GT

Inhalt

Zwecke, Zwänge, Zweifel 9

Erotik — was ist das? 12

Ästhetischer Seitensprung 14

1. Kapitel

Von der Minne zum Pop — Geschichtliche Etappen der musikalischen Erotik

Antike Musik-Phallusophie 17 — Wein, Weib und Gesang 18 — Tanz der Spröden? 20 — Blüten der Blauen Blume 22 — Sündenfall Popmusik 24

2. Kapitel

Die Mittel musikalischer Erotik

Lockruf der Löwen 29 — Thermometer der Gefühle 31 — Lust durch Luft 33 — Herzschlag im Zweiertakt 35 — Trommel-Balz der Buschmänner 37 — Sinfonische Orgasmen 39 — Im Disco-Beat zum Höhepunkt 42 — Unbefleckte Verführung 44 — Macho kontra Backfisch 47 — Adorno ins Poesiealbum geschrieben 50 — Herzensbrechers Tongeplänkel 52 — »Schwänzel, ränzel mir den Flachs« 53 — Zugleich nüchtern und trunken 56 — Noten aus Not 59 — Macht der Gefühle 62 — Daseinsgier und Daseinslust 65

3. Kapitel

Der ekstatische Virtuosenkult um Liszt und Paganini

Beischlaf im Beifall 69 — Romantische Weissagungen der Lust 72 — Sex-Appeal des Saitenhexers 74 — Vor Hysterie die Kleider aufgerissen 75 — Wendepunkt der Virtuosität 77 — Tastereien vom Klavier-Mazeppa 79 — Feurig, wild, mit fliegenden Haaren 81

4. Kapitel

Die Erotik der Black Music

Lutschbonbon-Mama oder die Mutter des schlechten Gedankens 85 – Von Sex-Göttern und heiligen Huren 87 – »Sexmachine« 89 – Plastik-Prinzessin mit Maulkorb 91 – Sturz ins Nachtleben 92 – Abgeklärte Aufgeklärtheit 95 – Triebhafter Übermann – Der Potenzkomplex der Weißen 97 – Lasziver Groove und Endlos-Schreie 101

5. Kapitel

Das Groupie-Phänomen

Lust und Frust in Popstar-Betten 105 – Maren 108 – Edith 110 – Sabine 112

6. Kapitel

Erotik im Gesang

Pausengeflüster 117 – Lallen, Lust und Libido 118 – Fleischlichkeit im Geistlichen 121 – Die belcantistische Opernstimme 122 – Die dramatische Opernstimme (Wagner-Fach) 123 – Die Liedstimme 125 – Die Falsettstimme 126 – Die Rock-Stimme 128 – Die Dilettanten-Stimme 130 – Die Soul-Stimme 132

7. Kapitel

Gespräche mit René Kollo und Peter Hofmann über Erotisches im Gesang

Wagner-Helden mit Bizeps und Seidenschal 135

8. Kapitel

Jazz und die Erotik des Rhythmus

Empfindungsträger Nummer eins 147 – Aus der Sackgasse herausgetappt 149 – Schmelztiegel der Sinnlichkeit 152

9. Kapitel

Konstruktive Sinnlichkeit: Claus Kühnl spricht über die Erotik des Komponierens und der neuen Musik

Einklang von Ratio und Emotio 157

10. Kapitel

Erotik in der Pop- und Rockmusik

Cancan für Goldgräber 171 – Frischer Wind aus dem Underground 173 – Elvis, ein sexueller Freibeuter? 174 – Schwächen des schwachen Geschlechts 178 – »Politiker der Erotik« 180 – Mick's Macho-Manieren 181 – Orgasmus-König 184 – Ein Musikmonster und seine Drahtseilakte 187 – Saiten-Fellatio des Gitarren-Gurus 191 – Zwischen Zwitter und Glitter 194 – Ohne Fleisch kein Preis 196 – Porno-Phantasien, tiefgefroren 200 – Der Feind des Guten: des Guten zuviel 201

Anmerkungen 202

Register 204

Zwecke, Zwänge, Zweifel

Ein Buch über »Erotik in der Musik« zu verfassen, kommt einem schriftstellerischen Selbstmordkommando gleich. Das Thema liegt zwar nahe, aber löst gerade dadurch Berührungsängste aus. Nicht ohne Grund wurde es bisher meist gemieden: Erotik ist nun einmal kein objektiver wissenschaftlicher Wert, sondern im höchsten Maße subjektiv. Genau das macht eine Auseinandersetzung mit diesem Thema so heikel. Das Risiko, sich zum Richter über gültige oder ungültige Erotik zu machen, ist groß.

Spricht man mit jemandem darüber, ob und warum er Musik als erotisch empfindet, stößt man zunächst auf bejahendes Echo, bei der nochmaligen Frage nach dem »Warum« aber meist nur auf unbeholfenes Schulterzucken. Viele haben eigene Vorstellungen. Können diese aber nicht ausdrücken und begründen. Der Versuch, Erotik in der Musik dingfest zu machen, muß also zwangsläufig auf Widerspruch stoßen, weil der kritische Leser manches anders sieht und empfindet. Das gilt zwar für jedes Buch, nur hier macht das Gefühl, daß da jemand in der Intimsphäre anderer Leute analytisch herumstochert, ganz besonders aggressiv.

Ein weiteres Problem ist die Verallgemeinerung, die bei der Beschäftigung mit diesem Thema kaum vermieden werden kann. Es gibt nicht »die« Erotik und doch können wir nur über »die« Erotik sprechen, also mit dem kleinsten gemeinsamen Nenner operieren. Unsere Maxime: lieber verallgemeinernd aussagen, als differenziert schweigen.

Noch ein heikler Punkt: die Vollständigkeit. Daß wir nicht sämtliche Stil- und Spielarten der Musik einbeziehen können, leuchtet ein. Dennoch wird es Leser geben, die kopfschüttelnd auf die Wahl unserer Schwerpunkte reagieren. So mancher wundert sich sicher auch über die gleichberechtigte und vergleichende Behandlung von sogenannter E- und U-Musik. Doch gerade das liegt uns am Herzen.

Über die Unsinnigkeit dieser Begriffe ist viel geredet worden, die praktischen Konsequenzen aber sind nach wie vor überfällig. Erst wenn man Jazz, Rock und Popmusik als wichtiges musik-historisches Ereignis unseres Jahrhunderts begreift, wird die selbst bei vielen Musikwissenschaftlern noch vorherrschende Unterschätzung dieser Entwicklung einem plötzlichen Interesse weichen. Das aber geschieht mit der branchenüblichen zeitlichen Vorsichts-Distanz vermutlich auf breiter Front erst dann, wenn wichtige Primärquellen längst verschüttet sind.

Im Zusammenhang mit unserem Thema, für das die populäre Musik des 20. Jahrhunderts durch nachhaltige Umwälzung ein besonders interessantes Beobachtungsfeld bietet, wollen wir einen ganz kleinen Beitrag auch in dieser Richtung leisten. Es geht nicht um Überbewertung, sondern um Bewertung überhaupt.

Die Vermittlung von Aufgeschlossenheit ist unser Ziel, auch wenn man dabei nicht nur zwischen den Stilen, sondern auch zwischen den Stühlen sitzt.

Daß insgesamt die Klassik − in Relation zu ihrer Bedeutung − etwas unterbelichtet bleibt, liegt nicht zuletzt auch an der Reihe, in der dieses Buch erscheint. Und die heißt: »Populäre Kultur«. Vor allem mit dem Thema Oper aber, das hier ausgespart ist, wollen wir uns in einer anderen, späteren Publikation gesondert auseinandersetzen.

Was soll und was will also dieses Buch?

Wenn Sie zu jenen Lesern gehören, die das Bändchen kauften, um sich erotischen Lesestoff zu verschaffen, müssen wir Sie leider enttäuschen: Die folgenden Zeilen haben mit erotischer Kurzweil − sosehr wir sie schätzen − nur wenig zu tun. Auch wenn Sie ein Anhänger streng wissenschaftlicher Literatur sind, kommen Sie kaum auf Ihre Kosten.

Mit dem Buch »Erotik in der Musik« wollen wir vor allem einen Bann brechen, unter dem dieses Thema zu stehen scheint. Wir verstehen unsere Zeilen als feuilletonistische, halbwissenschaftliche Denkanstöße. Schlaglichthaft werden verschiedene Themengebiete erörtert und thesenartig behandelt. So sollen Aspekte zum Thema erhellt und erklärt, aber auch provozierend in den Raum gestellt werden.

Neben dem Ziel, greifbare Kriterien im Umgang mit musikalischer Erotik zu entwickeln, wollen wir auch Emotionen, also Zustimmung oder Widerspruch wecken. Erst die Behauptung, die These, macht eine Gegenposition möglich. Auch das kann die Aufgabe eines Buches sein: Diskussionen anzuregen.

Wir verstehen unsere Arbeit nicht als ein Standardwerk, sondern als einen Versuch, als einen Anfang, der die Möglichkeit der Vertiefung und Fortsetzung von vornherein mitkalkuliert.

Und was die Sprache des Buches betrifft, halten wir es mit Rudolf Walter Leonardt, der zynisch definierte: »Die Kunst, geisteswissenschaftlich unwiderlegbar zu werden, besteht darin, so lange zu abstrahieren, bis der endlich gefundene Begriff alle konkreten Angriffsflächen verloren hat – damit freilich auch alle Farbe, alle Kraft, jeden praktischen Sinn.«[1] Lieber praktisch als unwiderlegbar – ins seminaristische Fettnäpfchen jedenfalls versuchen wir nicht zu treten.

Erotik — was ist das?

So naiv die Frage scheint, so schwer ist sie zu beantworten. Eine allgemeingültige, verbindliche Definition gibt es — Gott sei Dank — nicht. Zu vielfältig, zu subjektiv sind die Facetten, Auffassungen und Gefühle, die dieser Begriff zusammenfaßt.

Bei dem Thema »Erotik in der Musik« nützt es indes wenig, sich mit der Abstraktheit dieses Wortballons zufriedenzugeben und ihn in unscharfen Konturen aufzublasen. Wir müssen uns schon fragen, was es ist, das wir da in der Musik ausfindig machen und beweisen wollen.

Versuchen wir also, den Begriff des Erotischen ein wenig einzugrenzen und eine — unseren Untersuchungen und Gedanken zugrundeliegende — Definition zu finden.

Zunächst zur Wortherkunft: Erotik entstammt dem griechischen Begriff Eros. Eros ist ursprünglich der Name des Liebesgottes. Bei den Römern hieß der gleiche Gott Amor oder Cupido. Als einer der ältesten Naturgötter der Griechen verkörpert Eros die sinnliche Leidenschaft und das »zeugende Prinzip« schlechthin. In der griechischen Mythologie gilt Eros als Sohn von Aphrodite und Zeus.

»Eros ist der Schönste unter den unsterblichen Göttern, der die Glieder löst und allen Göttern wie Menschen das Herz in der Brust bezwingt und die Stimme des Verstandes besiegt«,[2] lautet einer der Schlüsselsätze des damaligen Eros-Kultes.

Die Thesbier feierten sogar regelmäßige Feste zu Ehren dieses Gottes. Alle fünf Jahre fanden auf dem Musenberg Helikon die sogenannten »Erotidien« statt. Im Verlauf der rauschenden Feierlichkeiten wurden neben sportlichen auch musische Wettkämpfe ausgetragen. Übrigens eine der ursprünglichsten bewußten Verbindungen von Kunst und Eros.

Von diesem Eros, dem Gott der Liebe, leitete man später den Begriff Erotik, beziehungsweise den erotischen Trieb ab. Im Gegensatz zum Sexualtrieb, der sich auf den rein geschlechtlichen Reflex beschränkt, ist der erotische Trieb äußerst vielschichtig: Die Sexualwissenschaft unterscheidet hier »eine Reihe elementarer, angeborener Triebe«, die sich zu einem komplexen Ganzen fügen. Erst die Verbindung von Hilfs- oder Pflegetrieb (einem schon in der Tierwelt zu beobachtenden Hang, einen Partner zu schützen und ihm zu helfen) mit dem Geselligkeitstrieb (einem allgemeinen Drang zur Gemeinschaft) und einem Unterordnungstrieb (die Bereitschaft, sich einer als überlegenen empfundenen Person unterzuordnen) schaffe die Voraussetzungen zur Entwicklung eines erotischen Triebes.

Dem eigentlichen Wesen der Erotik bringen uns diese Differenzierungen jedoch kaum näher. Grob betrachtet gibt es zwei gegensätzliche Theorien zur Erotik. Die eine, pragmatisch orientierte Seite versteht Erotik als einen Ausdruck für die rein körperliche Sinnlichkeit. Das Sexuelle, die im Augenblick des Lustgefühls begehrte Trieberfüllung steht im Vordergrund. Erotik ist hier also nichts anderes als ein Synonym für sexuelle Stimulation, die rein biologisch-evolutorisch betrachtet, nur zur Fortpflanzung beziehungsweise Arterhaltung dient.

Die entsprechende Gegenpartei – meist geisteswissenschaftlich-philosophisch geprägt – tendiert mit ihrer Definition zum anderen Extrem. Erotik wird dabei oft durch eine mystisch-religiöse Sphäre verbrämt und so beliebiger Dehnbarkeit preisgegeben. Unter Erotik versteht man in diesem Sinne jegliche Form geistiger (Er-)Regung schlechthin.

Völlig losgelöst von geschlechtlichen Zusammenhängen gewinnt das Wort Erotik so universelle Verwendbarkeit. Egal, ob es die Erotik einer Nähmaschine, die Erotik des Kirschenpflückens oder die Erotik der phonetischen Interdependenz eines westnepalesischen Bauerndialektes ist. Erotik existiert überall und nirgendwo, ist alles und nichts.

In der Tat ist die Erotik – so wie wir sie verstehen – eine allgegenwärtige Kraft. Nur schließt das den sexuellen Aspekt nicht aus, sondern im Gegenteil unbedingt mit ein. Erotik ist nicht nur Sex, aber ohne die Existenz der Sexualität undenkbar. Gerade die Verbindung geistiger und körperlicher Kräfte, also intellektueller und triebhafter Vorgänge bestimmt das Wesen der Erotik.

Auch Sublimierung, Unterdrückung und Kompensation, das heißt der Ausgleich durch Verlagerung der Triebenergien auf andere (künstlerische?) Aktivitäten kann hierbei eine große Rolle spielen. Die ebenfalls weit verbreitete Definition der Erotik, als Form sublimierter Sexualität hat insofern ihre Berechtigung. Als erschöpfende Begriffsbestimmung scheint sie uns jedoch zu einseitig.

Wir verstehen Erotik als eine Form geistig körperlicher Spannung, die zwar sexuell motiviert ist, aber nicht nur auf sexuelle Erfüllung ausgerichtet und beschränkt bleibt. Erotik also als vergeistigter Trieb und triebhafter Geist. All das, was sinnliche – sinnlich im wörtlichen Sinne – Lust weckt, ist erotisch. Also alles, was gesehen, gehört, gerochen, getastet und geschmeckt werden kann, kann, aber muß nicht erotische Erlebnisse hervorrufen oder Bestandteil der Erotik sein.

Ästhetischer Seitensprung

Aber was hat nun Erotik mit Musik oder mit Kunst allgemein zu tun? Bei den Vokabeln schmecken, tasten, riechen, hören und sehen kommt einem zuallererst die Kunst in den Sinn. Oder nein, pardon, vorher natürlich der Mensch, das andere, oder im Falle der Homosexualität, das gleiche Geschlecht. Einen Menschen kann man, und einen Menschen, den man körperlich begehrt, will, ja muß man sehen, hören, fühlen, schmecken, riechen.

Mit der Kunst ist das nicht anders. Vom Menschen geschaffen, ist sie ein künstliches Abbild desselben, eben eine Kunstform seiner Ästhetik, seiner Gefühle und Vorstellungen. Insofern ähnelt die Beziehung des Menschen zur Kunst den Beziehungen zu einem Objekt seiner erotischen Begierde.

Dazu Sigmund Freud: »Die Ableitung auf dem Gebiet des Sexualempfindens scheint gesichert; es wäre ein vorbildliches Beispiel einer zielgehemmten Regung. Die ›Schönheit‹ und der ›Reiz‹ sind ursprüngliche Eigenschaften des Sexualobjektes.«[3]

Und bei Nietzsche heißt es: »Art und Grad der Geschlechtlichkeit eines Menschen reichen bis in die letzten Winkel seines Geistes hinauf.«

Auch die Kunst ist zuallererst ein Medium der Sinnlichkeit, auch sie will sinnlich wahrgenommen werden. Sicher, Kunst kann und soll nicht nur wahrgenommen, sondern auch gedacht werden. Aber ein Bild, das nicht durch das reine Betrachten wirkt, sondern erst durch eine wissenschaftliche Einordnung in ein kunstgeschichtliches Gedankengerüst Eindruck macht, ist ebenso zweifelhaft, wie eine Komposition, die beim Hören unberührt läßt und erst durch eine akribische Auflistung des kompositorischen Materials und seiner werkimmanenten Strukturen ehrfurchtsvoll aufhorchen läßt.

Alle bedeutenden Kunstwerke besitzen beides: sinnliche und geistige Größe. Wo ein intellektueller Überbau die Wahrnehmung zu ersetzen oder nebensächlich zu machen glaubt, wird Kunst umstritten, wird ihre Theorie zum Selbstzweck. Kreativität, verstanden als triebhafter Hervorbringungswille des Menschen, ist ihrem Wesen nach ebenso erotisch, wie ihr mögliches Produkt, die Kunst.

Da sie grundsätzlich Sinnlichkeit bedingt, und von der Spannung zwischen Gefühl und Intellekt, zwischen Trieb und Verstand lebt, basiert die Kunst auf Grundlagen, die zutiefst erotisch sind.

Konsequent weitergedacht, macht dieser Gedanke die Erotik eines Kunstwerkes zu einem wenn nicht gar zu dem wichtigen Qualitätskriterium der Kunstbetrachtung. Die Literatur, Kunst- und Musikkritik schien das von jeher zu spüren. Wenn sie die großen Meister »unsterblich« sprach, spielte dieser Faktor immer eine wesentliche Rolle.

Die Erotik eines Kunstwerks kann allein durch seine sinnliche Wirkungskraft hervorgerufen werden (etwa durch die warmen Farben eines Bildes oder die Geschmeidigkeit einer Melodie). Aber auch – und das ist nicht nur häufiger, sondern vor allem eindeutiger – durch das erotische Sujet, den erotischen Stoff selbst.

Nehmen wir die pralle Fleischlichkeit der Rubens-Gemälde, nehmen wir Shakespeares »Romeo und Julia«, Goethes »Werther«, oder Thomas Manns »Tod in Venedig«, nehmen wir ein Großteil der Opernlibretti seit Peri und Monteverdi – überall begegnet uns dasselbe Grundmotiv: Liebe, Lust und Leidenschaft bilden die allgegenwärtige Themen-Trias unserer Kultur. Ob in idealisierter oder resignierter, in komödiantischer oder tragischer, in erfüllter oder verhinderter Form – am Eros hängt's, zum Eros drängt's doch alle.

Die französische Sozialpsychologin Maryse Choisy kommentiert in ähnlichem Zusammenhang lakonisch: »Wenn ein Marsbewohner plötzlich auf unseren Planeten fiele, so könnte er an Hand unserer Literatur zu der Vorstellung gelangen, daß unsere einzige Sorge die Liebe sei« und kommt dann zu dem Schluß: »Aber ist denn die Kunst etwas anderes, als unser Anteil am Traum? . . . Wenn der Künstler für andere träumt, dann müssen wir wohl zugestehen, daß die Mythen – diese großen Träume der Menschheit – so wie wir sie aus Romanen, Theaterstücken oder Filmen kennen, auf tiefe Beweggründe hinweisen, die hinter unseren äußerlich sichtbaren Ängsten irgendwo auf sexuellem Gebiet liegen.«[4]

Der Sexualtrieb als Zentrum unserer Existenz manifestiert sich in stilisierter, chiffrierter Form in der Kunst. Somit ist die Kunst letztlich auch ein Sprachrohr des Triebes.

In diesem Zusammenhang kann sie selbstverständlich verschiedene Funktionen haben: Sie kann, als eine Art Ersatzbefriedigung, überschüssige Triebenergie in Kreativität kanalisieren, sie kann Frustrationen kompensieren, sie kann Glück und Überschwang vermitteln, sie kann durch erotischen Kitzel faszinieren und der Künstler kann unbewußt mit seinem Produkt um Sympathie werben. Die Kunst nimmt also letztlich tatsächlich Balz-Charakter an und führt sich so auf eine ihrer Urformen zurück: Das Buhlen um das Wohlwollen der Götter und um die Zuneigung des Geschlechtspartners waren seit je zwei wichtige Grundmotive zur künstlerischen Kreativität.

Kunst ist der veräußerlichte Ausdruck eines verinnerlichten Eindrucks.

Aber inwiefern unterscheidet sich nun eine erotisch motivierte Kunst vom bloßen Trieb? Das Wesen der Kunst als künstliche Ausdrucksform steht dem Wesen des Triebes kontrapunktisch gegenüber und läßt sich doch von ihm ableiten. Die Grenzen zwischen triebhafter Artikulation und künstlerischer Äußerung sind fließend. Die geistig-kreative Umsetzung des Triebhaften gilt als Kunst.

Aber diese Form der Kunst kann es auf verschiedenen Stufen und in verschiedenen Stadien geben. Die Körperbemalung oder ein ritueller Tanz eines afrikanischen Stammes haben in ihrem Umfeld künstlerischen Wert. Lediglich auf einem anderen Niveau. Der Entwicklungsstand eines so komplexen Kunstwerkes wie einer Wagner-Oper ist ungleich höher. Deshalb basieren die künstlerischen Schaffensprozesse trotzdem auf den gleichen Grundlagen: Einem triebhaften Ausdruckswillen, der erotische Spannung in künstlerische Formen kleidet und dadurch letztendlich erotische Wirkungen hervorbringt.

1. Kapitel

Von der Minne zum Pop – Geschichtliche Etappen der musikalischen Erotik

Antike Musik-Phallusophie

Musik war noch nie Selbstzweck. Immer war sie das mithin sinnlichste Ausdrucksmittel für die Gefühle der Menschen. Das gilt für alle Jahrhunderte, Stilepochen und Kulturkreise. Musik erzählt traurige Geschichten und wundervolle Märchen. Musik ist Drama, Leidenschaft, Hingabe, Hoffnung, Trost, Einsamkeit und Liebe.

Musik ist auch Erotik. Die Welt der Töne kann geschlechtliche Empfindungen widerspiegeln und anregen. Melodie, Rhythmus und Klang erlauben es, das sexuelle Seelenleben nicht nur verschlüsselt, sondern auch sehr direkt mitzuteilen. Musik dient Spielern wie Hörern als Bühne für sinnliche Freuden und Enttäuschungen. In ihr kanalisiert sich der Schmerz des Abgewiesenen genauso wie glücklicher Jubel.

Ob sie nun dazu bestimmt war, Opfer-Riten zu untermalen, Zeugnis für Gott abzulegen, Krieger in eine kampflustige Stimmung zu versetzen, Festen einen klangvollen Rahmen zu geben oder einfach nur ihren Sinn als meditatives Zwiegespräch des Menschen mit sich selbst bekommt, stets ist Musik eine Verbindung aus libidinösen und aggressiven Energien, die als Triebabfuhr von innen nach außen in soziokulturelle Handlungen münden.

Daß der Eros hierbei selbstverständlich enthalten ist, ergibt sich außerdem aus der Tatsache, wie gern und häufig das Thema Liebe Anlaß zu klangschöpferischer Betätigung war.

Musikalische Brautwerbung, Fruchtbarkeits-Tänze, schlüpfrige Balladen von alten Rittersleuten wie Oswald von Wolkenstein, das leidenschaftliche Ränkeschmieden in der Barockoper oder der sehnsuchtsvoll-lüsterne Zungenschlag im romantischen Liedgesang des 19. Jahrhunderts zeugen hiervon.

Akustische Amor-Pfeile werden verschossen, seit Adam und Eva aus dem Paradies gejagt wurden. Schon die Urmenschen haben ihrer gefühlsmäßigen Erregung in Tönen Ausdruck gegeben: Kampfrufe und Brunftschreie waren erste Merkmale sozial gefärbter Gefühlsdarstellung, aus denen sich vergnügliche Spielhandlungen und Paarungs-Rituale entwickelten.

Bereits vor über 3000 Jahren in China und Ägypten, deren Kulturgeschichte besonders weit in die Vorzeit zurückreicht, wurde der Bezug zwischen Sexualität und Musik mit Wandmalereien festgehalten. Diese Abbildungen lassen erkennen, daß Geishas, Sänger und Komödianten das Liebesleben ihrer Zeitgenossen in improvisierter Musik widerspiegelten; auch legen Bilder von Tänzen und die Überlieferungen symbolhafter Klangdichtungen Zeugnis von der Bedeutung ab, die der künstlerisch verschlüsselte Eros schon in der grauen Vergangenheit hatte.

Neben kultischen Handlungen wie Geisterbeschwörung, Ahnenverehrung und Zauberei, suchten frühe Indianerstämme und Naturvölker ihre Geschlechtslust durch Musik zu steigern. Die genußfreudige Musik-Philosophie der griechischen Antike wird in Platons Seelenlehre deutlich: Sie sagt, daß der Wille des Menschen durch die Tonkunst auf dreifache Weise bestimmt werden könne. Eine Komposition könne zum Handeln anregen, zur Festigung und Stärkung des Charakters führen, aber auch das Fleisch willensschwach machen. Dann sei der Mensch der übermächtigen Gewalt der Töne willenlos preisgegeben. So erlebe der Hörer keine scheinbaren, sondern wirkliche Gefühle, die ihn völlig übermannen und in einen Strudel heftiger Leidenschaft hineinreißen. Mit anderen Worten: Musik war ein Spiegel gefühlsbedingter Zustände und Sinnestriebe.

Davon zeugt ein reicher Schatz an Liebes-, Trink- und Klagelyrik. Die antiken Griechen hatten sogar eine spezielle Tonart, das Phrygische, das der erotischen Ekstase vorbehalten war. Bekanntlich wußten auch die alten Römer mit Venus, ihrer Liebesgöttin, um die stimulierende Wirkung einschmeichelnder musikalischer Untermalung bei Freudesfesten und kaiserlichen Orgien.

Wein, Weib und Gesang

Obgleich die Musik gegen Ende des Altertums, als die Menschen im christlichen Abendland von einer ungestillten Sehnsucht nach religiöser Offenbarung erfaßt wurden, nachdrücklich in den Dienst der Gottesverehrung trat, hieß das nicht, daß jetzt der profan irdische Lustgewinn völligen Tabus anheim fiel. Nach wie vor waren rein menschliche Gefühlsregungen unentbehrlich für Inhalt und Ziel musikalischer Betätigung.

Die Kirchenfürsten und der weltliche Adel haben sich zwar andächtig frömmelndem Psalmodieren gewidmet, doch kannte man im ersten Jahrtausend auch volkstümliche Lieddichtungen, die es an Direktheit nicht fehlen ließen. So erfüllten Musiker und Sänger wichtige Funktionen in allen Lebenslagen. Sie spielten auf bei Hochzeiten, Trinkgelagen und Empfängen, ergötzten ihre Brotgeber mit frivolen Beschreibungen weiblicher Reize oder priesen die Manneskraft schlagkräftiger Helden. Beliebt waren Pastourellen, die von erotischen Abenteuern der Ritter mit willigen Schäferinnen erzählten. Das Publikum solcher Barden wollte spannende Geschichten hören, ja sogar geschlechtlich erregt werden.

Berühmte Minnesänger aus dem 12. Jahrhundert, wie Walther von der Vogelweide, der mit seinen Mädchenliedern und der Aufforderung zur gleichberechtigten Partnerliebe Furore machte, wurde in hohen Ehren gehalten. Und Vaganten, jene Studenten, die keine Lust mehr hatten, an die Universität zu gehen, versuchten sich gegenseitig in den Wächterliedern für ihre Mädchen, bei denen sie die Nacht verbracht hatten, in erotischer Poesie zu übertreffen.

Oswald von Wolkenstein, der auf abenteuerliche Weise durch ganz Europa gezogen und sogar bis in den Orient gelangt war, gab seine reichen sexuellen Erlebnisse ebenfalls unverblümt mit der Laute zum besten. Die Motetten der »Ars antiqua«, einer wichtigen literarischen und musikalischen Strömung um 1250, hatten, wenn sie nicht im Rahmen eines Gottesdienstes aufgeführt wurden, ebenfalls häufig weltlich-erotische Texte.

Eine zartsinnige poetische Welle ergoß sich mit der darauffolgenden »Ars nuova« Italiens über die vornehmen Bürgerhäuser und Höfe. Überall strebte die Aristokratie nach äußerster Verfeinerung der Lebenskultur. Dies bedeutete freilich auch, daß allzu derbe Musiklyrik nun einem mehr unterschwellig-lasziven Ohrenkitzel wich. Sitte und Moral waren nicht mehr ganz so locker. Keusche Scheuheit und hintergründig stilisiertes Liebeswerben fanden ihren Ausdruck in mehrstimmigen, kunstvoll ausziselierten Kompositionen wie beispielsweise von Guillaume de Machault.

Gleichzeitig kam das Madrigal auf, eine Vokalform, die sich oft in geheimnisvoll-komischer Weise den Beziehungen zwischen Mann und Frau widmete. So beschrieb Giovanni da Firenze in einem allegorischen Tonstück seine Angebetete als keusches weißes Lamm. Turbulente Paarungsszenen, freilich hintersinnig verschlüsselt, gaben oft auch den Textstoff für die »Caccia« ab, ein damals sehr favorisierter Jagdliedertyp.

Die Ballata »Piu bella donn'all mondo« von Francesco Landini ist eines der schönsten Liebeslieder des 14. Jahrhunderts. Reich nuancierte Koloraturen zeugen hier von höchster sinnlicher Erregung. In einer alten Handschrift heißt es: »...der fröhlich gestimmte Landini verlangte nach seiner Handorgel und begann so süß Liebesgesänge zu spielen, daß niemand mehr unter den Anwesenden war, dem es... nicht schien, als müßte durch das Übermaß der Freude sein Herz in der Brust sprengen...«

Ein Zitat, das deutlich macht, wie sehr die Musik schon damals als unmittelbares Zeugnis der Begierde wirksam wurde. Denn welches Mädchen hat sich nicht gern durch eine zärtlich ins Ohr gehauchte Melodie überreden lassen, willig die Schenkel zu öffnen? Und welchem stolzen Recken trieb nicht der Sturm musikalischer Leidenschaft das Feuer in die Lenden?

Während die Höfe zur musikalischen Kurzweil Spielleute in festen Dienst nahmen, mußte sich die breite Masse mit den Darbietungen des fahrenden Volkes begnügen. Jongleure, Gaukler und Straßenmusikanten sorgten bei Jahrmärkten und Festen für klanglichen Frohsinn. Die alten deutschen Volkstänze, die zu Scheitholz, Fiedel, Drehleiter und Dudelsack in Gruppen ausgeführt wurden, waren oft die einzige Abwechslung von der harten Arbeit und umwerbendes Zeremoniell, bevor Magd und Knecht seufzend im Heu verschwanden.

Tanz der Spröden?

Nicht viel anders ging es im 15. und 16. Jahrhundert zu. Zwar spielte die Musik der Renaissance eine weitaus geringere Rolle als die aufblühende bildende Kunst und Malerei. Doch Chansons waren noch immer wegen der oft pikanten Texte beliebt, die erotische Anekdoten erzählten. »Es fuhr ein Pawr gen holcz – während der Pfaffe zu seiner Frau schlich«, heißt es beispielsweise in einem Tenorlied dieser Zeit.

Der bedeutende niederländische Komponist Josquin Desprez strebte in seinen Werken einen starken Ausdruck der Empfindungen an und bemühte sich, den seelischen Inhalt von Vokaltexten auch klanglich nachzuzeichnen: Das Prinzip, bestimmten menschlichen Affekten festgelegte tonale Strukturen zuzuweisen, verfeinerte sich zunehmend. Diese Tonsymbolik objektivierte die Musik der Renaissance gegenüber der mittelalterlichen Klangdichtung. Jetzt umschrieben Melodiemotive und Harmonien bestimmte Gefühlszustände, die vormals viel unmittelbarer zu Gehör gebracht wurden.

Es kam die spöttische Lebendigkeit der Commedia dell'arte auf, eine Theaterkunst, bei der kein Blatt vor den Mund genommen wurde: Schauspieler, die sich als Phallussymbol einen großen Holzknüppel zwischen die Beine klemmten, waren genauso häufig anzutreffen, wie Sängerinnen, die ein Spottlied über den Verlust ihrer Jungfernschaft anstimmten.

Auch den erotischen Anspielungen in der frühen Oper, die Ende des 16. Jahrhunderts in Florenz entstand, fehlte es nicht an vergnüglicher Direktheit. Die Themen Liebe und Leidenschaft, dargestellt mit Dramen, die von der griechischen Mythologie abgeleitet wurden, boten hierfür reichlich Anlaß. So haben Claudio Monteverdi und sein Textdichter Rinuccini in dem »Tanz der Spröden« die Verschlossenheit der Frauen als Thema gewählt: Die Damen von Mantua werden angeklagt, daß sie durch ihre Gefühlskälte den Liebhabern unerträgliche Qualen zugefügt hätten. Zum Schluß des Stücks ruft der Chor den in den vorderen Reihen sitzenden Frauen auffordernd zu: »Seid barmherzig, ihr Schönen!«

Die Nöte der Geschlechter beschrieb auch die bürgerliche venezianische Oper: Gern stellte man Liebesszenen voll tiefer Begierde graziösen Arietten gegenüber. Vor allem die Tanztradition blühte im frühen Barock wieder auf. Kein Fest verging, auf dem nicht Allemanden, Couranten oder Giguen Anlaß zu kleinen Liebeleien gegeben hätten. Ballettdarbietungen sorgten für reizvollen Augenschmaus.

Ohnehin trat das optische Element bei der Oper des 17. Jahrhunderts, die in Italien, Frankreich und England die erste Hochblüte erlebte, stärker in den Vordergrund. Dazu gehörten teure Dekorationen und pompöse Effekte ebenso, wie kostbare Kostüme, geheimnisvolle Masken und reichverzierte Instrumente. Barockherrscher wie Ludwig XIV., bei denen die führenden Komponisten in Lohn und Brot standen, mochten prunkvolle Bühnenbilder, ausgeschmückte Musik und vor allem schöne Frauen, mit denen sie sich bei sanften Cembalo-Klängen zum Tête-à-Tête trafen. Zahllose Gemälde dokumentieren diesen Überschwang an Lebensfreude. Da vergnügen sich nackte Mädchen in einem Lustpark mit Wasserspielen, während Instrumentalisten im Hintergrund für musikalische Untermalung sorgen; schmachtende Lautinisten stehen unter den Fenstern ihrer Angebeteten und warten auf ein Liebeszeichen.

Die Musik des europäischen Hochbarocks wurde zum Lobe Gottes gemacht, genauso aber gab sie festlicher Geselligkeit und intimer menschlicher Kommunikation einen Rahmen. Verliebte Pärchen flirteten miteinander beim Musizieren von kleinen Duetten, und manch hoffnungsvoller Casanova beglückte die Dame seiner Wahl mit einem feurig vorgetragenen Sonett.

Der große Johann Sebastian Bach bezeichnete Suiten als »Galanterien denen Liebhabern zur Gemütsergötzung verfertiget«. Genauso haben klassische Tonschöpfer wie Haydn, Mozart und später Beethoven immer wieder die suggestiven Wechselwirkungen zwischen Musik, Gemüt und Eros erspürt.

Schon das kurfürstliche Orchester in Mannheim, das von Johann Stamitz gegründet wurde, übte leibseelischen Einfluß auf sein Publikum aus. Man berichtet, daß die Zuhörer vom berühmten »Mannheimer Crescendo« geradezu aus den Stühlen gerissen wurden. Ludwig van Beethoven, der die Mozart-Opern »Figaro« und »Cosi fan tutte« als zu frivol abgelehnt haben soll, war nach Berichten seines Freundes Wegeler immer wieder heftig verliebt. Daß sich dies nicht nur in seinen Briefen, sondern auch im musikalischen Schaffen ausdrückte, belegen Werke wie die leidenschaftliche Sonate cis-Moll, die er der italienischen Contessa Giulietta Guicciardi gewidmet hatte.

Blüten der Blauen Blume

Durch die Romantik, das nach innen gekehrte, weltflüchtige Zeitalter der Poesie, erfuhr der musikalische Eros eine ganz neue, metaphysische Dimension. Im Liedschaffen von Franz Schubert bis Hugo Wolf sollten Musikdichtung und Wortlyrik zu einer gleichsam universalen Poesie verschmelzen. Hauptthema: Der Mensch und sein Gefühlsleben.

Immer wieder bemühten sich die Künstler des 19. Jahrhunderts, die Tiefen der menschlichen Seele auszuloten. Ob stilles Glück in der Liebe, schmerzliche Verzweiflung, Resignation, Nachtseligkeit, zärtliche Träume, ungestillte Sehnsucht oder wallendes Blut: Es gibt kaum eine Seelenregung, die Schubert nicht versucht hat, zu beschreiben.

Die gefühlsgeladene Kleinform bei Schumann, die pathetische Menschenempfindung, wie sie Carl Maria von Weber nachgezeichnet hat, Chopins aphoristische Bilder und die unkonventionellen Klanggemälde von Debussy gewannen der menschlichen Libido gleichfalls bildhafte Verklärung ab. Hector Berlioz, den exaltierte Liebesaffären schon früh aus der Bahn warfen, stattete seine »Symphonie fantastique«

mit einem gedankenvollen Programm aus. Es erklärt seine in der Musik verschlüsselten Gefühle als verschmähter Liebhaber, der Gift nimmt, schließlich im Traum die begehrte Frau tötet und dies dann in einem dämonischen Inferno büßt.

Noch egozentrischer war der Teufelsgeiger Niccolo Paganini, ein reisender Virtuose, der von zahllosen Frauen begehrt wurde, die der anscheinend unwiderstehliche Klang seiner Violine in zitternde Erregung versetzte. Jener Starkult, der für die populäre Musik des 20. Jahrhunderts eine große Rolle spielt, hat hier seine Wurzeln. Paganini war schnell dabei, sich zu verlieben. Besonders gern schwärmte er von ganz jungen Mädchen und Klosterschülerinnen. Daß Paganini keine Schönheit war, ist bekannt. Seine unumstrittene sexuelle Ausstrahlungskraft begründete sich allein in der Art, wie er ausgelebte Leidenschaft in bühnenwirksame Klangerlebnisse ummünzte. Ein Beweis mehr für die These, daß Musik und geschlechtliche Erregung in enger Beziehung stehen können.

Ähnlich liegt der Fall bei Franz Liszt. Der Weltbürger, der seinen erotischen Vorlieben stets nachgab, auf Tourneen seine Ehefrauen betrog und hierüber auch mit der Chopin-Freundin George Sand korrespondierte, hat zahlreiche Stücke geschrieben, die zwischen romantisierender Sinnlichkeit, lustvollem Gücksempfinden und sexueller Bildhaftigkeit changierten.

Liszts Schwiegersohn Richard Wagner entwickelte in seinen musikdramatischen Werken eine Tonsprache, die den Eros immer wieder klangsymbolisch einbezog. So ist das Vorspiel von »Tristan und Isolde« musikgewordene Liebesleidenschaft. Die aufgewühlte Harmonik und das Sehnsuchtsmotiv stehen nicht nur für platonische Gefühle.

Ungeschminkte Erotik hielt auch bei Giuseppe Verdi Einzug in das künstlerische Schaffen: Aida, Leonore oder Violetta wurden klangmalerisch als weibliche Figuren voll körperlichem Begehren dargestellt. Gleichgültig ob Gustav Mahler, Igor Strawinsky, der Ballettkomponist voll strotzender Vitalität, oder der herausfordernde Richard Strauss – viele Tonschöpfer der Spätromantik ließen pralle, sexbezogene Sinnlichkeit in ihre Kompositionen einfließen.

Sündenfall Popmusik

Inzwischen war in Amerika der Blues geboren. In den Großstädten brachten von ordinären Chansonetten begleitete Salonkomiker schlüpfrige Gassenhauer und Zoten unter die Leute. Der Jazz entstand. Ein ganz neues Zeitalter brach an. Die Neue Welt kündete von der Umwälzung gesellschaftlicher Strukturen. Überkommene Moralvorstellungen wurden in Frage gestellt. Sexualität gewann eine neue Dimension. Man begann über das Lustempfinden der Frau nachzudenken. Amerika wurde zur ersten Weltmacht. Das Proletariat spürte seine Macht.

Obwohl der erste Weltkrieg rund zehn Millionen Tote und Verletzte hinterließ, war das neue Jahrhundert zunächst von Hoffnungen und Positivismus geprägt. Die Wurzeln des vorwärtsdrängenden Lebensgefühls lagen jedoch weniger im politischen, sondern vor allem im kulturellen Bereich. Die Künstler setzten sich kritisch mit der verklärten Subjektivität der Romantik auseinander und verlegten sich auf einen avantgardistischen Ausdruckswillen.

Der ekstatische Freiheitsdrang, der die jungen Leute ergriff und erste Emanzipationserrungenschaften der Frauen herbeiführte, gipfelte in der ausgelassenen Lebensfreude der »Roaring Twenties«. Es wurde getanzt wie nie zuvor. Die Dixieland-Musik feierte Triumphe. Louis Armstrong reiste mit seiner Band »Hot Five« nach Europa und während Bessie Smith, Duke Ellington oder Paul Witheman neue populärmusikalische Höhepunkte markierten, tauchten nicht nur in Filmen, sondern auch auf großen Revue-Bühnen wie dem »Moulin Rouge« oder dem »Apollo-Theater« nackte Mädchen auf. So riß der amerikanische Star Josephine Baker mit seiner erotischen Ausstrahlung ungezählte Männer von den Stühlen.

Trotz Prohibition und Weltwirtschaftskrise erlebte die Unterhaltungsindustrie einen großen Aufschwung. Mit dem Radio konnten Musikprogramme überallhin ausgestrahlt werden und die schweren Grammophone mit ihren Messingtrichtern machten leichten, transportablen Schallplattenspielern Platz.

Verruchte Faszination übten Tänze wie Tango und Charleston aus. Von der zwanghaften Prüderie des Hitler-Regimes unterdrückt, zerschlug nach dem Zweiten Weltkrieg eine eigenständige Jugendkultur, die vehement gegen familiäre Abhängigkeit und sittliche Disziplin rebellierte, repressive Normen.

Das Hauptausdrucksmittel dieser Veränderung war der Rock 'n' Roll.

Entstanden aus der Verknüpfung von Blues und Country & Western, sorgte die temporeiche und provozierende Musikrichtung für den reinigenden Urknall. Zur Leitfigur dieser aufmüpfigen Halbstarken und Petticoat-Mädchen avancierte ein Sänger aus Tupelo, Mississippi: Elvis Presley. Der laszive Outlaw, der seine weit gespreizten Beine schlottern ließ, obszön mit den Hüften zuckte und augenzwinkernd ins Mikrophon stöhnte, verkörperte trotz goldener Straßenkreuzer scheinbar unnachahmlich den Wunsch nach Mobilität, Unabhängigkeit und spontaner Erotik.

Ähnlich Little Richard. Er ließ aufpeitschende Staccato-Rhythmen knattern, daß es weiblichen Fans das Wasser nicht nur in die Augen trieb und hitzige Jünglinge ihre Triebe im Zertrümmern von Stühlen kanalisierten. Durch seinen aggressiven Piano-Stil wurde Jerry Lee Lewis zum Buhmann der Nation. Chuck Berry's Klassiker »Sweet little Sixteen« dröhnte unablässig in den Tanzdielen, während sich die Komponisten des sogenannten ernsten Fachs im serialistischen Abseits versuchten.

Es schwelte ein nie vorher dagewesener Generationskonflikt zwischen der Jugend, die ihre Abscheu vor kleinbürgerlicher Spießigkeit hämmernden Elektrogitarren anvertraute, und den Erwachsenen, die entweder »Easy listening« konsumierten oder plüschiges Wohlempfinden bei Mozarts »Kleiner Nachtmusik« suchten. Doch der Siegeszug des Rock 'n' Roll-Songs, der ganz direkt das ausdrückte, was Mädchen und Jungen nach Anbruch der Dämmerung auf dem Rücksitz von Vaters großem Schlitten trieben, war nicht mehr aufzuhalten. Noch in den sechziger Jahren setzte er sich an breiter Front fort. Damals begann John Lennon seine sexuellen Wunschträume öffentlich auszuleben und die freie Liebe zu predigen.

Es dauerte nicht mehr lange, bis die »Rolling Stones« mit einem gigantischen Plastik-Penis auf der Bühne herumhopsten. »I can't get no satisfaction«, brüllte Mick Jagger und stopfte sich zur Bekräftigung dieser These eine Hasenpfote in die Hose. Der Soulsänger James Brown brachte mit seiner Hymne »Sexmachine« weibliche Massen an den Rand der Ohnmacht und »Led-Zeppelin«-Sänger Robert Plant bat ganz unverblümt: »Squeese my lemon 'till the juice runs«.

Doch bald verpuffte die Wirkung der musikalisch-sexuellen Schocktherapie. Exzentrische Künstler wie Alice Cooper, Brian Conelly, David Bowie oder Lou Reed, die sich mit bisexuellen Shows in Szene setzten, versuchten zwar an noch vorhandenen Tabus zu rütteln, allerdings war ihnen mehr als kurzfristige Skandale nicht vergönnt. Man hatte sich sattgehört an provozierwütiger Rock-Dämonie. Sadismus,

Masochismus, Homoerotik, Lolita-Sex, Exotik: All dies wurde bis zum Exzeß von der Popmusik behandelt oder als optisch auffällige Dekoration gewählt, um sich von der Konkurrenz abzuheben.

Bei dem Heavy-Metal-Rock paarten sich nicht selten Potenzwahn, Aggression und frauenverachtender Chauvinismus. Die Punk-Bewegung schließlich brach mit der Gleichsetzung von Vergnügen und Erotik und wendete sich gegen den Warencharakter von Sexualität. Gleichzeitig mündeten die erotischen Elemente der Soul-Musik mit der Disco-Welle Ende der siebziger Jahre in narzistische Selbstdarstellung tanzwütiger Nachtschwärmer und hatten erneut eine Hochkonjunktur. Im Gegenzug kreierte die New Wave, die mit kühlen Synthesizer-Klängen und monotonen Rhythmen eine von individuellen Emotionen des Spielers befreite künstlerische Objektivität schaffen wollte, eine bewußt unerotische Pop-Stilistik.

Mittlerweile konnten sich die Rock-Frauen auf breiter Front durchsetzen, die Rolle des schmückenden Background-Girls abschütteln und selbstbewußt äußerliche Attribute mit musikalischem Können verbinden. Künstlerinnen wie Madonna oder Sade nützten die Faszination der durch weiße Schöntönerei salonfähig gemachten Musikerotik der Schwarzen, um die sexuelle Emanzipation des weiblichen Geschlechts deutlich zu machen.

So gilt die Formel »Popmusik ist Sex« auch für die jüngste Vergangenheit dieser wechselhaften Massenkultur. Trotz aller verschiedenen Moden und Ausprägungsformen war und ist die Sexualität meist das Thema Nummer eins. Kaum eine Platte erscheint, auf der nicht in den Texten Liebe und die geschlechtlichen Beziehungen zwischen Männern und Frauen behandelt werden.

Genauso wichtig scheint die Persönlichkeit des Künstlers. Kaum ein Popidol verzichtet darauf, sein individuelles erotisches Fluidum auf der Bühne, auf Fotos, in Videos und in Fernsehshows deutlich herauszustreichen. Denn Star wird nicht nur, wer gute Musik macht. Star wird, wer entweder den erotischen Idealbildern der Zeit entspricht, oder zumindest eine faszinierende Ausstrahlung und damit wieder ein meist unterbewußt wahrgenommenes sexuelles Charisma hat. Stars verkörpern die Wunschbilder der Menschen, deren erotische Träume, Sehnsüchte und Vorlieben. Stars dienen der Identifikation und sind gleichzeitig Seismographen der öffentlichen Moral und des erotischen Entwicklungsstands.

Deshalb ist Sex schon rein äußerlich ein tragender Bestandteil der Rockkunst. Aber auch der musikimmanente Eros, der durch die ganze

Musikgeschichte hindurch auf Sinne und Gemüt wirkte, bleibt für die moderne, populäre Musikkultur wesensbestimmend.

2. Kapitel

Die Mittel musikalischer Erotik
Lockruf der Löwen

Der Zusammenhang von Erotik und Musik läßt sich rasch skizzieren, wenn man den Ton in der Natur als Ursprung des musikalischen Ausdrucks definiert. Sowohl der vorsprachliche Ton, der seit je Schmerz, Freude oder eben Wollust signalisiert, als auch tierische Laute während der Brunst oder als Lockruf haben einen unmittelbaren Berührungspunkt mit Sexualität: Stolzes Hahnenkrähen, Löwengebrüll oder das Röhren von Hirschen sind plakative Beispiele für den klanglich mitgeteilten Paarungswillen, der sich in der menschlichen Laut- und Stimmbildung fortsetzt.

Der Schrei von Menschen ist die Wurzel des Gesangs und somit auch ein Ursprung der Musik. Sie entstand daraus, daß die biologisch motivierte Lauterzeugung während der sozio-kulturellen Entwicklungsgeschichte zunehmend verfeinert und schließlich auch auf Instrumente übertragen wurde. Dadurch verschleierte sich zwar die Beziehung zur Sexualität, aber aufgehoben wurde sie nicht.

Vielmehr bleibt es offensichtlich, daß eine rhythmisch-melodische Tonfolge Gefühle in einer bestimmten Richtung ebenso auszudrücken wie zu erregen vermag. Noch heute zeigt der gemeinhin harmonisch empfundene »Gesang« der Vögel beachtliche Parallelen zur menschlichen Tonsprache.

In einigen Opernpassagen und Volksliedern werden Vogelstimmen imitiert, wie auch Jauchzen oder Jodeln dem Liebeswerben einer Nachtigall verblüffend ähnlich zu sein scheinen. Gleichermaßen könnte der Koloraturgesang der menschlichen Stimme als entfernte Nachahmung von Klangmotiven der Vogelwelt interpretiert werden.

Die Tatsache, daß die Musik – biologisch begründbar – die unmittelbarste Möglichkeit der künstlerischen Bekundung von Emotionen und sexuellen Bedürfnissen ist, läßt ihren herausragenden kulturellen Stellenwert einleuchtend erscheinen. Denn im Gegensatz zur Wortkunst wie Lyrik oder Drama benötigt sie weder die intellektuelle Vorstellung eines Ereignisses noch einen gedanklichen Inhalt, um wirksam zu werden.

Hiermit haben sich Philosophen, Wissenschaftler und Musiker immer wieder auseinandergesetzt. Nicht von ungefähr beschrieb beispielsweise Richard Wagner seinen »Tristan« folgendermaßen: ». . . eine Musik, die mit ihren feinen, feinen, geheimnisvoll-flüssigen Säften durch die subtilsten Poren der Empfindung bis auf das Mark des Lebens eindringt, um dort alles zu überwältigen, was irgendwie Klugheit und selbstbesorgte Erhaltungskraft sich ausnimmt.« Auch der Musikschriftsteller Paul Bekker behauptete in seinem Buch »Klang und Eros«, das 1922 erschien: »Klang ist hörbar gewordene Sinnlichkeit«, und führte weiter aus: »Es kommt nur darauf an, die Bedeutung des Eros für die Musik, für ihre Formung, für ihr Werden, für ihre Wirkung und ihre Macht überhaupt einmal zu sehen, sich bewußt zu werden, daß dieser Eros eine der Urkräfte musikalischer Kunst ist, und daß sein Einfluß weit hinaus über alles stofflich Erotische, etwa der Operntexte oder der Vokallyrik, in unerschöpflicher Wandlung alles Geschaffene durchdringt und jene Wirkungen wachruft.«

Der Bluessänger Eric Burdon formuliert es profaner: »Sex ist Rock 'n' Roll. Rock 'n' Roll ist eine sexuelle Ausdrucksform – Sexualität drückt sich musikalisch aus.«[5] Deborah Harry und die adrette Sängerin der Gruppe »Blondie« meint: »Ich glaube, daß die höchste Anerkennung sexueller Natur ist. Sex ist der größte Verkaufsschlager. Er verkauft mehr Kleider, mehr Zeitschriften, mehr alles. Sex ist alles.«[6] Deborah Harry ist Sex-Idol und Musikerin. Für sie hängt das eine mit dem anderen zusammen und voneinander ab. Ihr Standpunkt ist abgeklärt, desillusioniert und eher negativ belastet, weil er die Erotik auf ein wirkungsvolles Marketing-Instrument reduziert. Und doch hat auch sie recht, wie an anderer Stelle noch aufgezeigt wird.

Daß all diese Thesen nicht zurückzuweisen sind, ergibt sich aus der Tatsache, daß die Sexualität und zur Musik verfeinerte Lautäußerungen biologische Grundlagen des Lebens von herausragender Bedeutung sind und großen Einfluß auf das soziale Gefüge haben. Hierfür liefert die Geschichte Belege: Vom griechischen Musikdrama, das Plato als das Wissen um Harmonie und Rhythmus aller Dinge, die den Eros betreffen, definierte, über die Fruchtbarkeitsriten der Naturvölker, von der Ekstase musikalischer Götterverehrung bis hin zur verfeinerten Klangkulinarik bei Beethoven und der sexuellen Rebellion durch die Rockkultur, zeigt sich immer wieder, wie Musik, Erotik und Verhalten untrennbar ineinandergreifen.

Thermometer der Gefühle

Doch erst die moderne Wissenschaft, vor allem die Psychologie, entwickelte Methoden, um nicht nur sekundäre Wirkungen, sondern auch körperliche Reaktionen als Beleg für die emotionale Beeinflussung durch Musik systematisch zu erfassen. Mit zahlreichen Untersuchungen haben Wissenschaftler nachgewiesen, daß akustische Reize dem Willen nicht unterliegende Einflüsse auf Atemfrequenz, Herzschlag und Blutdruck ausüben. Solche meßbaren Veränderungen zeigen, wie Musik physische Spannung und Entspannung verursacht.

So wurde beispielsweise durch Experimente die Wechselwirkung zwischen Blutdruckerhöhung, Pulsbeschleunigung und klanglichem Stimulans in bezug auf unterschiedliche musikalische Ausprägungsformen und das individuelle Temperament der Hörer festgestellt. Der Wissenschaftler Paul Mentz beobachtete bei seinen Versuchspersonen, während er ihnen wohlklingende Konsonanten vorspielte, eine Verlängerung des Pulses und der Atmung. Hingegen kam es zu Atemverkürzung und Beschleunigung des Herzschlags, als Dissonanzen erklangen. Es gibt zahlreiche Ergebnisse dieser Art. Harm Willms[7] schließt daraus, daß »ungewohnte musikalische Reize eher zu einer vegetativen Aktivierung im Sinne einer Spannung führen.« Vertrautes musikalisches Material, das angenehm und lustvoll erlebt werde, führe dagegen nach einer gewissen zeitlichen Verzögerung zu einer vegetativen Glättung.

Musik hat immer eine körperliche Wirkung. Oft wird sie vom Hörer gar nicht bewußt wahrgenommen, sondern läßt sich nur mit komplizierten Apparaturen nachweisen. Aber unterbewußt spürt man eine Veränderung, sobald ein klangliches Erlebnis stattfindet. Ungewollte oder ablenkende Musik, die als störend empfunden wird, wenn die Aufmerksamkeit anderen Dingen zugewandt ist, kann Verstimmung oder bisweilen Ärger auslösen. Der klavierübende Nachbar, der die immergleiche Etüde herunterhämmert, während man sich auf ein Buch konzentrieren will, wirkt da genauso nervtötend wie das überlaute Kofferradio des Zeltnachbarn auf dem Campingplatz. Hingegen spürt man meist angenehme Entspannung bei gedämpfter Hintergrundmusik im Restaurant oder merkt, wie monotone Verrichtungen besser von der Hand gehen, wenn unterhaltsame Muzak das Ohr streichelt.

Das Radio wird morgens von vielen Menschen eingeschaltet, um auf Trab zu kommen. Beim geselligen Zusammensein hilft entsprechende Musik eine gelöste Atmosphäre zu schaffen. Nachweislich produzieren

Kühe sogar mehr Milch, wenn sie mit harmonischen Klängen beschallt werden. Dann gibt es das weite Feld der Musiktherapie, die die suggestiv-beruhigende Wirkung musikalischer Reize zu nutzen versteht.

Musik kann helfen, besser einzuschlafen oder in einen meditativen Zustand einzutauchen. Ein weiteres Beispiel für den vom Hörer erlebbaren Einfluß der Musik auf den Gemütszustand ist, wenn pulsierende Discoklänge im Auto dem Lenker eine Art Hochgefühl vermitteln und unterbewußt zu einer flotteren Fahrweise animieren.

Kurzum: Jeder hat schon erlebt, wie sich die Laune spürbar bessert, wenn bevorzugte Musik angeschaltet wird. Aber auch der gegenläufige Effekt ist bekannt. Musik kann aggressiv stimmen und – in Versuchen mit atonalen Klängen nachgewiesen – bis zu körperlichen Beschwerden wie Kreislaufkollaps oder Atemnot führen.

Die emotionale Wirkung von Musik hat der Psychologie manche Probleme bereitet. Die Hauptfragestellung war, wie überhaupt Gefühle gemessen werden können, die bei der musikalischen Wahrnehmung auftreten. Wie schon erwähnt, wurden ja durch Versuche Körper-Reaktionen festgestellt. So haben verschiedene Gefühlstheorien zwar die Bedeutung physiologischer Veränderungen beispielsweise des Blutkreislaufs, der Atmung, der Muskelspannung und des elektrischen Hautwiderstandes für emotionale Prozesse und Zustände betont. Doch diese Daten geben schwerlich darüber Auskunft, wie bestimmte Klangqualitäten von der Psyche aufgenommen werden. Deshalb versuchten eine Reihe von Wissenschaftlern, den Gefühlseinfluß von Musik mit Hilfe von Eigenschaftslisten zu erfassen. Bei den Versuchen bekamen die Testpersonen Listen mit Adjektiven vorgelegt. Es sollten jene Wörter angestrichen werden, die den Eindruck der gehörten Musik treffend wiedergeben.

Hierbei zeigte sich, daß das Tempo ein wesentlicher Faktor der Stimmungsqualität von Musik ist. Häufig werden langsame Stücke als »traurig«, »schwer« oder »würdevoll« empfunden. Hingegen bekamen bewegte Tempi die Charakterisierungen »lebhaft«, »fröhlich« und »aufregend«. Auch die Wirkung der Tonlage wurde untersucht. Höhere Lagen erweckten einen »kleinen«, »schmalen«, »heiteren«, »leichten«, »spitzen«, »festen« und »kantigen« Eindruck, während tiefe Musik als »voluminös«, »würdevoll«, »schwer«, »plump«, »stumpf« und »weich« galt.

Das Zusammenspiel von Emotion und Lautstärke ist ebenfalls erfaßt worden. Laute Klänge haben die Versuchspersonen als »erregend« oder

»triumphierend« bezeichnet. Leise Darbietungen bekamen die Adjektive »ruhig« und »sentimental« zugeordnet. Ein weiter Tonumfang der Melodie rief Urteile wie »strahlend«, »unruhig«, oder »froh« hervor. Enge melodische Spektren wurden indessen als »trauervoll« beschrieben.

Die Wechselwirkung der Tongeschlechter Dur und Moll auf menschliche Emotionen hat man ebenfalls experimentell erforscht. So sind Dur-Stücke überwiegend als »fröhlich«, »munter«, »lebendig«, und »zuversichtlich« charakterisiert worden. Den Moll-Klängen ordneten die Test-Hörer Eigenschaften wie »melancholisch«, »mystisch«, »dunkel«, »verträumt« oder »ernst« zu.

Lust durch Luft

Wir wollen an dieser Stelle nicht allzu tief in das weite Feld der Rezeptionsforschung eindringen, doch darf nicht vergessen werden, daß die Wissenschaft bei der Analyse solcher Charakterisierungen große Unterschiede zwischen den Versuchspersonen festgestellt hat. Nicht jeder musikalische Sachverhalt ruft die gleiche Assoziation hervor. Es bleibt daher offen, ob gefühlsmäßige Reaktionen auf Musik wirklich nur der Kraft ihrer Klänge zuzuschreiben sind, oder auch ein kombiniertes Ergebnis aus angelerntem Kulturverhalten und symbolhafter Projektion darstellen.

Es müssen unterschiedliche Hörerlebnisse von Männern und Frauen berücksichtigt werden; ebenfalls ist es wichtig zu fragen, ob die momentane Gefühlslage der Versuchspersonen nicht die Aussage über ein Musikstück beeinflußt. Letztlich spielen auch der Grad der musikalischen Bildung und Gewohnheiten eine große Rolle, wie Töne wahrgenommen werden. Jedoch bemerkte man in vielen Versuchen, daß die gefühlsmäßige Übereinstimmung zunahm, je mehr sich die vorgespielten Kompositionen dem populären Genre näherten.

Diese Einschränkungen gelten auch für das Stichwort Erotik, das beispielsweise in einer Testreihe von Andrew L. Sopchak[8] nach den Adjektiven »verführerisch«, »leidenschaftlich«, »amourös« und »wollüstig« unterteilt, einer breiten Palette von Kompositionen aus Klassik, Volksmusik und Unterhaltungsmusik zugeordnet werden sollte.

Bemerkenswert ist, daß Musik bei Männern und Frauen gleichermaßen häufiger erotisch empfunden wurde, je mehr die Vertrautheit mit dem dargebotenen Stück zunahm. Auch schien bei erotischen Assoziationen der Text eine unwesentliche Rolle zu spielen. Sopchak beobachtete außerdem verschiedene Vorstellungen darüber, was erotisch sei und was nicht. So waren bei einem russischen Trauerlied, von dem der Wissenschaftler erwartet hatte, es würde Trauer und Feierlichkeit implizieren, einige Hörer der Ansicht, es sei Erotik enthalten.

Die Vermutung liegt nahe, daß Musik, je nach Verfassung der Rezipienten, der Situation und der Umgebung, in der sie gehört wird, andere Gefühle verkörpert. Warum sollte man sexuelle Botschaften heraushören, wenn man in einem Labor mit Elektroden auf der Haut oder mit Ankreuz-Listen vor Augen eine völlig unerotische Situation vorfindet? Oder andersherum: Kann nicht eine Musik während eines intimen Erlebnisses plötzlich erotisch empfunden werden, die zu einer anderen Stunde – beispielsweise beim Geschirrspülen wahrgenommen – gar keinen sexuellen Charakter hat? Wenn ein Komponist während des Schreibens sein Stück erotisch gemeint hat und der Interpret dies durch sein Gefühl bei der Darbietung weitergibt, heißt dies noch lange nicht, daß das Publikum diese Botschaft immer auch so auffaßt.

Daraus läßt sich folgern: Musik kann, ähnlich wie optisch wahrgenommene körperliche Reize, Berührungen oder Geruch, libidinöse Wünsche direkt erregen. Aber nicht zwangsläufig. Vielmehr verstärken Klänge die gefühlsmäßige Grundstimmung und schaffen es, auf diesem Weg erotische Gefühle auszulösen, darzustellen und eine sexuelle Atmosphäre zu verdichten.

Musik hat auch Symbolcharakter: Dabei werden einerseits erotische Wünsche durch musikalische Betätigung sublimiert, andererseits dienen Kompositionen seit jeher dazu, um sexuelle Botschaften und Vorgänge verschlüsselt mitzuteilen.

Freilich spricht das Narzißmus-Konzept der psychoanalytischen Disziplin von einem unmittelbaren körperlichen Lustgewinn beim aktiven Musizieren. Theoretiker sehen erste Vorläufer bei den Amphibien. Die These klingt verwegen: Diese Tierart sei in der Entwicklungsgeschichte die erste gewesen, die in ihrem Körper Lust angesammelt hätte und damit umgehen konnte. Der im Körper des Lebewesens vorhandene Stoff gehöre zum Körper, der die Luft umschließe. Die Luft im Tier sei also mit narzißtischer Libido besetzt. Der Frosch beispielsweise blase sich mit Luft auf. Bei ihm werde die narzißtische Spannung an die erogenen Zonen der Körperoberfläche zu binden versucht. Die Muskeln hätten eine erhöhte, durch Nerveneinfluß beständig aufrechterhaltene Kontraktion, insbesondere die Schließmuskeln der Körperöffnungen. Dies wiederum sei die Grundlage zur Tonisierung des Klanges. Bei einem weiteren Ansteigen der Libidospannung würden diese Bindungen an die Körpergrenzen nicht mehr genügen. Der Organismus müsse sich der Libidospannung entledigen durch Ausstoßen der Luft durch einen Schließmuskel wie den Kehlkopf, der eine erogene Zone darstelle, wie der Einzeller sich bei zu hoher Spannung seiner Zellengrenzen teile und damit ja auch einen Teil von sich selbst ausstoße. Dieser Vorgang der Luftausstoßung bei zu hoher narzißtischer Spannung könne als die Geburtsstätte des Gesanges und damit der Musik festgeschrieben werden[9]. Hiervon wird jedoch später noch detailierter die Rede sein.

Herzschlag im Zweiertakt

Musik, die sich im Laufe der Menschheitsgeschichte zunehmend verfeinert hat, läßt sich heute gemeinhin in verschiedene Parameter untergliedern. Zu nennen sind Melodie, Harmonik, Klangfarbe, Lautstärke und Rhythmus. Der Rhythmus weist am deutlichsten Wechselwirkungen mit erotischen Prinzipien auf: Rhythmische Artikulationen zählen zu den frühsten musikalischen Ausdrucksformen überhaupt. Rhythmus ist allgegenwärtig und ein Grundprinzip des Lebens. Vom Auf- und Untergehen der Sonne bis hin zum Knattern eines Preßlufthammers. Die menschliche Existenz hängt von dem regelmäßigen Puls des Herzens ab und wird von ihm schon vor der Geburt durch den Herzschlag im Mutterleib geprägt.

Der gleichmäßige Puls wird durch Akzentuierungen zum musikalischen Rhythmus abstrahiert. Sein ursprüngliches Wesen bleibt dennoch bestehen. Es fußt auf dem Prinzip der Zweiteiligkeit: Jeder Herzschlag gliedert sich in zwei Phasen – das Ausdehnen und das Zusammenziehen. Diese Duplizität ist allgegenwärtig. Im Aus- und Einatmen, in Tag und Nacht, im Vor- und Rückwärts, Auf und Ab, Rechts und Links, in der Symmetrie unseres Körpers... und in der Musik. In jeder Art von geraden Takten, aber auch in ungeraden Takten. Dreitakte geben zwar das Zweierprinzip innerhalb des Taktes auf, unterwerfen sich ihm aber meist sofort wieder durch strukturelle Prinzipien, wie Wiederholungen in Zweier- oder Vierergruppen. Aus diesen Zweier- und Dreitakten lassen sich wiederum alle möglichen anderen Taktarten (wie 7/4 oder 5/4) zusammensetzen.

Ohne Zweifel aber entspricht der gerade Takt natürlichen Urinstinkten, während der ungerade Takt intellektueller, künstlicher Natur ist. Nicht umsonst wird die Dreizahl als mystisches Symbol (etwa Dreifaltigkeit) oder als logisch-rhetorischer Grundsatz (Dreisatz) verwendet. Auf dem Prinzip der Zweiheit hingegen basiert die Sexualität. Bei dem Geschlechtsakt vereinigen sich zwei Partner in einem dem Herzschlag, einer weiteren Zweierperiode, entlehnten, ekstatisch gesteigerten rhythmischen Puls. Mit erhöhter Herzfrequenz werden auch die Stoßbewegungen beschleunigt. Nirgendwo sonst im menschlichen Leben findet eine so starke unbewußte Bezugnahme auf den eigenen Herzrhythmus statt.

Wie stark die Fixierung auf den Herzschlag jedoch auch im außersexuellen Bereich ist, läßt sich beispielsweise an jungen Hunden beobachten, denen man zur Beruhigung einen in einer Decke gewickelten Wecker unterlegt, da dann das Tier unterbewußt mit dem Ticken das Schlagen des Mutterherzens assoziiert. Beim musikalischen Erleben des Menschen dient der Herzschlag ebenfalls als emotionaler Gradmesser.

Alle Tempi, deren metrischer Puls die menschliche Herzfrequenz übersteigt, wirken anregend und aufpeitschend, alle Rhythmen, die langsamer sind, wirken beruhigend, einschläfernd. Neutrales Wohlbefinden stellt sich bei einem der Herzfrequenz entsprechenden Metrum ein. Dieses Prinzip wird von Komponisten oft ganz bewußt angewendet, um die angestrebte Wirkung einer bestimmten Passage oder eines Songs gezielt zu erreichen. Welche Möglichkeiten hierdurch zu erotischem Stimulans gegeben sind, ist unschwer zu erkennen. Von der sexuellen Anregung eines deutlich hervorgehobenen, einfachen geraden Metrums abgesehen, lassen sich auch durch Beschleunigung und massivere Akzentuierung erotische Effekte erreichen.

Dazu Eric Burdon: »Für mich ist der Beat gleichbedeutend mit dem Herzschlag eines Menschen, der lustvoll mit einem anderen Menschen körperlich zusammen ist. So wie bei einem Rock-'n'-Roll-Auftritt der Beat gegen Ende hin immer schwerer und pulsierender wird, verstärkt und beschleunigt sich auch der Herzschlag kurz vor dem Höhepunkt der sexuellen Begegnung von Mann und Frau. Auf dieser Ebene kann man durchaus den Geschlechtsakt mit der Begegnung vergleichen, die ein Rock-'n'-Roll-Künstler mit einem Publikum hat.«[10]

Doch die Erkenntnis, daß der Rhythmus als akustische Entsprechung sexueller Motorik logischerweise auch stimulieren kann, ist nicht erst eine Errungenschaft des Rock 'n' Roll. Rhythmische Erotik zieht sich vom fast schon beischlafillustrierenden Groove der Funk- und Disco-

Musik über die orgasmatischen Fortissimo-Finale romantischer und klassischer Symphonien bis zurück zu den buchstäblich eingepaukten Liebesgeständnissen französischer Minnesänger wie ein roter Faden durch die Musikgeschichte.

Trommel-Balz der Buschmänner

Ihren Ursprung hat die erotische Zündkraft des Rhythmus vor allem in den schwarzafrikanischen Kulturen. Trommeln und andere Percussionsinstrumente gelten als die ursprünglichsten Elemente afrikanischer Musik.

Schließlich war es vor allem die filigran verschachtelte Polyrhythmik, die als negroider Exportartikel in der Jazzmusik und in Teilen der sogenannten Klassik einen weltweiten Siegeszug antrat. Bei der Betrachtung afrikanischer Musikkultur wird deutlich, daß der Rhythmus das körperbezogenste Parameter überhaupt ist. Jeder kennt den motorischen Reflex, beim Musikhören das jeweilige Metrum durch ein Fußwippen oder Klopfen mit den Fingerspitzen nachzuvollziehen. Ein Rhythmus hat uns gepackt, oder wir haben ihn gepackt – ihn in Relation zu unserem Herzschlag gesetzt.

Das Bedürfnis, den eigenen Körperrhythmus in Bewegung umzuwandeln, ist ebenso natürlich wie der Trieb, fremde, also künstlich erzeugte Rhythmen zu tanzen.

»Der Tanz war und ist niemals etwas anderes als in stilisierte Rhythmik umgesetzte Erotik: Buhlen, Werben, Weigern, Versprechen und Erfüllen«, behauptete Eduard Fuchs.[11] Und tatsächlich sind die Riten vieler Naturvölker der beste Beweis für die unmittelbare Zusammengehörigkeit von Tanz und Sexualität. Die »Puri« in Südamerika zelebrieren nachts einen Tanz, »in dessen zweiter Abteilung die Frauen anfangen, ihre Hüften zu schaukeln, das Becken zu rotieren und abwechselnd nach vorn und nach hinten zu stoßen, indem die Männer mit dem Mittelkörper Stoßbewegungen, aber nur nach vorne machen«.[12]

Tanz, Musik und Gesang gehören vor allem in der schwarzafrikanischen Kultur untrennbar zusammen und dienen als wichtiges Kommunikationsmittel. Im Rahmen mystisch-religiöser Riten begleiten sie Krankheit, Heilung, Geburt, Tod und die Zeugung. Um diese Vorgänge nachzuvollziehen, zu untermalen oder zu stimulieren, sind die Trommeln einzelner Stämme oft mit eindeutigen Symbolen belegt.

Bei den »Foli« in Nordkamerun etwa existieren für rituelle Zwecke zwei Trommelarten, wobei die eine das Männliche, die andere das Weibliche verkörpert. Zu gegebenem Anlaß werden die beiden Instrumente gleichzeitig und mit stetig sich steigernder Intensität geschlagen, während das junge Pärchen in seiner Hütte zum »Gipfel der Lust« findet.

Nach bestimmten Riten verlaufen auch ekstatische Gruppentänze, die teilweise direkte sexuelle Symbolik haben, manchmal aber auch nur einen religiös begründeten Rausch hervorrufen sollen. Allerdings geht auch dies meist mit körperlicher Erregung einher und soll in Einzelfällen sogar bis zum Orgasmus führen. Bei Buschmännern am Rande der Kalahari-Wüste beobachtet man zum Beispiel einen sogenannten Reinigungstanz. Hier fallen Rhythmuserzeugung und Tanz unmittelbar zusammen, indem an den Fußgelenken Rasseln befestigt sind. In einem Kreis wird die ganze Nacht hindurch um ein großes Lagerfeuer getanzt, wobei die Bewegungen immer schneller, die Rasselgeräusche immer lauter werden, bis schließlich alles in einer stampfenden Ekstase kulminiert.

Die Pygmäen unterstützen rhythmische Stimulation – etwa bei dem Beschneidungsfest – zusätzlich durch eindeutige Sexualsymbole. Während des Fruchtbarkeitstanzes der Frauen werden zum Beispiel die phallischen Riesenhörner der Watussi-Rinder als Potenzallegorien verwendet. Der Tanz, der die Waldgeister um Mutterschaft anfleht wird von den Männern mit langen, mörserartigen Trommeln durch ein orgasmatisch sich steigerndes Rhythmusgeflecht untermalt.

Aber was hat die afrikanische Folklore mit europäischer Kunstmusik zu tun? Mehr als man denkt. Solche bei den Naturvölkern zu beobachtenden musikalischen Grundraster finden sich, freilich in stark domestizierter und verfeinerter Form, auch in der abendländischen Kunstmusik wieder. Die Prinzipien sind ähnlich geblieben, nur die Erscheinungsform, die »Verpackung«, hat sich geändert.

Die Behauptung, die europäische Klassik habe sich völlig unabhängig von den Wurzeln afrikanischer Musik entwickelt, ist von der Wissenschaft ohnehin längst stark in Frage gestellt worden. Nachweislich gelangten nämlich wesentliche Einflüsse im frühen Mittelalter vom Westsudan über die Mauren-Araber nach Spanien und von dort aus nach Frankreich. Die Musik der Mauren, die trotz berberischer Elemente überwiegend südafrikanische Züge trägt (vor allem der Walof und Serer am Senegal sowie der Malinke und Sonhrai am Niger), eroberte im elften Jahrhundert die Provence und beeinflußte maßgeblich die Balladen französischer Troubadoure.

Die ungewöhnliche Harmonik, Melodik und Rhythmik machte Schule und fand nur ein Jahrhundert später in den Liedern deutscher Minnesänger ihren Widerhall. Und deren Einfluß läßt sich wiederum bis in die Kunstmusik des zwanzigsten Jahrhunderts nachweisen. Die These von Hans H. Hermann ist also keineswegs so abwegig, wie es zunächst scheint: »Und es war und ist schon recht töricht, wenn kulturstolze europäische Konservative laut gegen die Negermusik des Jazz, Soul und Beat wettern und diesen ›primitiven Entartungen‹ mit erhobener Stirn die unsterblichen Töne unserer großen Meister als Kulturerrungenschaften der weißen oder gar der arischen Rasse entgegenhalten, deren ideologische Heraufbeschwörung durch rassistische Kulturdarwinisten mittlerweile soviel unsagbares Unheil angerichtet hat. Jazz und Bach wuchsen auf demselben Reis.«[13]

Sinfonische Orgasmen

Doch nicht allein der Rhythmus macht Musik zum durch und durch erotischen Gebilde. Er mag zwar als unmittelbarste Entsprechung sexueller Motorik und als Katalysator körperlicher und geistiger Erregung das Gerüst musikalischer Erotik sein – allein bestimmend ist er nicht. Von Bedeutung sind da, neben der Harmonik, die durch gehörpsychologische Wirkungen bestimmte Spannungs- und Erregungszustände hervorrufen kann, die Klangfarbe, aber auch die formale und dynamische Struktur einer Komposition.

Will man die erotischen Effekte bestimmter Klangfarben beschreiben, so begibt man sich auf sehr fadenscheiniges Terrain. Wir sprechen zwar von einem spröden, einem harten, einem rauhen, einem scharfen, einem weichen, einem warmen, einem aufrüttelndem, einem beruhigendem, einem vollen, einem dünnen, einem aggressiven oder eben einem sinnlichen Klang – konkretisieren und dingfest machen lassen sich diese Eindrücke jedoch kaum.

Allzu subjektiv ist das jeweilige Rezeptionsverhalten und allzu verschieden sind vor allem die einzelnen Stile, die hierbei beachtet werden müssen. Ein aggressiver Affekt hatte in einem Madrigal von Monteverdi selbstverständlich eine andere Ausprägung als etwa in Rachmaninows 2. Klavierkonzert oder gar in dem Punk-Song »God Save The Queen« der Sex Pistols. In allen drei Fällen aber wird die verwendete Klangfarbe im entsprechenden stilistischen Umfeld als aggressiv empfunden. Die Verschiedenheit der Mittel – im ersten

Beispiel eine etwas forcierte, eventuell angerauhte Menschenstimme, im zweiten ein schriller Oktavgang im Klavierdiskant, im dritten ein dröhnend-verzerrtes Gitarrenriff – macht eine systematische Betrachtung uferlos.

Daß es speziell erotische Klangwirkungen gibt, bleibt unbestritten. Nur lassen sie sich nicht allgemeingültig auf den Punkt bringen, da Instrumentation, Besetzungsmöglichkeiten und Klangideal von Komponist zu Komponist, von Epoche zu Epoche variieren. Der warme Lautenklang eines französischen Chansons von Sermicy, die flirrend arpeggierten Akkorde des Wagnerschen Rheingold-Vorspieles oder die süffige Streichermischung des »Tristan«-Akkordes sind in ihrer Wirkung ebenso erotisch wie die schwül-irisierenden Harfenklänge in Debussys »L'apres midi d'un faune« oder der massive Schlagzeugklang und die lasziv gehauchte Stimme eines Aretha-Franklin-Songs.

Etwas einfacher ist der Fall, wenn man die formalen Aspekte unter die Lupe nimmt. Sicher gibt es auch hier ein unüberschaubar breites Spektrum an verschiedensten musikalischen Grundformen – von der Messe, dem Kanon und der Fuge über die Liedform, den Sonatenhauptsatz, bis hin zum Bluesschema und der Refrainform – aber immer wieder findet sich in allen Gattungen und Epochen mal mehr, mal weniger deutlich das Prinzip der Steigerung.

Dieses Streben zu einem musikalischen Höhepunkt zieht sich wie ein roter Faden durch die gesamte Musikgeschichte. Tonkunst als ein in Variationen wiederholtes Erreichen von Höhepunkten? So radikal die inhaltliche Vereinfachung ist, so trifft sie doch den Kern der Sache. Nicht daß es der Musik von jeher nur um ein euphorisches Vertonen von Orgasmen gegangen wäre. Aber das Wesen der Höhepunktsgestaltung läßt sich nahezu in jeder Komposition nachvollziehen – und sei es in Form einer ironischen Brechung durch bewußte Vermeidung oder Verzögerung.

Mit Höhepunkt ist hier sowohl das großangelegte Finale am Schluß einer Symphonie oder einer Oper als auch der kleine Kulminationspunkt innerhalb einer melodischen Linie, einer mehrtaktigen Periode oder eines rhythmischen Motivs gemeint. Solche Steigerungen lassen sich harmonisch, melodisch, klangfarblich, dynamisch, rhythmisch und durch beliebige Kombinationen dieser Parameter darstellen.

Für die Erscheinungsformen und Gestaltungsnuancen dieses Prinzips einige Beispiele: Schon die Minnegesänge von Guillaume de Machault und Oswald von Wolkenstein lassen kleine Höhepunktsstrukturen erkennen. Die schwärmerischen Affekte dieser frivolen Anekdoten und

Liebeslieder schlagen sich vor allem in den melodischen Motiven nieder. So war es Usus, erregte Gefühle in höheren Tonregionen anzusiedeln und durch Aufwärtsbewegungen zu entwickeln. Über die rhythmische Gestaltung lassen sich nur Vermutungen anstellen, da die meisten Stücke nicht mensural notiert wurden. (Der Musikwissenschaftler Hugo Riemann hält dennoch einen Viervierteltakt für wahrscheinlich.) Accelerandi sind jedoch mit ziemlicher Sicherheit intuitiv vorgenommen worden.

Sehr feinfühlige Höhepunktsgestaltungen finden sich bei dem Meister barocker Musikrhetorik, Heinrich Schütz. Daß in den Werken des tiefreligiösen Komponisten aus Weißenfels jedoch vordergründig erotische Beweggründe eine Rolle gespielt haben, ist unwahrscheinlich, da seine Musik sehr subtil intellektuell angelegt ist. Das meist sakrale Sujet schließt eine bewußt eingesetzte, vordergründige Erotik ohnehin aus. Vielmehr handelt es sich hier um unterbewußt erzielte Wirkungen, was die Allgegenwärtigkeit des erotischen Topos nicht in Frage stellt, sondern im Gegenteil bekräftigt.

Immer wieder werden bei Schütz (etwa in der Weihnachtshistorie oder in den Passionen) melodische Motive sequenzartig wiederholt, dabei aber jeweils um einen Ton erhöht. Diese feststehende und damals gebräuchliche Wendung zur Vertonung erhabener, aufgeregter oder erregter Affekte nennt man in der Figurenlehre des Barock Klimax. Und Klimax bedeutet nichts anderes als Höhepunkt. Der Begriff bezeichnet einerseits die eben beschriebene Floskel der Figurenlehre, läßt sich aber auch auf jeden anderen Höhepunkt anwenden.

So kann man ebenfalls in der Klassik von Klimaxstrukturen, allerdings in einem viel komplexeren Sinne, sprechen. Was sich bei Schütz auf ein Motiv und dessen Verarbeitung beschränkte, erstreckt sich jetzt auf die Gestaltung ganzer symphonischer Sätze. Nehmen wir Beethovens 9. Symphonie. Ein Werk, das allein schon durch die damals revolutionäre Verwendung von Menschenstimmen im letzten Satz eine aufsehenerregende Klimaxstruktur besitzt.

Die Vertonung von Schillers Ode »An die Freude« als großes Chorfinale macht den Schlußteil zum absoluten Höhepunkt der vier Sätze. Hier wird das »Elysium« – ein paradiesischer Staat oder ein himmlischer Zustand – als Erlösung der Menschheit gepriesen. Zur Hervorhebung dienen dabei die Menschenstimmen – als sinnlichste Lautäußerung überhaupt. Der letzte Satz bildet im Gesamtgefüge der Symphonie den Höhepunkt (besonders deutlich im Kontrast zu dem vorangehenden Adagio), strebt aber auch in sich einen Klimax an. Nach einem langen Einleitungsteil, der als markantes Motiv die »Schreckens-fanfare« enthält, folgt ein Hauptteil in sechs Abschnitten. Das Rezitativ »O Freunde« geht in einen zweiten Teil über, der sämtliche Soli- und Chorstimmen einführt (Allegro assai), nach einem dritten Abschnitt, der das Hauptthema wieder aufgreift, werden im vierten Teil als Verstär-kung drei Posaunen und ein zweites Thema vorgestellt. In der folgen-den Doppelfuge über die beiden Hauptthemen wird bereits ein kleiner Höhepunkt erreicht, der jedoch plötzlich abbricht. Im sechsten Teil findet schließlich eine zielstrebige Steigerung statt, die nur noch zweimal – quasi als Verzögerungseffekt – durch langsamere Passagen unterbrochen wird. Ungehindert entwickelt sich endlich ein orgiasti-scher Höhepunkt durch kontinuierlich lauter werdendes Prestissimo und halsbrecherische Achtel- beziehungsweise Zweiunddreißigstel-kaskaden. Eine hemmungslose Orgie fettester Instrumentierung, laute-ster Dynamik und schnellstem Tempo bildet den ekstatischen Kulmina-tionspunkt – inhaltlich das Elysium, emotional den Orgasmus.

Ähnliche Beobachtungen ließen sich bei einem Großteil der klassi-schen, vor allem aber der romantischen Symphonik (etwa Bruckner, Dvořák oder Tschaikowsky) nachvollziehen. Ein noch extremerer (weil plakativer) Fall von eindeutiger Klimaxstruktur liegt bei dem – bekann-termaßen besonders gerne als Beischlafstimulans verwendeten – »Bole-ro« von Maurice Ravel vor.

Der französische Impressionist verfuhr in diesem Werk, das er ironisch auch »Orchestereffekte ohne Musik« nannte, auffallend radi-kal. Das Stück setzt sich aus zwei ständig wiederholten baskischen Melodiethemen zusammen, die lediglich durch verschiedene Orche-strierung variiert werden. Eine langsame, aber stetige Steigerung wird dabei durch anschwellende Instrumentierung und Dynamik erreicht. Über dem an sich schon erotischen Bolerorhythmus entwickeln sich die Motive von zärtestem Pianissimo zu stürmischem Fortissimo, bis schließlich Posaunenglissandi einen ekstatischen Höhepunkt signali-sieren.

Im Disco-Beat zum Höhepunkt

Auch in der Popmusik sind die meisten Songs nach dem Prinzip der Klimaxstruktur aufgebaut. Die Erotik der Disco-Musik, des Rock oder des Rock 'n' Roll erscheint allerdings viel unverblümter. Zum einen weil die Texte oft in eine eindeutig sexuelle Richtung weisen, zum anderen weil der Rhythmus hier einen ganz anderen Stellenwert besitzt. Die wichtigsten stilistischen Wurzeln der Popmusik liegen in der afro-amerikanischen Jazz- und Gospel-Kultur, die den Rhythmus als afri-kanische Reminiszenz besonders stark in den Vordergrund stellte.

Baß und Schlagzeug übernehmen ein metrisches Gerüst, das, von Breaks und eventuellen Taktwechseln abgesehen, meist konstant bleibt. Lediglich die Intensität wird durch Zwischenschläge, Double-time-Feeling (also Verdopplung der Schläge pro Takt) oder anschwel-lende Dynamik gesteigert. Dieses Prinzip hat auch der weiße Hard-rock oder Rock 'n' Roll übernommen, wie der »Rolling-Stones«-Hit »Sympathy for the Devil« oder der »Deep-Purple«-Klassiker »Child in Time« zeigen.

Starke Ausprägung erfährt die Klimaxstruktur auch in der psyche-delisch verinnerlichten Kult-Musik von Gruppen wie »Pink Floyd« »Tangerine Dream« oder »Genesis«. Die Stücke »Us and Them« und »Echoes« von »Pink Floyd« oder »Carpet Crawl« von »Genesis« basieren jedoch weniger auf einer rhythmisch entwickelten Ekstase, sondern erreichen den Klimax vor allem durch eine aufgeblähte Instrumentation und die imposante Überlagerung von Synthesizer-klängen. Neben dynamischen Steigerungen wird in diesem stark intellektuell geprägten Musikstil oft auch mit harmonischen Spannun-gen (Rückungen, Modulationen ect.) gearbeitet.

Am deutlichsten ist die Höhepunktstruktur jedoch im Bereich der Black Music zu erkennen. Ob in Up-Tempo Funk-Stücken oder in langsamen Soul-Balladen – fast ausnahmslos wird nach dem Klimax-Prinzip komponiert. In dem Stück »Got to be there« beispielsweise (das schon in einer Version der »Jackson 5« zum Klassiker wurde) setzt die Sängerin Chaka Khan in ihrer Interpretation zunächst solo, also ohne jede Begleitung ein. Nach diesem kurzen Intro kommen die Instrumente (Schlagzeug, Baß, Keyboards, Gitarre, Streicher) hin-zu. In der Strophe wird die Stimme durch einen Backgroundchor unterstützt. Die Begleitung ist hier auffallend dezent und hauptsäch-lich von sparsamen Kantenschlägen des Schlagzeugers getragen. Der erste Refrain wird durch eine verstärkte Instrumentation und eine bewegtere Begleitung von der Strophe abgesetzt und endet mit einem auffallend hohen Ton der Sängerin. Der zweiten Strophe folgt ein weiterer, noch lauterer und kraftvoller instrumentierter und gesunge-ner Refrain. Die dritte Strophe ist kürzer als die übrigen, bricht plötzlich ab, um den jeweils am Ende des Refrains gesungenen Spitzenton spannungsvoll vorzubereiten, bis dieser dann endlich eine

Quart höher als vorher erklingt und sich in einer überschäumenden Begleitung verliert.

Hier dienen also Dynamik und Instrumentation, aber vor allem auch die Tonhöhe des Gesanges zur Steigerung – den Höhepunkt bildet ja schließlich ein markerschütternd hoher, lang ausgehaltener Spitzenton. Ein anderes beliebtes Mittel zur Verstärkung der erotischen Wirkung ist der Duo-Gesang zwischen Mann und Frau. Meist stellt sich zunächst jede Stimme in einer Strophe solo vor, um dann im Duo den gemeinsamen Höhepunkt musikalisch zu gestalten.

Will man die pralle Sinnlichkeit des Souls richtig verstehen, so darf man eine wichtige Quelle schwarzer Popmusik, den Gospel-Gottesdienst, nicht außer acht lassen. Unmittelbar liegen hier Musik, Religion und Erotik beieinander. Denn: So faszinierend und unwirklich diese körperlich-geistige Ekstase in ihrer religiösen Inbrunst ist, so hat sie doch auch eine profan-sexuelle Komponente. Die allerdings wird nicht prüde von christlicher Lobpreisung getrennt, sondern mit ihr verschmolzen: in gemeinsamer Stimulation zum metaphysischen Orgasmus. Nehmen wir eine Kirche im Stadtteil Roxbourry, Boston: In Scharen strömen buntgekleidete Besucher in das Gotteshaus. Zunächst sitzt man ruhig auf den Kirchenbänken. Leise Orgelklänge untermalen die Stimme des Priesters. Immer lauter redet er in bewegtem Singsang auf die Gläubigen ein. Fordert sie auf, für Christus Zeugnis abzulegen. Eine Solistin beginnt zu singen. Der Chor antwortet im großen Dialog. Die Stimmen schwellen an. Auch die Sängerin wird lauter und untermalt ihre Botschaft durch ausgreifende Gesten. Schließlich beginnt die Gemeinde den Chor zu unterstützen. Die gesamte Kirche stimmt ein. Fängt an sich zu bewegen. Zu tanzen. Zu hüpfen. Zu schreien. Freude und Schmerz mischen sich. »Hallelujah«. »Praise his name«. Schweiß läuft in Strömen. Eine Frau sinkt ohnmächtig zusammen. »Yes Lord«. Auf der Empore muß ein Mann zurückgehalten werden, der sich für Jesus in die Tiefe stürzen will. Eine Gruppe von Mädchen, die sich konvulsivisch aufbäumen, zittern, schreien, stöhnen, »Oh Lord« . . . »Amen«.

Unbefleckte Verführung

Ähnlich drastisch, wie sich bei solchen Gospelgottesdiensten seelische Hingabe, lustvoll erlebte Körperlichkeit und unterschwellige libidinöse Anspannung zu einer ekstatischen Hochstimmung verdichten, können auch Rockkonzerte das Publikum zu kollektiven, mit erotischen Gefühlen verbundenen Erlebnissen stimulieren. Abgesehen von musikalischen Merkmalen, die symbolträchtig sexuelle Bezüge herstellen, sind es meist die Shows der Künstler und ihre Person, die den erotischen Wunschträumen ihrer Zuhörer ganz unmittelbar Nahrung geben.

Der amerikanische Beatnik-Dichter Alan Ginsberg bezeichnete den Rock als das »Instrument der sexuellen Befreiung«. Denn besonders bei Jugendlichen, an die sich die Rockmusik überwiegend richtet, dient sie als Ventil für die von gesellschaftlichen Moralvorschriften noch unterdrückte Sexualität. Mädchen und Jungen in der Pubertät, die zu den Konzerten gehen, haben meist nur wenige oder auch gar keine sexuellen Erfahrungen. Sie kennen Sex aus den Aufklärungs-Serien einschlägiger Teenager-Magazine, haben vielleicht schon herumgeschmust oder mit ängstlich-neugieriger Erregung Petting betrieben. Der Körper erwacht, und man nimmt verunsichert erste geschlechtliche Wünsche wahr.

Gleichzeitig erleben die Teenager zum ersten Mal die Faszination kultureller Diesselbigkeit. Sie spüren, daß die Rhythmen und Klänge der Rock-Lieblinge, die zu Leitfiguren und Identifikations-Objekten werden, ihre Körper in eine unterschwellige Erregung versetzen. Es wird nicht nur Gruppengeborgenheit erfahren. Neben jenem Gefühl, gemeinsam mit Altersgenossen und Künstlern eine verschworene Gemeinschaft gegen die vermeintlich repressive Erwachsenenwelt zu bilden, verspüren die Minderjährigen auch einen körperlichen Lustgewinn. Man darf sich das aber nicht so vorstellen, daß allein der Beat es sei, der das Publikum sexuell stimuliere. Vielmehr schafft die Band als Personifizierung der Musik, die sie darbietet, eine erotische Atmosphäre. Die Jugendlichen übertragen ihre sexuellen Sehnsüchte auf die vor ihnen spielenden Stars, wodurch diese Emotionen zielgerichtet werden. Der vergötterte Künstler – durch seine Entfernung und Unnahbarkeit sexuell nicht bedrohlich – erlaubt eine weitgehend konsequenzlose Erotik, die nicht wirklich, sondern nur im Innenleben des Fans stattfindet.

Dies ist, speziell was die Popmusik-Rezeption bei gerade erst geschlechtsreifen Heranwachsenden betrifft, sehr wichtig. Erotische Wünsche brauchen nicht verdrängt werden, sondern lassen sich symbolisch befriedigen. Denn auch wenn sich die Künstler auf der Bühne wild und aufreizend gebärden, verführen sie doch nie mit offensivem Unterleib. Und gerade weil das Verhalten des ganz jungen

Publikums sicherlich nicht unmittelbar genitalorientiert ist, gestattet die Rockmusik so, sexuelle Bedürfnisse unausgesprochen zuzugeben.

Nun könnte man einwenden, daß hierdurch geschlechtliche Emotionen zwar geweckt, aber doch nicht befriedigt werden. Obwohl dies nur eingeschränkt zutrifft, weil erwiesenermaßen heftig erregte Mädchen auch ohne direkte Genital-Stimulation allein durch sinnliche Anspannung zum Orgasmus kommen können, lassen sich im Regelfall sexuelle Frustrationen beobachten. Als Auswirkung solcher Frustration erotischer Sehnsüchte interpretieren Musiksoziologen die Massenhysterie, die besonders bei Rockveranstaltungen zu beobachten ist, wo weibliche Teenager das Gros des Publikums stellen.

Freilich ist die sexuelle Wirkung von Rockmusik und den entsprechenden Künstlern nicht auf den Konzertsaal beschränkt. Auch zu Hause kreisen erotische Empfindungen um die Popstars. Bei sehr jungen Mädchen — mit Abstrichen auch bei den heranwachsenden Jungs — steht nicht unbedingt die Schallplatte, sondern das Image und die Aura des Künstlers im Mittelpunkt. Fan-Produkte, seien es T-Shirts, Posters oder Anstecknadeln, sind genauso wichtig wie die Lieder der Künstler. Oft sogar hat das Aussehen der Popgrößen mehr Bedeutung als ihre kompositorische Leistung.

Die spezielle Teenager-Presse von »Bravo« über »Pop Rocky« bis »Mädchen« versorgt deshalb ihre Leserschaft mit den entsprechenden Klatsch-Geschichten, liefert Fotos, berichtet über die Garderobe, den Besitz und die Lebensweise der Stars. Aus all diesen Elementen zimmert sich der jugendliche Fan eine Traumwelt: Sein Idol läßt ihn nicht nur teilhaben am Glamour des Showgeschäfts, sondern wird zum Gegenstand des erwachten Interesses am anderen Geschlecht.

Der hübsche Sänger, als Beispiel seien nur Nick Beggs, Paul Young und Limahl aus neuerer Zeit und Marc Bolan oder David Cassidy aus vergangenen Pop-Tagen genannt, wird zur Meßlatte für die Vorstellungen von Mädchen, wie ihre Wunschjungen auszusehen haben. Diese Schwärmerei ist nicht nur häufig Gesprächsstoff von Freundinnen, auch erlaubt sie, sich von Altersgenossinnen abzuheben, die einen anderen Star anhimmeln. Diese Traumwelt der Teenager-Sexualität verliert in dem Umfang an Bedeutung, in dem die Mädchen anfangen, sich mit Jungen zu verabreden und erste körperliche Beziehungen einzugehen.

Macho contra Backfisch

Obgleich das Verhältnis Rockmusik und Erotik auch im späteren Alter geschlechtsspezifische Unterschiede aufweist, zeichnen sich besonders bei Jugendlichen deutlich andersartige Erscheinungsformen zwischen weiblicher und männlicher Sexualempfindung ab. Männliche Hörer bevorzugen überwiegend einen kraftvoll-aggressiven, rohen und eindeutigen Ausdruck von Sexualität. Bestes Beispiel hierfür: der Hardrock. Jener wilde Show-Exhibitionismus, wie ihn der »Led-Zeppelin«-Sänger Robert Plant auf die Bühne brachte, die exzessive, vorwärtsdrängende Saitenakrobatik von Gitarrenhelden wie Ted Nugent oder Ritchie Blackmore und kraftvoller Schlagzeug-Donner sind Symbole für das ungestüme Geschlechtsempfinden der maskulinen Jugendlichen.

Ihnen kommt es auf das prahlerische und chauvinistische Element der Musik an: So sind die Künstler stets bestrebt, das Interesse der Zuhörer auf ihre virtuosen Fähigkeiten zu lenken. Lange, schweißtreibende Soli dienen hierzu. Optisch wird eine strotzende Männlichkeit vorgelebt. Tief ausgeschnittene und enge Hemden betonen Brustbehaarung und Muskeln; knapp sitzende Hosen bringen die Genitalien zur Geltung.

Die lautstarke Musik hat einen schnellen, treibenden Rhythmus und macht sich das schon erwähnte Prinzip von Erregung, Kulminationspunkt und anschließender Entladung zu eigen. Die Texte greifen unverblümt unter die Gürtellinie; derbe Zoten, »Law-and-Order«-Sprüche und Macho-Philosophien stehen im Vordergrund.

Diese Grundhaltung, bei der Frauen nicht als ebenbürtige Partnerinnen, sondern als Lustobjekt dargestellt werden, setzt sich auch in der breiten öffentlichen Selbstdarstellung zahlreicher Rock- und Hardrockgruppen fort. In einschlägigen Interviews und Zeitungsberichten klopfen sie das Image vom ungezügelten »Outlaw« fest, der Hotelzimmer demoliert, dutzendweise Groupies ins Bett holt, Unmengen von Alkohol trinkt, Drogen konsumiert und Prügeleien anzettelt.

Die Vorstellung von der Dominanz des Mannes, der das Leben aktiv gestaltet, rücksichtslos um seinen Erfolg kämpft und Nebenbuhler ausschaltet, die ihm seinen Besitz – zu dem auch die jeweilige Frau zählt – streitig machen wollen, findet hier in einem archetypischen Rollenverhalten Ausdruck. Es geht nicht darum, den Mädchen zu imponieren, sondern den männlichen Geschlechtsgenossen, also den potentiellen Konkurrenten, Respekt einzuflößen.

Die auf den einfachen Nenner gebrachte Botschaft der Rockmusik, sich die Frau zu nehmen, die einem gefällt, erhält hier eine vielfach bewunderte Vorbild-Funktion für von Minderwertigkeitskomplexen und pubertären Frustrationen geplagte jugendliche Hörer, die nach sexuellen Erlebnissen drängen, freilich nicht wissen, wie sie die gleichaltrigen Mädchen, die ihnen den Geschlechtsverkehr (meist noch) verweigern, erobern sollen. In jenem altersbedingten Geschlechterkonflikt zwischen den Mädchen, die sich auf Grund ihrer erziehungsbedingten Abwehrhaltung und körperlichen Angst vor dem ersten Sex zurückziehen, und den unter einer sexuellen Dauerspannung stehenden Jungen kann die Rockmusik wie ein momentanes Ventil wirken.

Denn der Bühnenheld, der sich hemmungslos produziert, in seinen Songs eine vermeintlich freie Sexualität vorgaukelt und den Geschlechtsakt nicht selten mit seinem Instrument sinnbildlich praktiziert, macht die heimlichen Wünsche der Jungen durch sein Gebaren wahr. Gleichzeitig löst das Rockkonzert diese auch im Zusammentreffen mit anderen Konfliktherden wie schlechte Ausbildungssituation, ungünstige Wohnverhältnisse, Generationskampf etc. aufgestaute Aggressionen und führt sie durch die schweißtreibende »Mitgeh«-Stimmung ab. Da stehen die Heranwachsenden dann fäustereckend im dichten Gedränge vor der Bühne, quittieren jede Anzüglichkeit mit beifälligem Gejohle und imitieren die Spielgestik der Künstler, die auf ihre Art und wegen den vielfach in Genitalhöhe hängenden Gitarren nicht zufällig an Onanie erinnert.

Bei der Figur des Sängers wird dies noch deutlicher: Es gehört zum Rock-Alltag, daß Popgrößen wie Ritchie Blackmore (»Deep Purple«), David Lee Roth (»Van Halen«) oder Robert Plant (»Led Zeppelin«) sich das Mikrophon als Penis-Symbol vor den Unterleib halten und Masturbations-Bewegungen vollführen.

Bei den jungen Mädchen sieht das ganz anders aus: Der aggressive, drängende Sex, wie ihn die Hardrockgruppen in ihrer Musik und Selbstdarstellung präsentieren, läuft dem traditionellen weiblichen Rollenverhalten zuwider. Trotz Empfängnisverhütung, trotz Aufklärungsunterricht in den Schulen, trotz der gesamten Liberalisierung der Sexualität, gibt es erhebliche Differenzen zwischen den erotischen Bedürfnissen der Mädchen und den Wünschen der Jungen. Die Sehnsucht nach Zärtlichkeit und Geborgenheit, der Flirt und das Ausprobieren der weiblichen Verführungsmittel rangieren vor der schnellen, rein körperlichen Stimulation.

Diese Unterschiede werden auch innerhalb der Musik-Rezeption deutlich: Statt dem offenherzigen Dampfhammerstil wird eine verhaltene Klangsinnlichkeit bevorzugt, die nicht brüskiert, gleichwohl einen latenten Reiz behält. Ein Beispiel hierfür sind die Popgruppen aus dem Umfeld der englischen »New Romantics«, die Mitte der achziger Jahre große Erfolge verbuchen können.

Elegant gekleidet, verschanzen sich diese Teenager-Stars mit snobistischer Attitüde hinter ihren Synthesizer-Batterien und zaubern eine heile Klangwelt. Von vordergründiger Erotik fehlt jede Spur. Trotz der angedeuteten Schwulen-Optik bei Gruppen wie »Dead or Alive«, »Spandau Ballet«, »Human League« oder »Depeche Mode« richtet sich diese Musik an Hörerinnen, die mit dem wollüstig nach »ass and tits« schreienden Rick James so wenig anzufangen wissen wie mit dem Penis-Kult von Ozzy Osbourne. Besonders die elf- bis siebzehnjährigen Mädchen mögen den einschmeichelnden Glamour-Rock und dessen zurückhaltend scheue Interpreten lieber als derbes Potenzgehabe.

Während früher die »Bay City Rollers«, Marc Bolan oder David Cassidy durch die Kleinmädel-Phantasien geisterten, sind es nun die Pop-Romeos Nik Kershaw, Limahl und Paul Young. Denn anders als einpeitschende Hardrocker oder Soul-Künstler, die mit ölig glänzenden Muskeln eine schweißtriefende Macho-Show abziehen, verzichten die androgynen Teenie-Idole auf genitale Kraftmeierei.

Zum Kreis der Favoriten gehört auch Boy George, der mit seinem stark geschminkten Gesicht, den langen Zöpfchen und den schrillen Klamotten wie ein Wesen von einem anderen Stern wirkt. Bekannt geworden durch den Hit »Do you really want to hurt me«, gefällt den Mädchen vor allem die feminine Ausstrahlung des schillernden Paradiesvogels. Denn von dem Schmuse-Musikanten, der sich jedes noch so kleine Härchen vom Handrücken rasiert und alles, was auf sein Geschlecht deuten könnte, unter bunten, wallenden Gewändern verbirgt, droht keine Gefahr.

Die Musik von Boy George und seinem blonden Konkurrenten Marylin läßt aggressive Körperlichkeit außen vor. In erster Linie ist sie romantisch und verspielt wie ein Poesiealbum. Psychologen vermuten, daß die zwittrigen Künstler auf diese Weise latente homosexuelle Gefühle bei den Mädchen ansprechen, zumal in diesem Altersabschnitt der enge Kontakt zu den Geschlechtsgenossinnen und das intime Vertrauensverhältnis zur »besten Freundin«, mit der alle Geheimnisse ausgetauscht werden, einen weitaus größeren Stellenwert haben als die mißtrauisch beäugten Jungs.

Adorno ins Poesiealbum geschrieben

Natürlich lassen sich die Wechselwirkungen zwischen Sex und Musik nicht auf die euphorische Stimmung in einem Gospelgottesdienst oder die Kompensation jugendlicher Sehnsüchte in der Rockkultur reduzieren: Die Beziehungen sind weitaus vielschichtiger und greifen in den Alltag jedes Individuums herein.

Abgesehen vom Starkult, bei dem auf den Künstler unerfüllte Wunschvorstellungen projiziert werden oder primär rein optische Momente für den sexuellen Reiz ausschlaggebend scheinen, ist gewiß jeder erwachsene Mensch schon einmal in eine Situation gekommen, in der – unbewußt oder bewußt – Musik und Erotik verschmelzen. Denken wir an solch offensichtliche Situationen, wenn eine bestimmte Melodie, ein bestimmter Rhythmus beim Tanzen mit einem begehrten Partner die erotische Stimmung verdichtet. Denken wir auch an die sublime Erotik des Balletts, wo Töne mit optisch-körperlichen Reizen zu einer ästhetischen, sinnlichen Wahrnehmungseinheit verschmelzen.

So wie Musik pathetische Gefühlswandlungen erzeugen kann, Beruhigung, Anregung oder religiöse Demut schafft, so muß sie auch als Aphrodisiakum geistiger und körperlicher Leidenschaft verstanden werden. Musik vermittelt und artikuliert Gefühle. Musik ist gleichzeitig Metapher und Resonanzboden der Liebe. Nicht überall und nicht zu jeder Stunde. Das ist klar. Aber viele Situationen haben eine bestimmte Melodie. Für zahlreiche Paare werden bei »ihrem« Lied Erinnerungen an die schönsten Stunden wach. Das Kino gibt dafür ein gutes Beispiel: Als sich Sam in »Casablanca« an das Klavier setzt und noch einmal »As Time goes by« spielt, steht in Ingrid Bergmans Augen das ganze Tränenmeer der unerfüllten Liebe zu Humphrey Bogart. So eine Melodie bringt alles wieder hervor, was längst verdrängt oder verschüttet war.

Lassen wir den ehrenwerten Theodor W. Adorno und seine gesellschaftskritische, gleichwohl eindimensionale Forderung nach einem Idealtyp des Hörers, der sich jederzeit analytisch-logisch über das Gehörte Rechenschaft ablegt und auch den vertracktesten kompositorischen Zusammenhang in ein verstandesmäßiges Bezugsfeld stellt, beiseite. Musik kann und soll intellektuelles Vergnügen sein. Das muß hier, um Mißverständnissen vorzubeugen, betont werden. Andererseits wird Musik auch intuitiv von Menschen geschaffen, die klangsinnliche Harmonie weitab jeder strukturellen Reflexion spüren. Beispielsweise beim Trällern oder Pfeifen in Momenten zufriedenen Überschwangs. Ähnliches geschieht in der Improvisation. Hier dringen häufig gefühlsmäßige Ausdruckswünsche ohne rationale Filterung direkt über das Instrument oder die Stimme nach außen.

Es soll hier nun nicht der »intuitiven Kunst« das Wort geredet werden, aber der Verstand ist beim Musikhören doch öfter ausgespart, als das manchem Befürworter rein intellektueller Rezeption lieb sein kann. Die Phantasie macht sich selbstständig: Nicht umsonst spürt Posdnyschew in Tolstois Roman »Kreuzersonate«, daß beim Spiel des Beethoven-Stücks leidenschaftliche Bande zwischen der Gattin am Pianoforte und dem Mann an der Geige geknüpft werden. Die Sonate macht ihn rasend: Posdnyschew ermordet seine Angetraute – ohne wirklich zu wissen, was sich zwischen den beiden abgespielt hat.

Auch Tschaikowsky denkt nicht unbedingt an das kennerische Goutieren eines ausgefeilten Kontrapunkts, wenn er sagt: »Das schöne Geschlecht schwach zu machen, ist der stolzeste Triumph, den ein Komponist überhaupt erzielen kann.«

Das Bedürfnis, Musik zu machen, ist, auch wenn dies von den selbsternannten Hütern einer hehren, reinen Kunst immer wieder vehement bestritten wird, nicht nur ein allein ästhetisches, von menschlichen Nöten enthobenes, schöngeistiges Unterfangen. Vielmehr hat die Motivation zu komponieren oft profane Auslöser. Ungestillte Leidenschaft, Geltungswillen, Frustration, Einsamkeit, Hoffnung auf Unsterblichkeit, Rivalität, Weltflucht, Narzißmus oder Impotenz können als Ursachen musikalischer Betätigung interpretiert werden, die dann dazu dient, Minderwertigkeitsgefühle durch Musik auszugleichen und somit – bei entsprechender Anerkennung durch ein Publikum, die Kritik oder als Ersatz dafür durch eine selbstsuggerierte Märtyrer-Rolle – das Bewußtsein der Vollwertigkeit zu erzeugen.

So lästern Nihilisten nicht nur zu Unrecht, daß die ganze schöne Kunst wie Schall und Rauch verpuffen würde, hätten ihre Erzeuger weder ödipale Konflikte noch ein sexuelles Defizit. Auf einen Nenner gebracht: Wären gesellschaftlich vorprogrammierte Konflikte zwischen Eltern und Kind oder zwischen Männern und Frauen plötzlich beiseite gewischt, würde der urmenschliche Leidenskampf also wahrhaft paradiesischen Zuständen weichen, in denen jeder ohne Ansehen seiner Person oder seines Charakters alle geschlechtlichen Wünsche erfüllt bekommt, gäbe es wohl kaum jene hochartifiziellen Tonschöpfungen, die immer wieder als ach so edle Errungenschaft intellektuellen Seins gefeiert werden. Und in Patrick Süßkinds Theater-Stück »Der Kontrabaß« heißt es allenfalls halbironisch: »Wenn Wagner einen Psychoanalytiker gehabt hätte, würde es den Tristan nicht geben.«

Sprichwörtlich tierische Zustände, wo es nur darum geht, dem Bedürfnis nach Nahrung und Paarung Rechnung zu tragen, sollen mit diesem kleinen Exkurs natürlich nicht propagiert werden – sonst würden wir keine Bücher schreiben. Aber es lohnt sich, diese Ideen im Hinterkopf zu behalten, will man der unlösbaren Synthese von Musik und Erotik auf die Spur kommen.

Herzensbrechers Tongeplänkel

Die ganzen Scharen aufgeputzter Damen reiferen Alters strömen doch nicht zu Peter Alexander, weil der österreichische Charmeur etwa komplizierte Intervallsprünge zu verwegenen Akkord-Clustern vollführt. Der Sänger kleidet statt dessen charmanten Wortwitz und dezentfrivole Schmeichelei in modernes Tongeplänkel, das mit dem vermeintlich harten Alltag versöhnen soll. Man mag hier zu Recht einwenden, derartiges sei billige Unterhaltung und Volksverdummung. Aber was steckt dahinter? Das fröhliche Dur in den Trällerliedern, der Schunkelrhythmus, gibt den Zuhörerinnen das Gefühl, nicht nur dem stetigen Überlebenskampf, den Aggressionen, den unsensiblen Mitmenschen ausgeliefert zu sein.

Hier trägt jemand beruhigenden Balsam auf die vom harten Leben geprägten Wunden auf. Zarte Akkorde lassen den ruppigen Partner vergessen, der sein Knie zwischen die Beine zwingt und rabiat auf die Erfüllung ehelicher Pflichten pocht. Statt Ellenbogen-Kämpfen wird umworben, geflirtet. Hier werden für zwei Konzertstunden all jene kurzweiligen Träume lebendig, die nicht einmal aktive Teilnahme erfordern und doch ein wohliges erotisches Kribbeln auslösen.

Davon profitiert der Schlager. Roland Kaiser, Howard Carpendale, Julio Iglesias, Udo Jürgens oder Frank Sinatra – um ein paar Beispiele zu nennen – brauchen nur glattrasiert und im makellosen Anzug die Bühne betreten, ein paar Komplimente ins Mikrophon raunen und mit dem Weltschmerz-Blick ihr Stimmlein erheben, damit die Damen wie schmachtende Teenager an die Bühnenrampe pilgern und dem Idol sorgfältig in Zellophan gewickelte Blumengebinde zu Füßen zu legen.

Starverehrung hin oder her, die genauso außermusikalische Ursachen hat und auch Schauspieler oder Sportler betrifft: Die Musik als Bindeglied zwischen dem einzelnen Konzertbesucher und den Interpreten kanalisiert seelisch-körperliche Bedürfnisse und macht das Angebot, eine nicht immer und vollkommen in die Realität umsetzbare sexuelle Sehnsucht innerlich auszuleben.

Grundvoraussetzung hierfür ist die Vieldeutigkeit der Musik. Zwar sind nur wenige Stücke programmatisch so angelegt, daß sie unmißverständliche erotische Signale aussenden. Doch wie in den schon erwähnten psychologischen Studien herausgefunden wurde, empfinden die Hörer musikimmanente Erotik je stärker, je populärer die Stücke angelegt sind. Das erklärt, warum nicht die Kunstmusik zu einem Instrument der sexuellen Liberalisierung wurde, sondern Sparten wie Soul oder Rock 'n' Roll in der jüngeren Geschichte das Sozial- und Sexualverhalten nachhaltig veränderten.

Hier taucht die Frage auf, ob absolute Musik (von avantgardistischen Strömungen mal ganz abgesehen) überhaupt erotisch sein kann. Hat eine Sonate, eine Sinfonie oder Kammermusik diese Eindeutigkeit, daß sie direkt auf die sexuelle Sphäre zu wirken vermag? Auch wenn man Franz Liszt oder Frederic Chopin, Johannes Brahms oder Hector Berlioz, Franz Schubert, Peter Tschaikowski, Richard Wagner und vielen anderen immer wieder musikalisch verpackte Erotik nachsagt: Wie ist sie erkennbar, welche Ausdrucksformen hat sie?

»Schwänzel, ränzel mir den Flachs«

Ganz so unverblümt und eindeutig wie bei den Minnesängern artikulierte sich die Erotik später nicht mehr. Keine Frage: Im Mittelalter herrschte in der Musik verblüffende Freizügigkeit, die uns angesichts anderer tradierter Moralvorstellungen dieser Epoche in Erstaunen versetzt. Selbst Theologen, wie der berühmte Lehrer Petrus Abaelardus, der mit Heloisa Fulbert später zu einer Art Traumpaar des Mittelalters avancierte, hielt mit seinem Sexus nicht hinterm Berg und schrieb in seiner Leidensgeschichte: »Historia calamitatum«[14]: »Meine Hand hatte oft mehr an ihrem Busen zu suchen als im Buch, und statt in wissenschaftlichen Textbüchern zu lesen, genossen wir jede Abstufung des Liebens, wir bereicherten unser Liebesspiel mit allen Reizen, welche die Erfinderlust ersonnen.«

Entsprechend frank und frei ging auch die Musik in einer Art humorvoller Lüsternheit mit der Sexualität um: Während die »hohe Minne« ein festes Rollenverhalten zwischen werbendem Mann und sich wehrender Frau untermauerte, waren viele Lieder wesentlich derberen Kalibers und von einer erstaunlichen sexuellen Unkompliziertheit geprägt.

In dem bekanntesten Lied »Unter der Linde« von Walter von der

Vogelweide beispielsweise erinnert sich eine Frau an ihr Liebeserlebnis. Wo hier noch relativ dezent angedeutet wird, »daß er bei mir lag / wüßte es jemand / so schämte ich mich / was er mit mir da tat« und ein schelmisches »Tanderadei« für schlüpfrige Zweideutigkeit sorgt, geht ein zu gleicher Zeit lebender Anonymus bedeutend forscher zur Sache: »Er griff mir an den weißen Körper / nicht ohne Schüchternheit / Er sprach: ›Ich mache dich zur Frau / Du hast ein süßes Gesicht‹ / Oh und ohweh / . . . er warf mir das Hemdchen auf / entblößte meinen Körper / er rannte mir meine kleine Burg ein / mit aufgerichtetem Spieß / oh und ohweh / . . .«

Metaphern aus dem Jagd- und Kriegsbereich waren zur damaligen Zeit besonders beliebt. In der Nachfolge des vergleichsweise schöngeistigen Walter von der Vogelweide gingen die Minnesänger des späteren Mittelalters in ihrer textlichen Direktheit noch weiter. Oswald von Wolkenstein etwa dichtete in einer Pastorelle: »Ein graser Kind im kühlen Tau / mit weißen bloßen Füßlein zart / hat mich erfreut auf grüner Au / mit seiner Sichel braun behaart / als ich ihm half das Gatter rücken / die Ritze ihm verschränkte / lenkte, senkt ich rein den Pint / stopfte fest, damit das Kind / sich nicht mehr sorgen müsse / um sein Gänsel / . . . / und als der Klee dann abgemäht / und ihre Ritze wohlverzäunt / da wünschte sie, daß ich ihr jät / noch einmal ihren untern Point / zum Lohn wollt mir sie Rosen binden / binden für ein Kränzel / ›Schwänzel, ränzel mir den Flachs! / Kratz ihn, willst du daß er wachs‹ / ›Herz liebe Gans / wie schön ist doch dein Kränzel‹.«[15]

Selbst Volkslieder im frühen 16. Jahrhundert waren noch von dieser sexuellen Unverblümtheit durchdrungen. In dem damaligen Gassenhauer »Es wollt ein Mädchen Wasser holen«, heißt es zum Beispiel: »Es betrachtet sich von allen Seiten / denkt es sei allein / sah ein schwarzes Büschlein / zwischen den weißen Schenkeln / . . . ein hübscher junger Mann kam herangeritten / ›Gott grüß Euch schöne Jungfer / wollt ihr dieses Jahr meine Bettgenossin sein / Ich führe Euch mit mir heim‹.«[16]

Die eindeutige Zweideutigkeit der höfischen und die enorme Direktheit der volkstümlichen Liedtexte machen eine erotische Deutung und Rezeption natürlich extrem einfach. Hier bedarf es keiner komplizierten Interpretation, um die erotische Motivation und die sexuelle Stimulation solcher Lieder nachzuweisen. Die Sache ist klar und wird durch musikalische Mittel, die am Anfang des Kapitels beschrieben wurden, zusätzlich unterstützt. Ungleich schwieriger, weil komplexer, ist dieses Problem bei der barocken, klassischen, romantischen und neuen Kunstmusik. Sicher, auch hier gibt es Orientierungspunkte. Zum

Beispiel die musikalische Affektenlehre, die mit festgelegten tonalen Wendungen menschliche Affekte, das heißt Leidenschaften und Gemütserregungen, etwa Liebe, Eifersucht, Zorn und Kampfeslust, nachahmte, sorgte vor allem im 18. Jahrhundert dafür, daß die Aussage des Komponisten von dem Publikum identisch aufgefaßt werden konnte.

So hatte man ein strenges Regelwerk von Floskeln, die für die Charakterisierung einer Figur oder deren Gefühlszustand angewendet werden konnten. Der Hörer wußte sofort, was gemeint war. Natürlich konnte der Text hierbei viel helfen. Vor allem in späterer Zeit: Denn ist beispielsweise Operettenmusik von vorneherein schlüpfrig, oder wird sie es erst durch die gedankliche Reflexion auf dem Umweg über das Libretto? Beides muß angenommen werden. Die Spielhandlung und ihr erotischer Inhalt spricht für sich, aber die tonale Untermalung muß bestimmte Wendungen, Rhythmen, Harmonien und Klangfarben verwenden, damit sie dem Libretto nicht zuwider läuft oder es ironisch verdreht. So würde eine Szene wie der erste Akt des »Rosenkavaliers« von Richard Strauss, als sich die Feldmarschallin und ihr Kavalier Octavian nach einer stürmischen Liebesnacht zum Frühstück niederlassen, sofort zerstört, erklänge eben nicht das dazugehörige sanfte Menuett, sondern ein pompöser Marschrhythmus.

Eingeschränkt trifft dies auch für die Instrumentalmusik zu. Manche Gestaltungsmittel begünstigen erotische Projektionen, andere nicht. In der Beschreibung der einzelnen musikalischen Parameter wurde das bereits dargelegt. Doch daß zarte Violinentremoli den Hörer auf andere Gedanken bringen als Posaunen-Fanfaren, daß eine Flötenmelodie und Cembalo-Arpeggien unterschiedliche metaphorische Vorzeichen haben, macht die bedeutsamen Wechselwirkungen zwischen Instrumentation, kompositorischer Syntax und Absicht einerseits und dem akustischen Stimulans andererseits klar.

Die Komponisten haben ja nicht willkürlich irgendwelche Instrumente mit abstrakten Klangideen betraut. Tonschöpfer denken nicht nur in Intervallverhältnissen und rhythmischen Strukturen, sondern sehen die Umsetzung mit Instrumenten, die Klangmalerei, als ebenso wichtigen Gestaltungsfaktor an. Und wenn sich dann im Laufe der menschlichen Kulturgeschichte mit bestimmten tonalen Rastern gefühlsmäßige Vorstellungen verknüpfen, weil eben diese Klänge über Generationen hinweg ähnliche Emotionen ausgelöst haben, schöpfen die Komponisten aus diesem Vorrat gebräuchlicher Tonzeichen für ihre Aussage, die unter Umständen nicht einmal bewußt intendiert sein muß, sondern durch den Instinkt geleitet sein kann.

Nicht der Klang an sich ist erotisch. Das Bild und die vegetative Veränderung, die er gleichermaßen beim Komponisten und Rezipienten hervorruft, machen ihn gleichsam zu einem wortlosen Esperanto, das keines Lexikons bedarf. Durch solch eine hochentwickelte Assoziationskraft der Tonsprache wird ihr erotischer Gehalt vermittelt – in der Folklore ebenso wie bei programmatischen Werken und in der absoluten Musik.

Zugleich nüchtern und trunken

Allerdings muß deutlich gesagt werden, daß man sich bei einem Großteil der barocken, klassischen und romantischen Komponisten vor einer allzu symbolgeladenen Ausdeutung hüten muß und nicht durch die unübersehbare Fülle der Partituren blättern kann, um diesem oder jenem Werk einen vordergründig sexuellen Stempel aufzudrücken.

Denn statt klischeehaften erotischen Chiffren strebten Komponisten eine metaphysische Sinnlichkeit an, die künstlerische Befreiung, Religiösität, Erkenntnis und Sexualität vereint. Diese verfeinerte Diktion bildet einen Gegensatz zu der musikalisch gesteigerten Erotik in der Musik-Kultur der Naturvölker, aber auch zur mittelalterlichen Mystik. Was dort durch die ekstatische Wirkung schlichter melodisch-rhythmischer Strukturen erzielt wird, weicht in der artifiziellen Tonsprache der abendländischen Komponisten-Elite einem Vollkommenheitsdenken, das nicht nur von Richard Wagner gern mit der Einheit aus apollinischen und dionysischen Elementen beschrieben wurde.

Das von dem Philosophen Friedrich Wilhelm Schelling geschaffene Begriffspaar sollte das auf Form und Ordnung gerichtete Wesen des griechischen Gottes Apollon im Unterschied zu den rauschhaften, alle Formen sprengenden Schöpfungsdrang des Gottes Dionysos kennzeichnen. Der Denker meinte, man finde im Menschen eine blinde, ihrer Natur nach schrankenlose Produktionskraft, der eine besonnene, sich beschränkende und bildende, eigentlich als regierende Kraft in demselben Subjekt entgegenstehe. Im demselben Augenblick zugleich trunken und nüchtern zu sein, sei das Geheimnis der wahren Poesie. Dadurch unterscheide sich die apollinische Begeisterung von der bloß dionysischen. Verstand und Triebhaftigkeit sollten also wohlbalanciert ineinandergreifen, um dadurch das menschliche Luststreben auf eine höhere, gleichsam universale Ebene zu übertragen.

Obwohl dem Durchschnittshörer (der die Musik primär emotional auf sich wirken läßt) eher fremd, sind sie ein Zeichen dafür, daß die Komponisten in ihren Werken meist mehr verwirklichen wollen als nur eine kunstvoll ausgeschmückte Nabelschau. Das oftmals mit dem Orgasmus verglichene Glücksgefühl bei einer musikalischen Inspiration verflüchtigt sich ja dann auch schnell, wenn es darum geht, diesen Einfall handwerklich auszuarbeiten. Mathematische Drahtseilakte und selbstquälerische Unzufriedenheit bei der manchmal über Jahre hinweg andauernden Beschäftigung mit der Partitur liegen da im Vergleich näher als frivole Liebesspiele. Nur die Motivation, sich immer wieder neu in diese Probleme zu stürzen, ähnelt nicht nur libidinöser Triebenergie, sondern nährt sich aus ihr.

Neben solch unterschwelligen Prozessen wird Sexualität in der klassischen Musik aber auch bewußt thematisiert: Die Gründe hierfür sind sehr unterschiedlich. Einem Aspekt freilich begegnet man immer wieder. Wie viele Geistesgrößen litten auch zahlreiche Tonschöpfer an dem Zwiespalt zwischen überhohen intellektuellen Ansprüchen und der damit nahezu zwangsläufig verbundenen Ohnmacht, geschlechtliche Bedürfnisse unbefangen ausleben zu können.

Das latent vorhandene Streben nach partnerschaftlicher, körperlicher Erfüllung und die Geißel, wohl als kreativer Kopf, seltener aber als verführerischer Bettgefährte von Frauen geachtet zu werden, spiegelt sich beispielsweise in dem Schaffen des Spätromantikers Hugo Wolf wider, der seinem Vater schrieb: »Mein Leben wird mir nur dadurch, daß es mir vergönnt ist, das höchste, süßeste Gefühl, das des gänzlichen Aufgehens im Weltenraum, in Tönen zu empfinden, erträglich: daß ich so glücklich bin, der Wonnen der gänzlichen Auflösung (wenn der Körper auch inbegriffen ist, nennt man es: Tod) schon bei Lebzeiten teilhaftig zu werden, hat mich milder gestimmt, da doch die meisten Menschen so lange leben müssen, bis sie wirklich tot sind. Man sagt zwar, daß man in der Liebe zu einem Weibe, im innigsten Verein der Herzen und der Seele, diese Vorahnungen des Todes empfinden soll, indem jedes aus sich heraustritt und, da eines im anderen seine Welt sieht, gleichsam in dieser Welt aufgeht. Das wird wohl so sein – mir muß die Kunst die untreue Geliebte ersetzen . . .«

Daß dieser in der verklärten Sprache der Romantik beschriebene Konflikt jedoch äußerlich nicht zur Verbitterung führte, sondern durch eine musikalische Idealisierung der Liebe abgeschwächt wurde, zeigt Hugo Wolfs »Italienische Serenade«: Nach einer lebhaften Streichereinleitung und würdevollen Zustimmung der Bläser bietet der durch die Bratsche verkörperte »Liebhaber« sein schmachtendes Ständchen dar. Zunächst schüchtern und vom Pizzicato der Streicher einschmeichelnd begleitet, faßt der verliebte Saladon Mut. Sein Gesang erwärmt sich, wird von drängender Leidenschaft durchglüht. Er reißt das Orchester mit und zwingt es zu einem großen, erregenden Ausbruch. Nach diesem quasi orgasmusartigen Höhepunkt ebbt die Empfindung allmählich wieder ab. Das Stück verrieselt in einem dem Beginn ähnlichen, zärtlichen Nachspiel.

Auch in der sinfonischen Dichtung »Penthesilea« nach Kleist's gleichnamiger Tragödie widmet sich Wolf der Darstellung des maßlos Leidenschaftlichen: Die Amazonenkönigin Penthesilea wird von Achilles, den sie liebt, besiegt. Es verletzt ihren Stolz, daß er sie nicht aus Verachtung umbringt. Achilles aber begehrt sie. Als er ihr werbend naht, läßt sie ihn in ausbrechender Haß-Liebe von ihren Hunden zerreißen. Dann bricht sie entseelt über seiner Leiche nieder. Scharfe Kontraste, kühne Harmonien und eine auffallend symbolische Dramaturgie in der Höhepunktgestaltung rissen niemand geringeren als Max Reger dazu hin, bei diesem Werk von einem »diabolischen Charakterisierungsvermögen« zu sprechen.

Auch Gustav Mahler, der nicht nur als junger Mensch heftigen Gefühlsschwankungen unterlag, hatte ein unausgeglichenes Verhältnis zur Sexualität, das sich musikalisch widerspiegelte. So litt er während seiner Zeit als zweiter Kapellmeister in Kassel an einer unerfüllten Liebe zu der Sängerin Johanna Richter. Luft für den sehnsüchtigen Weltschmerz machte er sich mit dem Zyklus »Lieder eines fahrenden Gesellen«, der fraglos einen deutlich affektiven Ausdruck hat, jedoch nicht auf das reine Erlebnishafte beschränkt bleibt.

Die Erotik war zwar Thema und Auslöser einer musikalischen Arbeit, die sich dann aber künstlerisch soweit verselbständigte, daß man wohl kaum von einer reinen Triebsymbolik sprechen kann. Auch als reifer Mann kam Mahler, von dem seine hübsche Frau Alma schrieb: »Er war ein Kind, und das Weib war seine Angst«, immer wieder auf das Thema Liebe und Erotik zurück. Seine egozentrische, nur nach der Verwirklichung als Künstler strebende Art einerseits und seine Sehnsucht nach partnerschaftlichem Glück andererseits trieb ihn in schwere Konflikte und sogar auf die Couch von Sigmund Freud. Der Wiener Psychoanalytiker machte ihm klar, auf welche schizophrene Weise er die Liebe mit Füßen trete und seine Frau autoritär und unaufmerksam behandle, obwohl er auf die von ihr entgegengebrachte Bewunderung und Geborgenheit als emotionaler Ruhepol nicht verzichten könne.

Erschüttert von dem Unrecht, das er Alma angetan hatte, widmete Mahler seiner Frau daraufhin die Achte Symphonie. Gustav Mahler selbst nannte sie eine »Botschaft der Liebe in liebloser Zeit«. Die monumentale Huldigung an die zwischenmenschliche Leidenschaft überbot an äußerem Aufwand alles Dagewesene. Zur Aufführung werden 120 Musiker, 2 gemischte Chöre, ein Knabenchor und 8 Gesangssolisten benötigt, was zu der Bezeichnung »Sinfonie der Tausend« führte.

Noten aus Not

Diese Tendenz, erotische Gefühlswallungen ihrer Bedeutung entsprechend mit den vorhandenen kompositorischen Mitteln möglichst emphatisch darzustellen, zieht sich wie ein roter Faden durch die Musikgeschichte. Vor allem im 19. und 20. Jahrhundert dienten leidenschaftlich-aufreibende Strukturen wie harte Akkordreibungen, große dynamische Kontraste und rhythmische Ekstase gern zum Ausdruck von sexuellen Spannungen.

Deutlich wird dies beispielsweise bei Alexander Skrjabin: Der russische Klaviervirtuose gelangte in seinem Anspruch, die feinsten seelischen Schwingungen und Empfindungen musikalisch nachzuvollziehen, zu einer für seine Zeit schockierenden Tonsprache. Die rauschhafte Übersteigerung gehörte zu seinen wesentlichsten Ausdrucksformen, wie besonders das programmatische Werk »Le Poème de l'extase« von 1908 deutlich macht. Dargestellt ist das Liebesspiel in all seinen Entwicklungsstufen vom ersten behutsamen Aufkeimen der Empfindungen bis zur orgiastischen Raserei (Volupté extatique). In diesem Werk allerdings wird nicht das individuelle Problem eines Künstlers mit musikalischen Mitteln kompensiert, sondern das Wesen des Eros in einen subjektiv-bildhaften Klang übersetzt. Skrijabin greift die Idee der Sexualität auf und hat die Vorstellung, die er sich von ihr macht, tonal ausgestaltet.

Auch Claude Debussy machte ein erotisches Stimmungsbild zum kompositorischen Thema: Inspiriert von einem gleichnamigen Gedicht Stephane Mallarmes schuf der französische Impressionist mit dem »Prelude a l'apres midi d'un faune« (Prelude zum Nachmittag eines Fauns) sein wohl bekanntestes und beliebtestes Orchesterwerk neben »La Mer«. In der poetischen Vorlage wird die – schließlich fehlgeschlagene – Eroberung zweier Nymphen in der Traumwelt eines Fauns dargestellt. Die Verse, für die Mallarmé nicht an sexuell anspielungsreichen Metaphern sparte, beschreiben einerseits die sinnlichen Empfindungen des lüsternen Götterwesens im Grenzbereich zwischen Bewußtem und Unbewußtem, Traum und Wirklichkeit, andererseits lassen sie sich auch als allgemeine Betrachtung über das Wesen der Sinnhaftigkeit interpretieren. Ohne programmatisch den Inhalt des Textes schildern zu wollen, lag es Debussy daran, den Eindruck, den das Gedicht bei seinen Lesern hinterläßt, wiederzugeben: Die Musik sei eine freie Illustrierung aufeinanderfolgender Stimmungsbilder, »durch die hindurch sich die Begierden und Träume des Fauns in der Hitze dieses Nachmittags bewegen«, sagte der Komponist. »Denn, die Verfolgung der ängstlich fliehenden Nymphen und Najaden müde, überläßt er sich dem betäubenden Schlummer, gesättigt von endlich erfüllten Träumen, von totaler Herrschaft in der allumfassenden Natur.« Für den Hörer nachvollziehbar wird dieser Gefühlszustand durch eine seltsam indifferente Flöten-Arabeske, die den Drang des Fauns nach erotischer Erfüllung symbolisieren könnte, während die Nymphen in zarten Holzbläser-Klängen fast sirenenhaft-betörend vorüberschweben.

Und hier schließt sich der Kreis. Wenn von der Erotik in der Musik die Rede ist, werden teilweise völlig verschiedene Vorgänge unter einem Gesichtspunkt zusammengefaßt. An den wenigen Beispielen aus der alten und neuen, esoterischen und populären Klangkunst ließ sich gut zeigen, welche unterschiedlichen Faktoren dafür ausschlaggebend sein können, daß musikalische Erscheinungsformen in einem erotischen Bezugsfeld stehen.

Um diesen Gedanken klarzumachen, kann man zusammenfassend drei wesentliche Blickrichtungen definieren, die natürlich auch wechselseitig ineinandergreifen können:

Zum einen kann Musik als Resultat einer sexuellen Spannung beim Produzenten entstehen.

Dann kann Musik Auslöser einer sexuellen Spannung beim Hörer sein.

Schließlich wird Musik als Symbolträger für die Darstellung sexueller Inhalte benutzt.

Betrachten wir zunächst noch einmal jene Musik, die auf Grund eines sexuellen Defizits entstanden ist. Die biographische Fachliteratur berichtet immer wieder, daß große Musiker wie Bruckner oder Beethoven als bekannte Beispiele für eine Vielzahl von Komponisten, die ihre geschlechtlichen Bedürfnisse selten problemlos ausleben konnten, die dadurch entstandene Spannung fast zwangsläufig durch das Komponieren ausglichen. Nur sind solche in der Folge von sexuellen Konflikten entstandenen Werke dann meist alles andere als unterhalb der Gürtellinie angesiedelte Tagträume.

. Entweder verbat es die Prüderie der damaligen Gesellschaft, erotische Sehnsüchte unchiffriert mitzuteilen, oder aber – und das liegt hier näher – war der hohe künstlerische Anspruch ein wirksamer Zensor.

Die Schlußfolgerung, sexuelle Unzufriedenheit bei einem Komponisten erzeuge erotische Musik, die beim Hörer entsprechende Wirkungen hervorrufe, ist so jedenfalls kaum zutreffend. Vielmehr kann ein Werk, dessen Entstehungsgeschichte einen sexuellen Hintergrund hat, künstlerisch soweit abstrahiert sein, daß es der absoluten Musik zuzurechnen ist, deren geistiger Gehalt weder als Tonmalerei außermusikalischer Stimmungen noch als Darstellung sprachlicher Inhalte zu bestimmen ist.

Denn wäre es nicht überinterpretiert, beispielsweise die Fis-Dur-Sonate Opus 78 von Beethoven als erotische Phantasie zu beschreiben? Gewiß, das der von ihm vergeblich begehrten Therese Brunsvik zugeeignete Werk trägt einen intimen Charakter, ist verspielt und poesievoll. Gern wird das Klavierstück auch als Dokument der Liebe bezeichnet. Doch warum? Weil man seine Entstehungsgeschichte kennt, oder weil die zwei Sätze eine unmißverständliche Sprache sprechen? Aber sind das leuchtende Kolorit der Melodien, die fließende Sechzehntelfiguration und die Vermeidung aller schroffen, beunruhigenden Wirkungen für sich gesehen Grund genug, um eine direkte Verbindung zwischen Beethovens Sehnsucht und einer allgemeingültigen Klangerotik zu ziehen?

Fragen, die zwangsläufig den zweiten Gesichtspunkt berühren: Musik kann unter bestimmten Voraussetzungen den Hörer erotisieren. Es entscheidet sich allerdings durch die individuelle Gefühlslage des Rezipienten, ob Musik seine sexuelle Sphäre streift oder nicht.

Eine allgemeingültige Interpretation ist Utopie. Feststellbar ist nur, daß bestimmte tonale Raster durch die Hörphysiologie erotische Projektionen begünstigen können.

Das Wissen um diese Vorgänge können sich Komponisten zunutze machen und daher gezielt ein Stück darauf abrichten, den geschlechtlichen Nerv seiner Hörer anzusprechen. Aber hierbei ist immer Bedingung, daß das Werk in seinem angestammten Kulturraum bleibt. Ein arabischer Beduine verknüpft erotische Assoziationen gewiß mit völlig anderen Klangstrukturen als ein Mitteleuropäer. Umgekehrt kann ein westlicher Hörer die sexuelle Dimension der komplizierten chinesischen Tonsysteme kaum erfassen, weil die Hörerfahrungen und der kulturelle Hintergrund völlig verschieden sind. Brauchtum, Sozialsystem und Musik sind so eng miteinander verbunden, daß die Sexualität einer Komposition nur innerhalb dieses Wechselspiels zum Tragen kommen kann.

Zu der Gruppe von Musik, die beim Hörer eine sexuelle Spannung auslöst, gehört zweifellos die rituelle Musik der Naturvölker. Hier wird am deutlichsten, wie Klangmittel das Nervensystem erotisieren. Das ist deshalb möglich, weil die Hörer mit diesen Vorgängen vertraut sind, sie herbeiwünschen und sich deshalb auch bereitwillig auf sie einlassen. Die geschlechtliche Stimulation ist hier also ein Ergebnis aus unbewußten körperlichen Reaktionen auf die Musik und seelisch-geistigen Affekten.

Bleibt die musikalische Sparte, die Erotik quasi bildhaft vermittelt, sei es durch die Person des Interpreten, durch Bewegung oder durch Text. Hierzu gehört nicht nur in weiten Bereichen die Pop- und Rockmusik, sondern auch die Oper.

Bei dieser Kunstgattung, die Ende des 16. Jahrunderts entstanden ist und anders als das Schauspiel die Musik am Handlungsablauf und an der Schilderung von Stimmungen und Gefühlen beteiligt, läßt sich der erotische Inhalt — sofern vorhanden — schnell entdecken. Er wird gewissermaßen auf dem Silbertablett präsentiert: Auch wenn es geistliche Opern, Heldenopern, Dramen und viele andere Spielarten gibt, widmet sich ein Großteil des Repertoires Liebesgeschichten und bringt nur selten asketischen Stoff auf die Bühne.

Macht der Gefühle

Wie die artverwandte Operette lebt die Oper von der urmenschlichen Neugierde auf leidenschaftliche Ränkespiele, nachempfindbare Eifersuchtsdramen und amouröse Glückseligkeit. Eine Fülle von Beispielen belegt dies.

Doch ist das Thema so komplex, daß wir es an dieser Stelle nur mit ein paar allgemeineren Gedanken streifen wollen. In der Oper stoßen das in sich schon erotische Wesen des Gesangs, Instrumentalmusik, Schauspiel, Handlung, Tanz und Szene aufeinander. Diese Vielfalt an Mitteln erlaubt höchste Eindeutigkeit bei der künstlerischen Darstellung der sexuellen Sphäre. Von der unverblümten Frivolität in manchen modischen Saison-Stücken der italienischen Opera buffa bis hin zur hochdramatischen Todesverklärung von Richard Wagner liegt indes ein breites Spektrum völlig unterschiedlicher Opern-Erotik.

Einerseits findet der Hörer in den vierhundert Jahren Operngeschichte rein unterhaltsame Werke, die sich einer erotischen Thematik oder erotischen Audrucksweise bedienen, um zweideutigen Kitzel hervorzurufen, andererseits setzen sich Tonschöpfer sehr ernst und auf hohem philosophischen Niveau mit der Geschlechterspannung zwischen Mann und Frau auseinander. Da geht es genauso darum, sexuelle Konflikte nachzuzeichnen, wie die moralischen Sitten des jeweiligen Zeitgeists zu karikieren. Mal wird die hehre Liebe als Fundament der vollkommenen geschlechtlichen Erfüllung apostrophiert, mal körperliche Sinnlichkeit in mysthische Höhen katapultiert.

Die meisten der herausragenden Opernkomponisten jedoch, etwa Christoph Willibald Gluck, ein großer Reformer, der das Singspiel von seinem oft steifen Pathos befreite und die leidenschaftlichen Empfindungen seiner Charaktere mit höchster musikalischer Raffinesse ausleuchtete, aber auch Wolfgang Amadeus Mozart, Gioacchino Rossini, Georges Bizet, Giacomo Puccini, Jacques Offenbach, Richard Strauss, Richard Wagner oder Franz Schreker strebten nach gedankentiefer Betrachtung ihrer erotischen Stoffe.

Nicht nur der gelegentliche Rückgriff auf antike Sagen in den Libretti, wofür Glucks »Orpheus und Euridike« ein schönes Beispiel ist, macht dies deutlich. Auch die kunstvolle Arienkonstruktion und die klangmalerisch-virtuose Behandlung des Orchesters schufen einen musikalischen Ausdruck, der alles andere ist als ein frivoler Ohrenschmaus. Anstatt blankes körperliches Verlangen darzustellen, versuchten zahlreiche Opernkomponisten mit hohem sittlichem Anspruch die innere Durchdringung des Leiblichen und Seelischen zu symbolisieren. Vielfach war Erotik eingebunden in edle Liebe und Heldenmut und nicht eine bloß triebhaft-vergnügliche Lebenserscheinung.

Eine Idee, die auch das Opernschaffen von Wolfgang Amadeus Mozart bestimmt. Sexualität wird dort zwar gern als schillerndes Verwirrspiel gezeigt, aber gleichzeitig beugt die feine Menschenzeichnung und musikalische Tiefe einer profanen Schlüpfrigkeit vor.

Dennoch war Mozart nicht daran gelegen, die Sexualität metaphorisch zu verklären.

Die scheinbar gegensätzlichen Bestandteile Humor und Ernst, Tragik und Possenhaftigkeit, Frivolität und moralisches Empfinden, Weltliches und Überirdisches sind in seinem Werk so gekonnt miteinander verbunden, daß ihr ständiger Wechsel zu einem Stilmerkmal nahezu sämtlicher Mozart-Opern wird.

Ludwig van Beethoven, der seiner ungestillten Leidenschaft in den »Liedern an die ferne Geliebte« ein Ventil verschafft hat, tat sich mit der musikdramatischen Umsetzung erotischer Thematik erheblich schwerer. Zweimal schrieb der Künstler seine einzige Oper »Fidelio« um, die dazu bestimmt war, die Liebe zu veranschaulichen, und er bekannte selbst, daß er so frivole Stoffe wie »Cosi fan tutte« nicht vertonen könne.

Der Hymnus auf die treue Gattenliebe ist denn auch in seiner Idee keinesfalls anzüglich. Vielmehr ging es Beethoven darum, ein sittliches Ideal darzustellen, das von edlem Pathos und romantischen Zügen gezeichnet ist. Die dramatische Schilderung seelischen Erlebens stellt die Reinheit der Gefühle über alles und kennzeichnet sie als unabdingbare Voraussetzung ekstatischer Leidenschaft.

Richard Wagner, dessen Vorspiel zu »Tristan und Isolde« von Opernfreunden gern als Paradebeispiel klanggewordener Erotik gefeiert wird, geht noch eine Stufe weiter. Während er im »Tannhäuser« die Gegensätzlichkeit zwischen sexuellem Rausch und der mitleidsvoll-aufopfernden Liebe herausarbeitet, erhebt der Komponist im »Tristan« das tragische Todessehnen als einzigen Ausweg für die Liebesnot der Hauptfiguren zum Thema.

Der dargestellte Konflikt besteht darin, daß zwei Menschen sich ihre Liebe zueinander nicht eingestehen können, weil moralische Verpflichtungen und äußere Zwänge dies verbieten. Erst im Angesicht des selbstgewählten Todes können Tristan und Isolde jenen schicksalshaften Umständen entkommen, die ihr Zusammenfinden verhindern. Die metaphysische Idee Wagners vom Einssein zweier Menschen, das sich über weltliche Wirren erhebt und in die Unendlichkeit eingeht, zeigt die Sehnsucht als tiefsten Ausdruck der Liebe und das Sterben als nicht mehr steigerbaren Höhepunkt der seelischen Verschmelzung.

Um dieses jede reelle Erfahrung überschreitende Gefühlserlebnis durch Musik hörbar zu machen, entwarf Richard Wagner Mitte des 19. Jahrhunderts eine Klangwelt, die mit ihren damals radikalen Neuerungen weit in die Zukunft reichte. Die spannungsgeladene Chromatik, unruhige, aggressive und pralle Klänge sorgten für eine geheimnisvoll-dramatische Atmosphäre, die die ekstatischen Gefühle der Liebenden und ihre Seelenkonflikte erst wirklich nachvollziehbar machen. Trotz aller intellektueller Programmatik, verklärter Philosophie und technischer Umwälzung der bisher geübten Opernpraxis wirkt das Werk vor allem durch seinen intensiven gefühlsmäßigen Ausdruck. Das beginnt

schon mit dem so berühmten Tristan-Akkord, der die Oper durch-
zieht. Ganze Heerscharen von Geisteswissenschaftlern haben sich
um dessen Deutung bemüht. Ob man ihn nun aber als »Sehnsuchtsmotiv« definiert oder einfach seine begehrliche Klangcharakteristik
als erotisch empfindet: Wagner schuf mit diesem einzigartigen Akkord einen anrührenden Einstieg in die Sehnsuchtswelt des Dramas,
der sofort emotional Raum greift und, sich quasi als »unendliche
Melodie« fortsetzend, dem Geschehen zwingende affektive Intensität
gibt.

Daseinsgier und Daseinslust

All die vorher erwähnten Aspekte, die helfen sollen, Erotik in der
Musik beispielhaft darzustellen, kreisen immer wieder um folgende
Kernpunkte: Sublimierung, Symbolisierung und intellektuelle Reflexion. Hier sind viele Ursachen der Beziehungen zwischen Sexualität
und Musik verborgen. Das direkt verbindende Element ist die Ekstase. Wenn man zwischen einer organischen Ekstase (beschleunigter
Puls, veränderter Hautwiderstand, sexueller Orgasmus) und einer
transorganischen Ekstase (Trance, religiöse Verzückung, Ausgeflippt-
sein) unterscheidet, funktioniert die Musik als Bindeglied zwischen
diesen beiden Polen.

Das gilt nicht nur für die aktive musikalische Betätigung als Sänger
oder als Instrumentalist, sondern genauso für die Rezeption. Keine
Kunstrichtung hat einen ähnlich starken ekstatischen Wesenszug wie
die Musik. Er kommt dadurch zum Tragen, daß körperliche Reaktionen, urmenschliche Gefühle und metaphysische, zum Teil auch in
religiösem Zusammenhang stehende Prozesse nirgendwo so unmittelbar ausgelöst und transportiert werden.

Freilich muß man ganz klar zwischen der Ekstase des ausübenden
Musikers und der des Hörers unterscheiden. Die Beweisführung einer
Autoerotik beim Musizieren, die sich aus der psychoanalytischen
Lehre vom Narzißmus ergibt, steht auf der einen Seite, Stimulation
und Assoziation beim Publikum auf der anderen. Solche Vorgänge
werden durch die zu allen Zeiten erlebte Rauschwirkung von Musik
nachgewiesen. Man denke nur an religiöse Euphorie, an rituelle
Tänze, den Virtuosenkult oder die Rockkultur.

Dies führt natürlich zu der Frage, welche Rolle der menschliche
Wille im musikerotischen Zusammenhang spielt. Denn Ekstase mag

wohl bewußt herbeigeführt werden, aber überschreitet irgendwann einen Punkt, von dem ab sie sich der verstandesmäßigen Kontrolle entzieht. Das trifft für die musikalische Ekstase ebenso zu wie für die sexuelle oder religiöse Verzückung und die entsprechenden Mischformen.

Der organische und emotionale Mikrokosmos, der sich jeder geistigen Kontrolle entzieht, schafft Gefühlssituationen, die sich quasi automatisch ein Ventil suchen, um das innere Gleichgewicht wieder herzustellen. Die Frage ist nur, ob diese Emotionen zugelassen, ausgelebt und dadurch sichtbar oder aber unterdrückt werden.

Wer weiß schon immer, warum er schlechte Laune hat oder plötzlich liebebedürftig ist, Wut verspürt, von Depressionen geplagt wird oder jauchzend am liebsten die ganze Welt umarmen würde. Gern werden äußere Umstände dafür verantwortlich gemacht und Gefühlsregungen als eine Folge von sozialen Ereignissen erklärt. Aber mit absoluter Sicherheit ist diese Kausalität nicht bestimmbar.

Das Bedürfnis der Menschen nach ekstatischer Anspannung und befriedigender Abfuhr läßt sich jedenfalls nicht bestreiten. Der sogenannte »Primitivmensch« sucht den Höhepunkt in den von seiner jeweiligen Kulturform und Sozialstruktur gebildeten rituellen Handlungen – der zivilisierte Zeitgenosse läßt im Fußballstadion oder beim Rockfestival Dampf ab.

Ebenso wie die Tonkunst sexuelle Anspannung in andere (seelische) Regungen umformen kann und Befriedigung schafft, hilft sie geistigem Überschwang Gestalt zu geben und so eine Brücke zu körperlich-sinnlicher Wahrnehmung zu schlagen. Man könnte auch sagen: Musik bildet eine Art höhere Ordnung für den Menschen, die Organisches und Transorganisches vereint.

Die verschiedensten Religionen haben sich dies schon immer zunutze gemacht. Kaum eine Gottesanbetung kommt ohne Musik aus, die seelische Ergriffenheit, Trance, Masseneuphorie oder innere Einkehr begünstigt.

Interessanterweise hat sich das Christentum in seiner frühen Geschichte um eine reine, vermeintlich sittliche Musik bemüht, die so asketisch war, daß der gefühlsmäßige Überschwang unterbunden wurde. Man denke beispielsweise an den gregorianischen Gesang: Zahlreiche Kirchenväter des Mittelalters sahen in der Verwendung von Musik im Gottesdienst nur ein Kompromiß gegenüber der menschlichen Gefühlsseligkeit. Doch konnten mit einem streng enthaltsamen und dem emotionalen Ausdruck entsagenden Gottesdienst wenig

Menschen in die Kirchen gelockt werden. So wurde die Musik schließlich doch zu einem tragenden Element der Messe.

Denn einerseits sollte das Volk durch die Klangkunst an christliche Ideen herangeführt werden, andererseits versuchte man, seinem musikalischen Ausdruckswillen zu entsprechen. Das tat not, weil die Kirche ja das Volk von seinen heidnischen Bräuchen wegholen wollte, die mit ihrem teilweise deutlichen sexuellen Bezug gleichsam als Werk des Satans angesehen wurden.

Von solchen Vorstellungen hat man sich heute – trotz Leuten wie Ratzinger – glücklicherweise gelöst. Musik erlaubt dem Menschen, zu sich selbst vorzustoßen. Deshalb scheint die Kastration dieser Kraft wie eine Verzweifelungstat derer, denen Genußfreudigkeit und sinnliches Empfinden abhanden gekommen ist: Was man selbst nicht spürt, soll anderen mißgönnt werden. Manchen klangschöpfenden Totengräbern sei deshalb ins Stammbuch geschrieben, was einmal Friedrich Nietzsche zum musikalischen Erleben äußerte: »Wir sind wirklich in kurzen Augenblicken das Urwesen selbst und fühlen dessen unbändige Daseinsgier und Daseinslust«.

3. Kapitel

Der ekstatische Virtuosenkult um Liszt und Paganini

Beischlaf im Beifall

Betrachtet man die Ekstase als das wichtigste Element musikalischer Erotik, so sollte man sich über die verschiedenen Ursachen klarwerden, die einen solchen Erregungszustand hervorrufen. Neben der unmittelbaren Stimulierung durch die Musik oder den Interpreten selbst kann auch die Begeisterung und Euphorie des Publikums erregend wirken. Die kollektive Ekstase einer Menschenmenge ist ein massenpsychologisches Phänomen. Die Masse wirkt wie ein Multiplikator, der die Erregung überträgt und unter Umständen selbst Personen einbezieht, die von der ursprünglichen Quelle – also in unserem Falle der Musik – eigentlich gar nicht beeindruckt wären. Das heißt, die Massenekstase kann entweder den durch die Musik ausgelösten Effekt der Erregung unterstützen und vervielfältigen oder aber unabhängig davon Erregung und Begeisterung hervorrufen.

Im einen wie im anderen Falle hat die Ekstase erotisierende Wirkung. Ebenso wie dem Geschlechtsverkehr haftet auch dem Zustand der Publikumseuphorie ein Gefühl der Gemeinsamkeit, der Verschmelzung an. Gemeinsam steigert sich die Begeisterung, die von einer beschleunigten Pulsfrequenz bis hin zum Drang nach Lautäußerungen viele Züge der geschlechtlichen Erregung trägt. Als Kulminationspunkt symbolisiert der tosende Applaus den Orgasmus.

In ihm können sich Triebenergien entladen, die sich während der musikalisch vorgeführten und mitvollzogenen Spannungen und Höhepunkte angestaut haben. Wem diese Interpretation allzu weit herbeigeholt scheint, der vergegenwärtige sich einmal, mit welcher lustvollen Steigerung der Beifall nach einem Konzert in Fußtrampeln oder gemeinsam beschleunigte Klatschrhythmen ausartet, mit welcher orgasmischen Entfesselung gellende Schreie und Bravorufe im überschäumenden Lärm erklingen. Und sind wir ehrlich: Wer wurde in solchen Situationen aufbrausenden Applauses nicht schon von einer wohlig kribbelnden Gänsehaut heimgesucht?

Wenn von einem außer Rand und Band geratenen Publikum, von entfesselter Zuhörer-Euphorie die Rede ist, denkt man meist zuerst an die skandalträchtigen Exzesse der modernen Rock- und Popmusik. Doch wer glaubt, ohnmächtige Fans und randalierende Zuhörer seien eine Errungenschaft der Rock-'n'-Roll-Ära, übersieht den Massenwahn, der schon hundert Jahre vorher in den Konzertsälen herrschte. Die Epoche der Romantik propagierte nicht nur Verinnerlichung und hemmungslosen Subjektivismus.

Die Musik war durch regelmäßige öffentliche Konzerte in großen Sälen in einer positiven Weise volkstümlich geworden. In diesem Umfeld unterstützte auch eine immer lebendiger werdende Musikpresse die Popularität bestimmter Interpreten, die durch Konzertreisen zu gefeierten Stars avancierten.

Vor allem die Klaviervirtuosen – im 19. Jahrhundert war der Flügel unbestritten das Modeinstrument Nummer 1 – konnten sich der Sympathie eines breiten Publikums gewiß sein. Künstler wie Friedrich Kalkbrenner, Stephan Heller, Henri Herz, Sigmund Thalberg, Adolf Henselt, Ignaz Moscheles, Camilla Pleyel und Clara Schumann machten schnell Furore. In diesem Umfeld reussierten auch Frederick Chopin und Franz Liszt.

Doch der Beginn dieser Ära liegt etwas weiter zurück und ist bei den Virtuosen eines ganz anderen Instrumentes zu suchen. Niccolo Paganini war es, der um die Jahrhundertwende als »Teufelsgeiger« die kultische Verehrung der Instrumentalvirtuosen auf breiter Front einleitete. Reisende Virtuosen wie Muzio Clementi, Luigi Boccherini und Johann Nepomuk Hummel gab es bereits im 18. Jahrhundert. Doch der Status des Interpreten änderte sich erst mit der charismatischen Aura, die Paganini selbst in breiter Öffentlichkeit umgab, schlagartig. Der Virtuose war fortan Künstler, Star, Idol und Kultfigur zugleich.

Bevor wir uns jedoch näher mit der Persönlichkeit Paganinis beschäftigen, ein paar Worte zum Phänomen des Virtuosen allgemein. Das Adjektiv virtuos und das Hauptwort Virtuose stammen über den Umweg des italienischen virtuoso von dem lateinischen Begriff virtus ab. Virtus bedeutet soviel wie Kraft, Stärke und Mut, aber auch Mannhaftigkeit und Manneswürde. Das »New Grove Dictionary of Music and Musicians« definiert den musikalischen Virtuosen folgendermaßen: »Eine Person von bemerkenswerter Vollendung, ein Musiker von außergewöhnlicher technischer Geschicklichkeit.«

Gebräuchlich ist der Terminus »Virtuoso« in Italien schon seit dem 16. Jahrhundert, allerdings mit wandelnder Bedeutung. Zunächst bezeichnete das Wort Meister aller Kunstgattungen (Architekten, Dichter etc.). Erst im 17. Jahrhundert wurde es für Musiker, Komponisten und Theoretiker gebräuchlich und begann sich ein weiteres Jahrhundert später vorwiegend auf ausführende Solisten, also Sänger, Geiger und Pianisten, zu beziehen.

Im 19. und 20. Jahrhundert dann etikettierte der Begriff die instrumentalen Meister effektvoller technischer Kabinettstückchen und verkam langsam vom Zauber- zum Schimpfwort. Zur Zeit vollzieht sich ein weiterer Wandel, der die Bedeutung des Wortes wieder positiv zu färben sucht, indem für einen Virtuosen nicht mehr nur vordergründige Technik, sondern auch tiefgründige Musikalität, gestalterische Sensibilität in Details postuliert wird.

Nach wie vor wird der Begriff aber vor allem für Künstler von besonderer spieltechnischer Perfektion verwendet. Virtuosen sind die Meister ihres instrumentalen Faches und werden als solche geschätzt oder kritisiert, vergöttert oder gehaßt.

Warum, so mag sich der Leser fragen, ist nun aber in einem Buch über »Erotik in der Musik« ausgerechnet von den Virtuosen die Rede? Nun, weil sie als Typus und als Einzelpersonen sowohl durch die von ihnen gespielte und komponierte Musik als auch durch ihre Bühnenpräsentation eine wichtige erotische Funktion haben.

Als Katalysator extremer Emotionen wirkt der Virtuose nicht selten auch sexuell stimulierend. Durch die Prominenz des Virtuosen läßt die Musik außerdem einen unmittelbar individuellen Bezug auf eine bestimmte Persönlichkeit zu. Der Mensch, der die Musik macht, nicht die Musik selbst, steht im Vordergrund. Der Virtuose ist der sichtbare Sender, der Zuhörer der anonyme Empfänger von Gefühlen. Die Musik dient dabei als Bindeglied, als individuell interpretierbarer Emotions-Code. So können auch erotische Spannungen übermittelt werden.

Und außerdem: Wie kein anderer bedient sich der Virtuose dem Stilmittel der musikalischen Ekstase, die als Demonstration höchster technischer Kunstfertigkeit besonders geeignet ist. Mit zunehmender Erregung (durch Tempo, Dynamik und Ambitus) wächst meist auch der Schwierigkeitsgrad. Die Verbindung von Ekstase und spieltechnischer Brillanz liegt also in der Natur der Sache.

Daß mit der ekstatischen Struktur einer Komposition bzw. eines Musikvortrages auch die Erregung des Publikums steigt, die so wiederum erotische Stimulation verursachen kann, wurde am Anfang dieses Kapitels erwähnt. Die Wechselwirkungen des Virtuosentums mit musikalischer oder außermusikalischer Erregung und sexueller Anregung sind von verblüffender Direktheit. Warum der Virtuose als Typ nun aber ausgerechnet im 19. Jahrhundert seinen Siegeszug antrat, ist nur vor dem kunsttheoretischen Hintergrund und dem damit verbundenen Zeitgeist der Romantik zu erklären.

Romantische Weissagungen der Lust

Im literarischen Vorfeld von Dichtern wie Wackenroder, Tieck, Schlegel, Novalis und E. T. A. Hoffmann, die die Musik als »die romantischte aller Künste«[17] glorifizierten, wurde ein völlig neues Musikverständnis geprägt. Dem intellektuell-analytischen Hören trat nun das subjektivistische, emotionale Genießen, die verträumte Hingabe als neues Ideal gegenüber.

Eine metaphernreiche, oft mit skurrilen Bildern angereicherte Sprache bei der Beschreibung musikalischer Eindrücke ist nur ein äußeres Zeichen für diesen kollektiven Hör-Individualismus.

Bei E. T. A. Hoffmann steht ganz besonders das visionär-spukhafte Erleben im Vordergrund: In seinem Werk »Kreisleriana« schreibt er: »Die Quartblätter dehnten sich plötzlich aus zu einem Riesenfolio, wo tausend Imitationen und Ausführungen jenes Themas beschrieben standen, die ich abspielen mußte. Die Noten wurden lebendig und flimmerten und hüpften um mich her – elektrisches Feuer durch die Fingerspitzen in die Tasten – ... der ganze Saal hing voll dichten Dufts ... zuweilen sah eine Nase heraus, zuweilen ein paar Augen: Aber sie verschwanden gleich wieder.« Ganz im Sinne von Novalis Forderung: »Die Welt muß romantisiert werden«, schwärmt Hoffmann in seiner Dichtung »Serapionsbrüder« von einer »Sphärenmusik, die das große unwandelbare Lebensprinzip der Natur selbst ist«.

Auch in der Musik herrscht jene Abivalenz zur Natur, die einerseits durch die Kunst das Unendliche zu erreichen und damit die Natur zu überwinden hofft, aber andererseits kein höheres Ziel kennt, als im Sinne der »Universalpoesie« die Poesie der Natur bewußt zu machen. Vereinfachend ließe sich das Verhältnis der Romantiker zur Natur als Haßliebe umschreiben. Im Nebel mystischer Verklärung liegen Schauder und Faszination dicht beieinander.

Schauder und Faszination galten dem Wald als Sinnbild der äußeren Natur – man denke nur an Webers »Freischütz«, der musikalisch wie szenisch von der Allmacht des Waldes durchdrungen ist. Schauder und Faszination galten aber auch dem Körper, dem Körperlichen und Sinnlichen, also der inneren Natur.

In Novalis »Heinrich von Ofterdingen« heißt es beispielsweise: »Man betrachte nur die Liebe. Nirgends wird wohl die Notwendigkeit der Poesie zum Bestand der Menschlichkeit so klar als in ihr. Die Liebe ist stumm, nur die Poesie kann für sie sprechen. Oder die Liebe ist selbst nichts als die höchste Naturpoesie.« Der an erotischen Anspielungen reiche Zusammenhang (»Heinrich fühlte die aufzuckenden Weissagungen der ersten Lust«) macht deutlich, daß hier nicht nur die platonische Liebe gemeint ist.

Kunst sollte anregen, zum subjektiven Nachdenken, Träumen und Fühlen stimulieren. Vor allem sollte sie das Übernatürliche bewußt oder zumindest erahnbar machen. In der Romantik wurde – um etwas plakativ zu formulieren – das Innere nach außen gestülpt. Dabei tendierten die Romantiker einerseits zu besonders verinnerlichter Empfindsamkeit, andererseits aber auch durchaus zum deutlichen Affekt, zur großen Geste. Musikalisch schlägt sich das vor allem in der Instrumentation, in den Akkordtürmen und in der oft exzessiven Dynamik nieder. Es war die Zeit der großen Gefühle.

Diese Wandlung der Kunstauffassung, die sich einem zunehmend breiteren Publikum erschloß, wirkte teilweise bis in die heutige Zeit hinein. Die immer stärker gepflegte Salonmusik wurde zur populären Musik des 19. Jahrhunderts. Sie bildete einen Humus, auf dem die Kulturlandschaft des 20. Jahrhunderts mit Phänomenen wie der extrem gefühlsbetont rezipierten Popmusik gedeihen konnte.

Sinnbilder dieser von romantischen Theoretikern aufgebrachte mystisch verklärten Übernatürlichkeit waren vor allem die Komponisten und – um den Bogen endlich wieder zu schließen – die Virtuosen. »Unser Reich ist nicht von dieser Welt, sagen die Musiker... Der Ton wohnt überall, die Töne, das heißt die Melodien, welche die höhere Sprache des Geisterreiches reden, ruhen nur in der Brust des Menschen«, schreibt E. T. A. Hoffmann in »J. Kreislers Lehrbrief«.

Der Virtuose als übernatürlicher Magier der Töne wurde in einem solchen gedanklichen Umfeld zum Idol. Zumal die meisten Virtuosen der damaligen Zeit gleichzeitig auch Komponisten waren – es galt als schick und obligatorisch, bei einem Konzert auch eigene Werke vorzutragen – und somit außerdem noch die Wesenszüge der ebenfalls vergötterten Tonsetzer in sich vereinigten.

Der Virtuose als überdurchschnittlich begabter Mittler musikalischer Poesie erfüllte alle von der romantischen Kunsttheorie geforderten Eigenschaften. Wenn es in Brentanos Roman »Godwi« heißt: »Alles, was zwischen unserem Auge und einem entfernten zu Sehenden als Mittler steht, uns den entfernten Gegenstand nähert, ihm aber zugleich etwas von dem Seinigen mitgibt, ist romantisch«, so hat dieser in einem anderen Zusammenhang geäußerte Satz auch als Definition des Virtuosen Gültigkeit. Das heißt: Das Wesen des Virtuosen ist so erzromantisch, wie das Wesen der Romantik sinnlich ist.

Sex-Appeal des Saitenhexers

Der romantische Dämonenkult fand in Persönlichkeiten wie Niccolo Paganini ideale Projektionsflächen. »In Paganini schien nun gar der Kapellmeister Kreisler (von Hoffmann) in all seiner unheimlichen Dämonie wiedererstanden, zur greifbaren Wirklichkeit geworden zu sein«[1] schrieb der Biograph Julius Kapp.

Spitznamen wie »Teufelsgeiger« und »Hexenmeister« waren dem Genueser Geigenstar nicht nur recht, sondern wurden durch sein eigenwilliges Aussehen und ein charismatisches, exaltiertes Auftrittsgebaren noch zusätzlich unterstützt. Die Mystifizierung des Geigenwunders Paganini ging soweit, daß öffentlich behauptet wurde, er »stamme nicht vom Menschen, sondern sei ein Satanssproß«[18].

Geschickt und mit einer gehörigen Portion Kalkül pflegte Paganini bei seinen Konzerten eine Körper- und Musiksprache, die ihre Wirkung nicht verfehlte. Die Atmosphäre bei einem Paganini-Auftritt muß der Euphorie von heutigen Rock-Konzerten nicht unähnlich gewesen sein. In Julius Kapps Paganini-Biographie wird dies folgendermaßen beschrieben: »Seltsam, wenn er scheinbar verfehlte Passagen zwei-, drei- ja viermal wiederholte, bis er den höchsten Flageoletton endlich erhascht, ihn dann förmlich züchtigt und zum Instrument hinauspeitscht. Phantastisch, wenn er wie im Zweikampf mit einem Unsichtbaren, ihn scharf ins Auge fassend und in den leeren Raum hinausstarrend, nach einer überwundenen Schwierigkeit plötzlich mit Fuß und Bogen ausfällt, als versetze er dem Gegner siegend einen Hieb oder Stich, daß der Bogen blitzschnell und schwirrend durch die Luft saust. Je länger Paganini spielte, desto zwingender, ja dämonischer wurde seine Macht über die Hörer, und als er zum Schluß in seinen Variationen auf der G-Saite alle Register seines unheimlichen Könnens anklingen ließ, brach im Saal ein Toben aus, das selbst die enthusiastischen Beifallsorgien seiner italienischen Triumphe übertraf.«

Daß solche gezielt geschürte Massenekstase nicht ohne erotische Stimulation vonstatten ging, läßt sich leicht aus einer Kritik des Berliner Musikjournalisten Ludwig Rellstab herauslesen: »Ich habe es gehört, aber ich glaube es doch nicht. In der Tat, Papagini leistete das Unglaubliche. Er überwindet keine Schwierigkeiten, denn für ihn gibt es keine, Doppelgriffe sind ihm Kinderspiel . . . Das Publikum fing an mitzuspielen. Einzelne Seufzer und Atemzüge des Bogens (denn anders kann man es nicht nennen) wurden mit dumpfem Gemurmel von tausend Menschen begleitet, man vernahm sonst keine Regung. Als er endlich in Flüstertönen die Melodie wiederbrachte, war es, wie wenn er allein im Saal wäre, jeder hielt den Atem an, aus Furcht, dem Geiger könnte die Luft ausgehen. Wie nun aber endlich der Schlußtriller kam, da brach der Jubel durch. Die Damen legten sich über die Brüstungen der Galerie heraus, um zu zeigen, daß sie applaudierten, die Männer stiegen auf die Stühle, um ihn zu sehen und ihm zuzuschreien; ich habe die Berliner noch nie so gesehen.«[19]

Leicht kann man sich vorstellen, welche Spannung, welche knisternde Erregung in einer Menschenmenge herrscht, die »Seufzer und Atemzüge des Bogens« »mit dumpfem Gemurmel« begleitet. Eine besondere Begeisterung für die Musik, die mit Erotik nichts zu tun hat, mag man einwenden.

Nur fragt sich, wodurch sich diese extreme Begeisterung von einer analytisch-distanzierten Wertschätzung unterscheidet: Doch wohl durch die gefühlsmäßige, von musikalischen und/oder optischen Reizen ausgelöste Erregung. Und die ist mit sexueller Erregung zumindest verwandt, manchmal sogar identisch. Besonders dann, wenn sie mit ungezügelten Lautäußerungen einhergeht, die auch als rudimentäres Stöhnen angesehen werden könnten.

Vor Hysterie die Kleider aufgerissen

Madame Eliza de Pourtalés berichtete sogar, daß die »dämonische Stille allmählich von dem Röcheln der Damen und Herren abgelöst« worden sei, »die vor Aufregung und Erwartung dem Schlagfuß nahe« waren, und Balzac beschreibt »mit toller Inbrunst betende Frauen«. Die Beobachtungen des französischen Literaten bei einem Paganini-Konzert in Paris gehen mit erfrischender Direktheit sogar noch weiter: »Es war die Zeit gekommen, da sich etliche Damen vor Hysterie die Kleider aufrissen.«[20]

Daß sich die Damen über die Brüstungen der Galerie hinauslehnten, »um zu zeigen, daß sie applaudierten« oder »sich vor Hysterie die Kleider aufrissen«, ist von der ohnmächtigen Begeisterung und Hingabebereitschaft weiblicher Elvis-Presley-, Frank-Sinatra- oder Mick-Jagger-Fans kaum weit entfernt. Überhaupt erinnert Paganinis Leben in vielen Dingen an die Image-Pflege heutiger Rock-Stars.

Für die Erhaltung seines Rufes als rücksichtsloser Don Juan sorgte der reisende Musiker mit kurzen, aber zahlreichen Amouren. Regelmäßig drängelten sich nach seinen Konzerten Scharen von Frauen in die Garderobe, um dort um den Angebeteten zu buhlen. Schon Paganinis Zeitgenosse Georg Harrys, der den Geiger bei Konzertreisen, aber auch privat begleitet und beobachtet hatte, deutete den Charme des routinierten Verführers an: »An mehreren Orten, wo ihm Blumensträuße und Gedichte auf seinen Tisch gespendet worden waren, gab er sich nicht zur Ruhe, bis er den Geber ausgemittelt hatte. Gewöhnlich waren dies Damen, denen er dann die Hand recht herzlich küßte und in den artigsten Komplimenten sich ergoß ...«[21]

Von dem Biographen Julius Kapp wird Paganini schließlich als Mensch gezeichnet, der nur »naivem, ungezügeltem Ausleben seines Triebes huldigte«, und ein kurzes Verhältnis des »glühenden Frauenverehrers« mit der Baronesse Helen von Dahenbeck kommentiert der gleiche Autor lakonisch: »Er hatte sie genossen, damit war sie für ihn ohne Reiz.«

Die Schilderungen von Zeitgenossen und die Analysen seiner Biographen lassen keine Zweifel daran: Paganini war ein Sex-Idol erster Güte. Sein unkonventionelles Charisma verfehlte die Wirkung nicht, und vor allem für das weibliche Geschlecht wurde er zum unwiderstehlichen Abgott. Die Verehrung des Geigers trägt überraschend moderne Züge und scheint ein Phänomen wie die »Beatles-Mania« nicht nur vorwegzunehmen, sondern zu übertreffen.

Zeitgenössischen Beobachtern zufolge stellte sich die »Paganinitis« folgendermaßen dar: »Wo Paganini selbst sich blicken ließ, war er stets umringt von einer Schar lärmender Enthusiasten und liebestoller Weiber, und wenn man seiner selbst nicht habhaft werden konnte, so suchte man sich wenigstens mit Nachbildungen und Erinnernugszeichen an dem Vergötterten zu berauschen. In jedem Schaufenster prangte sein Bild, jeder Gebrauchsgegenstand ward mit seinem Porträt geziert. Da gab es Paganinis aus Zuckerguß, die Bäcker-Innung kündigte als neueste Delikatesse Paganini-Brezeln an, in den Restaurants wiesen die Speisekarten nur noch Gerichte à la Paganini auf, die

Brötchen präsentierten sich als Paganini-Semmel in Geigengestalt und was der Torheiten mehr waren. Die Mode natürlich stand ganz im Zeichen dieses neuen Gottes. Daß die Damen Locken und halboffene Zöpfe nach seinem Vorbild trugen, gehörte jetzt zum guten Ton, auch die Hüte waren alle zugestutzt à la Paganini...«[22]

Die Gründe für Paganinis vielbeschriebene Faszinationskraft sind sicher auch in seiner wohlüberlegten Präsentation zu suchen: Die Liste solcher Äußerlichkeiten beginnt mit dem Trick, sich durch Verspätung rar und interessant zu machen. Georg Harrys schreibt hierzu: »Eine besondere Grille Paganinis ist die, daß er niemals gleich hinausgeht, wenn er gerufen wird. Ist auch alles in Bereitschaft und er selbst ganz schlagfertig, verweilt er dennoch fünf und mehrere Minuten, bevor er erscheint.«[23]

Auch sein ungepflegtes Äußeres, seine lange Locken-Mähne und der zerschlissene schwarze Frack trugen zur unkonventionellen Wirkung des Genueser Virtuosen bei. Auf Schmeicheleien verstand sich der raffinierte Charmeur: Viele Sonaten und Duette für Violine und Gitarre sind mit Widmungen an begehrte Frauen versehen. Julius Kapp vermutet in diesem Zusammenhang: »Widmungen wie ›alla Sigra suo obbidientissimo servitare es implacabilissimo amica‹ oder ›alla gentilissima Signora Emilia di Negro‹ und andere legen von süßen Schäferstündchen beredtes Zeugnis ab.«[24]

Wendepunkt der Virtuosität

Den entscheidenden Beitrag zu der erotisierenden Wirkung seiner Konzerte dürfte jedoch die Musik selbst geleistet haben. Die Virtuosität von Paganinis Kompositionen, die zum größten Teil die Essenz der allabendlichen Konzert-Improvisationen sind, erschloß der Violine völlig neue technische Dimensionen. Mit einer vollendeten Fingerfertigkeit und einigen Tricks (Umstimmen des Instrumentes, eine besondere Flageolettechnik) erzielte er Geschwindigkeitsrekorde, die man bis dahin für unmöglich hielt.

Verwegene Doppelgriffe, halsbrecherische Läufe und Stakkatogewitter setzte er mit einem sicheren Gespür für Effekte ein. Allein seine beiden Konzerte für Violine und Orchester zeigen, welch ein geschickter Klangdramaturg Paganini war.

Das Es-Dur-Konzert beispielsweise steigert sich nach einem empfindsamen Adagio als Mittelsatz in dem Rondo durch rasende Springboden-Kaskaden zu einem betont ekstatischen Finale. Wie fast in allen Paganini-Kompositionen – vor allem in den vierundzwanzig Capricen – fällt auch hier eine besonders markante Rhythmik auf. Diese dominanten Rhythmen, die Paganini bei seinen Konzerten oft in bester Jazz-Manier mit dem Fuß geklopft haben soll, untermauern die Assoziationen sexueller Ekstase.

Bei einem Konzert in Lucca versuchte er sogar eine Liebesszene musikalisch ganz konkret und so unmißverständlich wie möglich darzustellen. Zu diesem Zweck bespannte er seine Geige nur mit der G- und mit der E-Saite – die Personifizierung der beiden Liebenden. Die tiefe Saite »sollte die leidenschaftlichen Liebesbeteuerungen des Mannes zum Ausdruck bringen«, die andere »die Empfindungen des jungen Mädchens«.

Er selbst erklärte zu diesem erotischen Dialog: »Ich begann nun eine Art Zwiegespräch, in dem den zartesten Liebesgeständnissen Ausbrüche glühender Eifersucht folgten. Drohungen und Klagen, Zorn und Freude, Schmerz und Glückseligkeit lösten sich ab . . . Schließlich kam es wieder zur Versöhnung, und die beiden Liebenden führten, ausgelassener denn je, einen Pas de deux aus, den ein glänzendes Finale krönte. Diese Novität machte Glück: Die Dame meines Herzens ließ mich durch glühende Blicke Verheißung erhoffen.«[25]

Die Liste von Paganinis technischen Kabinettstückchen ließe sich beliebig erweitern: sein raffiniertes Pizzicato in Verbindung mit normalem Bogenspiel (er zupfte die Baßsaite und spielte dazu in hohen Lagen eine Melodie), sein berühmtes Spiel auf der G-Saite, Flageolett-Tricks, sein besonderes Vibrato, das auf so verblüffende Weise dem Klang der menschlichen Stimme geähnelt haben soll.

In ihrer Gesamtheit wirken all diese Kunstgriffe wie ein verführerisches Feuerwerk, dem sich zur damaligen Zeit – als man gehörpsychologisch noch wesentlich sensibler reagierte – wohl kaum jemand entziehen konnte. Robert Schumann schrieb über Paganinis raffinierte Massenpsychologie 1830: »Als ich Paganini zuerst hören sollte, meinte ich, er würde mit einem nie dagewesenen Tone anfangen. Dann begann er, und so dünn, so klein. Wie er nun locker, kaum sichtbar seine Magnetketten in die Massen wirft, so schwankten diese herüber und hinüber. Nun wurden die Dinge wunderbarer, verschlungener; die Menschen drängten sich enger, nun schnürte er immer fester an, bis sie nach und nach wie zu einem einzigen zusammenschmolzen, dem Meister sich gleichwiegend gegenüberzustellen, als eines vom anderen zu empfangen. Paganini ist der Wendepunkt der Virtuosität.« Und – so möchte man hinzufügen − der Wendepunkt einer musikalischen Bühnenerotik, die von da an neue, wesentlich direktere Formen annahm.

Tastereien vom Klavier-Mazeppa

Paganini, der Spiritus rector eines neuen Virtuosentyps, beeinflußte ganze Generationen von Solisten. Darunter auch den »gefeiertsten Virtuosen der Welt und wohl aller Zeiten«[26], Franz Liszt. Der in Ungarn geborene Pianist und Komponist ist der unmittelbare Erbe Paganinis, der die technischen und schauspielerischen Errungenschaften des Genueser Geigers auf das Klavier übertrug. Für die Tasten-Virtuosen ist Liszt das gleiche, was Paganini für die Violinisten bleibt: ein instrumentaltechnischer Revolutionär und eine Kultfigur, die den Status des Interpreten verbesserte: als Star und Idol einer breiteren, vornehmen, aber nicht mehr streng elitären Gesellschaftsschicht.

Liszts Klavierspiel und seine charismatische Bühnenpräsentation stehen nicht von ungefähr im Zeichen Paganinis. Nachdem der junge Pianist 1831 in Paris den italienischen Virtuosen gehört und gesehen hatte, teilte er seinen Freunden mit: »Ich habe soeben beschlossen, der Paganini des Klaviers zu werden.« Das enorme technische Talent und der ehrgeizige Übefleiß Liszts sorgten dafür, daß dies keine leeren Worte blieben.

Es ist im Zusammenhang mit unserem Thema nicht nötig und nicht möglich, näher auf die Geschichte von Liszts Virtuosenlaufbahn einzugehen. Interessant sind vielmehr die Reaktionen der romantischen Zeitgenossen und die Gründe für solche Euphorie.

Im Laufe seiner knapp zehnjährigen Virtuosenlaufbahn versetzte Liszt vor allem Paris, London, Berlin und Petersburg in Rage. Während der gefeierte Star von einem Festbankett zum anderen taumelte, verfielen Musikfreunde und von der attraktiven Erscheinung des jungen Virtuosen geblendete Frauen in eine regelrechte »Lisztomanie«.

Die Zeitungskritiker schlugen einen Lobes-Purzelbaum nach dem anderen, Geschäfte warben freiwillig mit Plakaten und Porträts in den Schaufenstern für das nächste Liszt-Konzert, Fans stürmten die Konzerthallen und »die Frauen warfen sich ihm zu Füßen«.[27]

Ganz ähnlich wie bei Paganini wurden in Berlin Handschuhe mit Liszts Bildnis, Liszt-Bonbons und Liszt-Tabatiéren verkauft. Ein Zeitgenosse beschrieb eine Episode des Starkultes: »Der Augenblick der

Abfahrt war da. Ein Wagen, mit sechs Schimmeln bespannt, rollte vor das Hotel, Liszt wurde unter dem Zujauchzen der Menge fast die Treppe hinabgetragen und in den Wagen gehoben... Dreißig vierspannige Wagen... gaben ihm das Geleit... Zu vielen Tausenden umwogte die Menge die Abfahrenden... Nicht nur die Straßen und Plätze, sondern auch die Fenster aller Häuser waren dicht mit Zuschauern und Zuschauerinnen erfüllt.«[28]

Daß bei der Vergötterung Liszts nicht nur seine Fähigkeiten als Pianist eine Rolle spielten, deutet der Biograph Berndt W. Wesseling an: »Die Zeitungen berichteten tagtäglich, was Herr von Liszt tat. Seine neumodische Kutsche wurde eingehend beschrieben, daß er 360 verschiedene Krawatten besaß, wurde den Lesern auf der ersten Seite per Schlagzeile mitgeteilt, die Eßgewohnheiten waren Gegenstand ausführlicher Erörterungen, und natürlich gaben auch die Liebschaften des Klavier-Serenissimus Stoff für die Kolumnen.«[29]

Man muß nicht der phantastischen Liszt-Legende huldigen, um – gestützt auf Berichte von Zeitgenossen und die Analysen der Biographen – den reisenden Pianisten als charmanten Don Juan zu bezeichnen. Ein Kostverächter war Liszt, der neben seinen festeren Beziehungen zu der Gräfin Marie d'Agoult und der Fürstin von Sayn-Wittgenstein auch während seiner Konzerttourneen nichts anbrennen ließ, bestimmt nicht. Als Playboy par excellence, der schon seit frühester Jugend im Umgang mit Frauen geschult war (damals allerdings noch durch moralisch-religiöse Skrupel geplagt), kam Franz Liszt noch ein attraktives Aussehen zugute.

Von seinem Sex-Appeal betört, schwärmte die Gräfin Marie Festetics: »Eine so schöne, edle, kühne und schlanke Gestalt war uns noch nie vor Augen gekommen. Welch ein Gesicht von herrlichster Race! Das leuchtende Auge, der lächelnde Mund, diese breiten Schultern und der superbe Anzug, der einem Apoll nicht besser gestanden hätte. Alles war aus dem Häuschen. Hier war ein König zu Gast gekommen, der alle Welt mit seinem Strahlenschein blendete...«[30]

Die Begeisterung für Liszt ließ das weibliche Geschlecht sogar Mobiliar zertrümmern. Eine Legende besagt, daß die Tänzerin Lola Montez nach einem erquickenden Schäferstündchen mit dem (in pianistischer Hinsicht) fingerfertigen Meister so getobt habe, daß der abreisende Liszt sie habe im Hotelzimmer einsperren müssen. In weiser Voraussicht hatte der generöse Casanova sogar das Geld für die zerstörte Zimmereinrichtung hinterlassen.

Solche Histörchen – egal, ob wahr oder von geschickten Werbestrategen erfunden – trugen dazu bei, sein Image als unwiderstehlicher Verführer zu festigen. Liszt: ein ebenso virtuoser Erotiker wie Pianist? Tatsächlich sind die Zusammenhänge zwischen tastenbezogener Fingerfertigkeit und sexuellen Qualitäten nicht zu unterschätzen. Die Souveränität, die sensible Kraft, das schmeichlerische Gespür, mit dem ein Virtuose sein Instrument behandelt, suggeriert auch erotische Geschicklichkeit.

Ob dem in Wirklichkeit so ist, sei dahingestellt. Aber: Der Tastenlöwe wird zum Symbol für sexuelle Potenz. Denn mit dem gleichen Nachdruck, mit der gleichen Zärtlichkeit, mit demselben Gefühl für drängende Steigerungen, mit derselben ekstatischen Rhythmik wird er – so glaubt man – auch eine Frau beglücken können. Ein Klischee freilich, das nicht zuletzt auch von der musikimmanenten Erotik zehrt.

Feurig, wild, mit fliegenden Haaren

Der immer wieder mit Begriffen wie herb, männlich und kraftvoll belegte Klavierstil Liszts war für derlei Assoziationen wie geschaffen. Donnernde Oktavrepetitionen, rasende, chromatische Läufe, aufrüttelnde Dynamik und pulsierende Rhythmik dienen einerseits dazu, die technischen Möglichkeiten des Klaviers auszuschöpfen und vermitteln andererseits draufgängerische, kraftvoll stürmische Affekte.

Liszt, dessen Kompositionen nicht selten als virtuoses Geklingel abqualifiziert werden, war zweifellos ein Meister des Effektes. Zärtlicher Klangintimität etwa in den langsamen Sätzen seiner zwei Klavierkonzerte und in der h-Moll-Sonate oder in den »Liebesträumen« stehen oft technische Kraftakte mit eindeutig orgasmischer Struktur gegenüber: beispielsweise der Mephisto-Walzer oder das wuchtige, virtuose Finale das A-Dur-Konzertes.

Wie geschickt Liszt solche musikalische Ekstase auch als Interpret zelebrierte und welche erotisch inspirierte Massenwirkung er damit erzielte, zeigt ein Ausschnitt aus einem Zeitungsartikel, der 1844 im Pariser »Corsaire« erschien: »Und er kommt, setzt sich an den Flügel, ohne etwas zu merken, in seine Aufgabe versunken, gedankenvoll, zitternd im Fieber der Eingebung. Er fährt zerstreut mit der Hand über das Klavier, er prüft das Instrument, er liebkost es, streichelt es zuerst sanft, um sich zu vergewissern, daß es ihn nicht mitten im Rennen im Stich lassen, nicht unter seinen Fingern zerbrechen wird; dann wird er warm, läßt sich hinreißen und tobt drauflos ohne

Mitleid. Der Aufschwung ist genommen, folge ihm, wer kann! Das hingerissene, begeistert tief ausatmende Publikum kann seine Beifallsrufe nicht mehr zurückhalten, man stampft fortwährend mit den Füßen, das gibt ein anhaltend dumpfes Geräusch, dazwischen einzelne Schreie, die unwillkürlich ausgestoßen werden, flüsternd wird wieder Stille geboten; die wird mühselig hergestellt, bis endlich am Ende des Stückes, auf dem Höhepunkt der Leistung, alles losbricht und der Saal widerhallt von einem einzigen Donner des Beifalls.«[31]

Mit welchem Kalkül Liszt solche Euphorie durch sein schauspielerisch ausgefeiltes Auftreten zu schüren verstand, sollte nicht unterschätzt werden. Sein Mienenspiel, die wild durch die Luft fuchtelnden Hände, das weite Nachhintenlehnen oder die völlige Versenkung in die Tasten, das verklärte, süßliche Lächeln und die aggressive, schnaubende Atacke, kurzum die ganze, nach außen gestülpte Verinnerlichung musikalischer Gefühle war zum einen tatsächliche Bewegtheit, zum anderen aber wohl auch höchst raffinierte Show.

Liszt wußte, was er seinem romantischen Publikum als Projektionsfläche sinnlicher Gelüste und Träume schuldig war — und er versprühte sein erotisch-romantisches Charisma nicht ohne Wirkung. Der französische Dichter Théophile Gautier schrieb 1844 in einem Artikel in »La Presse«: »An Franz Liszt lieben wir, daß er immer der gleiche Künstler geblieben ist, feurig, wild, mit fliegenden Haaren, derselbe musikalische Mazeppa, den ein zügelloses Klavier durch die Steppen der Zweiunddreißigstelnoten schleift . . . Mit einem Wort: Er ist ein Romantiker heute wie ehemals.«[32]

Ein Romantiker zu sein bedeutete einerseits, den Empfindsamkeiten des Zeitalters zu entsprechen, und andererseits mit einer interessanten, exzessiven Persönlichkeit aufzuwarten. Das Image vom mystisch-verklärten Wunderkind mit der zügellosen Sinnlichkeit war da geradezu ideal. Solche »Äußerlichkeiten« sollten bei Künstlern des 19. Jahrhunderts mit dem Thema Erotik nicht unterschätzt werden. Mit dem unumstößlichen Bild vom über alles Irdische erhabenen Genie wird man einem Menschen wie Liszt sicher nicht gerecht. Solche Legendenbildung entspricht allenfalls der romantischen Schönrednerei, die handfeste Triebe und prallen Sex mit der »göttlichen Gnade der Liebe« und ähnlichem poetischen Wortnebel verhüllte.

Ein Künstler wie Liszt aber war nicht nur Genie, sondern auch Mensch. Als ein Meister bisher unbekannter Musik-Erotik und als Lebemann von ungewöhnlicher sexueller Freizügigkeit war er vor allem das Idol einer Epoche, die unter dem Deckmantel der empfindsamen Poesie einem erneut aufkeimenden Bedürfnis nach befreiter Sinnlichkeit Luft machte.

Eine Errungenschaft der Zeit: daß musikalische Erotik nicht mehr überwiegend durch die Komposition selbst, sondern vor allem durch den Interpreten vermittelt wird.

Der Solist, als charismatischer Star für ein immer breiteres Publikum, gewinnt öffentliches Interesse. Ein Personenkult beginnt, der die Voraussetzungen erotisch gefärbter Starverehrung schafft.

Sicher, Paganini und Liszt sind nur die Spitze eines Eisberges. Und doch sind sie mehr als ein pars pro toto. Sie fungierten als Katalysatoren eines auf breiter Front veränderten Bewußtseins.

Paganini und Liszt waren die sexuellen Revolutionäre der Romantik.

Die Erotik der Black Music

Lutschbonbon-Mama, oder die Mutter des schlechten Gedankens

Die eigentliche sexuelle Befreiung in der Musik ging nicht — wie immer wieder behauptet — ausschließlich vom Rock 'n' Roll, sondern vor allem von der sogenannten Black Music aus. Denn besonders die Sänger des Rhythm-and-Blues, des Soul, des Funk und der schwarzen Disco-Musik waren es, die gesellschaftliche Tabus aufgriffen und sexuelle Themen unverklemmt zur Sprache brachten.

In der schwarzen Musik war praller Sex bei Live-Konzerten und Songtexten an der Tagesordnung, lange bevor ein Elvis Presley überhaupt davon träumte, als obszönes Enfant terrible Karriere zu machen. Schwarze Künstler waren es auch, die als erste eine unverklemmte Körperlichkeit kultivierten und sich inmitten ekstatischer Bühnenshows anzüglich auszogen und eindeutig zweideutig bewegten.

Erst als sich Elemente der schwarzen Pop-Musik mit dem Country and Western verbanden, oder besser: als Ideenlieferanten und Innovationsspritzen von weißen Musikern aufgegriffen wurden, beachtete und adaptierte man auch die bis dahin als obszön abgelehnten Beziehungen zur Erotik. So wurde der Rock 'n' Roll — ein Bastard aus Country and Western und Rhythm and Blues — zwar zum internationalen, rassenübergreifenden Auslöser einer sexuellen Befreiung, die eigentlichen Wurzeln hierfür aber liegen woanders.

Schon im ausgehenden 19. Jahrhundert wurde in den Blues-Songs der südamerikanischen Sklaven die Sexualität offen thematisiert. Und in den späten vierziger Jahren, als schwarze Popmusik noch als »Racemusic« diskriminiert und mit peinlicher Sorgfalt von weißen Rundfunksendern ignoriert wurde, machten Blues-Sänger wie Bullmoose Jackson oder Wyonie Harris in eigenen Reihen, also bei farbigen Hörern, mit ihren frivolen Song-Texten schnell Furore.

In weißen Kreisen empörte man sich indessen mit gerümpfter Nase über die Primitivität dieser obszönen Subkultur. Trotzdem oder gerade deshalb: Stücke wie »All she want's to do is Rock« und »I love my Baby's Pudding« aus der Tradition der Blues-Shouter-Songs wurden im mittleren Westen der USA schnell zu Hits. Und das nicht nur wegen ihrer musikalischen Qualität, sondern auch, weil ihre Texte versteckten verbalen Zündstoff enthielten.

Zündstoff, wenn es um Baby's Pudding geht? Dazu muß man wissen, daß im Blues Begriffe aus dem Lebensmittelbereich regelmäßig als Metaphern für Sex verwendet wurden. Schon die Blues-Heroen der älteren Generation waren um Anspielungen aus dem Haushalts- und Naturalienbereich nicht verlegen. Im Apollo Theater in Harlem feierten solche Umschreibungen dann vor wissend lächelndem Publikum fröhliche Urständ.

1927 sangen »Butterbeans and Susie«: »I wanna Hot Dog for my Roll«, worauf der männliche Duettpartner spitzbübisch versicherte: »Have a Hot Dog stand.« Wenn also ein paar Jahrzehnte später von »Lollypop Mama« die Rede war, wußten Eingeweihte, um was es geht, und amüsierten sich vor allem darüber, daß die verschlüsselte Sexbotschaft von öffentlicher Hand weder angegriffen noch zensiert werden konnte. Mit welchem Recht sollte man sich auch über eine »Lutschbonbon-Mama« beschweren, ohne sich selbst einer frivolen Phantasie zu bezichtigen?

Auch der Terminus »Rock« wurde damals in eingeweihten Kreisen unmißverständlich zugeordnet. Wörtlich aus dem Englischen übersetzt heißt rock (als Verb) zwar schaukeln, wiegen oder rütteln, aber im Gettoslang der farbigen Nordamerikaner war Rock 'n' Roll nichts anderes als eine szenensprachliche und sehr gebräuchliche Umschreibung des Beischlafes.

Übrigens ist auch die Legende falsch, daß der Diskjockey Alan Freed diesen Begriff für jene neu entstandene Musikrichtung extra erfunden habe. Vielmehr war der Ausdruck Rock 'n' Roll längst vorher gebräuchlich. Schon 1939 sang Jimmy Rushing ein Stück mit dem Titel »Rock 'n' Roll«. Erst allmählich bürgerte sich dieses ehemalige Slang-Wort für Beischlaf als Name einer ganzen Musikrichtung ein.

Betrachtet man also die ethymologischen Wurzeln und nimmt schließlich das Wort Rock-Musik beim Wort, so müßte es strenggenommen als Beischlaf-Musik übersetzt werden. In diesem Zusammenhang erhält auch der Titel: »All she want's to do is Rock« einen anderen Beigeschmack.

Songschreiber wie Hank Ballard führten die textliche Direktheit 1954 noch weiter: Seine beiden Titel »Work with me Annie« und — als logische Konsequenz? — »Annie Had a Baby« landeten beide auf Platz eins der Hitparade. Denn wie in diesem Zusammenhang das Wort »work« zu verstehen war, daran ließen die übrigen Verse des Stückes keinen Zweifel. Hank Ballard und seine Epigonen markierten einen vorläufigen Höhepunkt an sexlyrischer Dreistigkeit.

Im Vergleich hierzu wirkten die Beatles fast zehn Jahre später mit ihrem Hit »I want to hold your hand« wie verklemmte College-Boys. Doch die ungezügelte Freizügigkeit der »Midnightsters« (für die Ballard die Stücke geschrieben hatte) und anderer Kollegen wie Roy Brown oder Ray Charles, der, bevor er auf ein Stilniveau von »I can't stop loving you« absank, auch nicht gerade zimperlich zur Sache ging, blieb nicht ohne Folgen.

Schon 1955 wurde in Houston (Texas) ein Verein gegründet, der sich den keineswegs selbstironisch gemeinten Namen »Wash out The Air Committee« gab und zum Ziel hatte, den schmutzig — weil schwärzer? — gewordenen Rundfunk einer gründlichen Reinigung zu unterziehen. In der Praxis sah das so aus: Die sittengestrengen Damen und Herren des Komitees veröffentlichten Listen mit Rhythm-and-Blues-Titeln, die verwerflich schienen und durch ihre »entarteten« Inhalte »zu Jugendkriminalität führen« müßten. Bezeichnenderweise tauchten auf diesen Listen fast nur Stücke mit sexuellen Themen auf, und die wiederum waren — noch bezeichnender — nahezu ausschließlich von Schwarzen.

Von Sexgöttern und heiligen Huren

In den späten fünfziger Jahren begann sich in der Black-Music-Szene ein leichter Umschwung abzuzeichnen. Der Rhythm and Blues hatte sich zunehmend etabliert und tastete sich langsam an die ersten Stil-Merkmale des späteren Souls heran. 1960 schließlich gründete der ehemalige Boxer und Besitzer eines Schallplattengeschäftes, Berry Gordy, in Detroit die Plattenfirma Tamla Motown (der Name setzt sich aus dem Ausdruck Motor Town — wie Detroit wegen seiner Autoindustrie genannt wird — zusammen) und schuf damit eine wichtige Voraussetzung für den kommerziellen Siegeszug zahlreicher schwarzer Künstler, die unter seiner strengen Führung Karriere machten.

Stevie Wonder, Diana Ross und Smokey Robinson sind da nur die Spitzen auf dem Eisberg eines gigantischen Imperiums der Black Music. Skandale und sexuelle Gewagtheiten waren von dem frischgebackenen »Industriellen« Berry Gordy damals jedoch kaum zu erwarten. Im selben Jahr wurde in Memphis (Tennessee) die Firma »Satelite« in »Stax« umbenannt — das zweite große Soul-Label, das für den sogenannten Memphis-Sound von Künstlern wie Rufus Thomas, Isaac Hayes und »The Staple Singers« verantwortlich war.

Doch während so die schwarze Tonindustrie um zwei wichtige Firmen bereichert wurde, die zunächst damit beschäftigt waren, sich sittsam in der Branche zu etablieren, probte man auf den Bühnen der Musikhallen und lokalen Clubs den sexuellen Aufstand.

Es war die Zeit, als der 1931 in Clarksdale geborene Ike Turner in St. Louis zum gefeierten Lokalmatador aufstieg. Die sexgeladene Soul-Revue, für die er auch seine spätere Ehefrau Tina Turner engagiert hatte, versetzte zunächst die Club-Szene und nach kurzer Zeit auch ein internationales Publikum in Rage: »And here are those lovely ladies, we've all been waiting for. Come on people, lets get it on down and dirty for Tina Turner and the Ikettes«, eröffnete er Abend für Abend seine frivole Show-Mischung aus raffinierten Choreographien und schweißtreibendem Rhythm and Blues.

Gemäß dem von Turner zur Genüge verinnerlichten Motto »Sex sells« wurden die körperlichen Reize der vier Frauen geschickt in stimulierende Tanzschritte und laszive Gesten verpackt. Der raffinierte Entertainer mit einem ebenso stark ausgeprägten Geschäftssinn lieferte in seinen wohldurchdachten Revuen den Stoff, aus dem die erotischen Träume des überwiegend männlichen Publikums waren. Gezielt und nicht eben zimperlich im Umgang mit freizügigen Gesten schuf er die »musikalische Verkörperung sexueller Phantasien« (Neue Zürcher Zeitung).

Daß die »eindeutige Fellatio-Cunnilingus-Show mit einem Mikrophon als Penisersatz« den beteiligten Protagonisten nicht bloß aus Zufall oder übersprudelnder Sinnlichkeit in den Sinn kam, beweist der strenge Umgang Ike Turners mit seinen angestellten Chor- und Tanzdamen, den »Ikettes«. Spurte einmal eine nicht so wie er wollte (während und vor allem auch nach der Show), so warf er sie kurzerhand raus. Um Ersatz brauchte sich der autoritäre Black-Music-Mogul nicht zu sorgen. Mit dem Sex-Guru Turner ins Geschäft zu kommen, war für aufstrebende Starletts Verlockung genug, zumal sie von Turners geschickten Show-Dramaturgien zu profitieren hofften.

In dieser Zeit bekam wohl auch die heute – im Alter von fast fünfzig Jahren – noch als Sexgöttin und »heilige Hure« apostrophierte Tina Turner das Rüstzeug mit auf den Weg, daß sie so scheinbar intuitiv mit der Hüfte zucken oder mit dem Mikrophon im Mund und zwischen den Beinen hantieren läßt. Keine Frage: Tina Turner ist das lebende und lebhafte Relikt dieser strengen alten Schule des Bühnensex, die auch heute noch ihre Wirkung nicht verfehlt.

In seinem Buch: »A Wap Bop a Loo Bop a Lop-Bam« beschreibt Nik Cohn das Charisma der jungen Tina Turner folgendermaßen: »Sie ist eine große, üppige Frau mit langen schwarzen Haaren, die ihr weit über den Rücken hinunterfallen, und sie hat ein schönes fauchendes Tiergesicht und einen wahrhaft kosmischen Arsch. Nicht hübsch, aber höllisch sexy. Und ihre Energie ist unerschöpflich, sie tobt über die Bühne wie eine Irre, und ihre Haare peitschten über ihren Körper und immer wieder ihren Hintern ... Und dann fließt ihr Schweiß in Strömen, und ihre aufgeworfenen Lippen entblößen Zähne, und sie ist absolut mörderisch.« Wenn das attraktive Temperamentbündel dann noch sang: »I want somebody to help me satisfy, cause I got too much time for my hands« und sich dabei lüstern die feuchten Lippen leckte, so erlebte die damals noch wesentlich strikter tabuisierte sexuelle Direktheit Höhepunkte, die in den Reihen der weißen Popmusik wohl nie – auch durch den »Orgasmuskönig« Jim Morrison nicht – erreicht wurden.

»Sexmachine«

Nur einer konnte zur damaligen Zeit noch mithalten im provokativen Wettbewerb ungeschminkter Erotik: James Brown. Die Karriere des ehemaligen Baumwollpflückers und Autodiebes ist mit zwei Imagefaktoren unzertrennlich verbunden. Der 1929 geborene, in dem Holzverschlag einer Südstaatenfarm aufgewachsene Vollwaise ist zum einen Prototyp des sozialen Aufsteigers und Gerechtigkeitskämpfers für die schwarzen amerikanischen Underdogs, zum anderen jeden prüden Dünkel ignorierendes Sex-Symbol.

Beiden sorgsam kultivierten Eigenschaften setzte er mit je einem Songtitel Denkmale. »Say it loud, I'm black and proud« für den sozialen, »Sexmachine« für den erotischen Helden. Brown, der »Philosoph der Farbigen«, dem man auch als Gerechtigkeitskämpfer und politischem Idol der Schwarzen großes Charisma nachsagt, wußte sich im einen wie im anderen Falle eindrucksvoll zu präsentieren.

Ob als schlichtender oder aufpeitschender Guru einer aggressiven Menschenmenge – Brown wurde sogar mitunter von der Polizei regelrecht engagiert, um blutige Straßenschlachten zu verhindern – oder als potenzstrotzender Sex-Teufel vor einem rasenden Frauenpublikum. Schon früh war Brown bemüht, seinem Image als »Mr. Dynamite« alle Ehre zu machen.

Albert Goldmann beschrieb in der New York Times einen Auftritt des schwarzen Sex-Stars: »Mr. Dynamite ist ein großer Bühnenliebhaber, ein Mann, der Tausende Frauen zugleich erobern und zu einem schreikrampfgeschüttelten Wackelpudding machen kann. Er spricht die Frau im Publikum viel direkter an als die meisten Entertainer. Wenn er eines seiner langsamen Lieder singt, ›It's a man's world‹ etwa, erreicht der Rapport zwischen ihm und den Mädchen geradezu skandalöse Ausmaße. Er schreit mit tödlichem Ernst: ›Just be there when I get the notion!‹ und aus dem Parkett kommen die Schreie zurück, als ob eine enorme Bläsergruppe ihren Einsatz hätte.« Der Kritikerkollege Richard Goldstein ging sogar soweit, zu behaupten, daß die Bühnenpräsentation und der Gesangsstil James Brown's »letztlich auf das Erreichen des Orgasmus ausgelegt« seien.

Der fast nur von Farbigen verehrte Soul-Star war vor allem ein geschickter Dramaturg. Er verstand es, seine Konzerte wirkungsvoll zu gliedern, durch Publikumskonversationen die Stimmung langsam, aber stetig zu steigern, bis sich eine kollektive Ekstase einstellte, die in einem gemeinsamen Höhepunkt, den Zugaben des Konzertes, gipfelte. Regelmäßig brach er dann am Schluß der Auftritte auf der Bühne zusammen, um schließlich völlig erschöpft wieder aufzustehen.

Abgesehen von dieser Beischlaf-Symbolik, die sich über die Gesamtheit jeder Show erstreckte, wußte Brown auch mit Details zu stimulieren: durch die verlangenden, schlangenhaft-rhythmischen Bewegungen seines Körpers, die subtile Gestik seiner Hände, durch den aufgekratzt-erregten (und dadurch erregenden) Klang seiner Stimme und natürlich durch die Inhalte seiner Texte. In lyrischer Hinsicht ließ Brown keine Zweifel offen. Und mit seiner nach hemmungsloser Erfüllung und Befriedigung des Geschlechtstriebes schreienden Hymne »Sexmachine« setzte sich der Sex-Kämpfer selbst ein provokantes Monument, das auch rein musikalisch weit in die (Funk-)Zukunft wies.

Zahlreiche Epigonen versuchten nun auch in den Reihen weißer Pop-Stars das Image vom unwiderstehlichen Ladykiller zu kultivieren. Lächerliche Macho-Karikaturen waren in vielen Fällen die Folge. Den meisten fehlten nicht nur die körperlichen und stimmlichen Mittel, sondern vor allem jenes Quantum natürlicher Ausstrahlung, das vor der Lächerlichkeit bewahrt. Doch auch schwarze Kollegen hatten bei Browns sexorientierten Präsentationsformen abgekupfert. Während die einen seine Wildheit und ungezügelte Urkraft als Image ausbauten, verlegten sich die anderen auf den rein erotischen Akzent.

Browns Erotik in einer süßlichen Streichersuppe weich gekocht und mit hauchzarten Stimmtupfern garniert, offerierten Sänger wie Isaac

Hayes oder Barry White. Hayes, der vor allem gerne für weiße Hits ein gefälliges Soul-Gewand schneiderte, setzte sich auf der Bühne mit feistem Kugelbauch und schweißtriefender Glatze als anbiedernder Schürzenjäger in Szene – und hatte Erfolg.

Auch der durch so augenscheinliche Fleischlichkeit belastete Barry White reüssierte mit ähnlichem Rezept. Mit säuselnder Stimme wirkte er vor allem auf die ältere Generation erotisierend. Die zündende Sex-Provokation war bei ihm einem seichten Bettgeflüster gewichen, das sich wie das schwarze Pendant zu Julio Iglesias Schlafzimmer-Hymnen ausnimmt.

An dem väterlich schützenden, fülligen Eros von Barry White kann indes kein Zweifel sein. Der Sänger selbst spricht sich sogar sexualtherapeutische Wirkungen zu: »Ich weiß, daß ich mit Liedern weder Kriege in Asien stoppen noch das Rassenproblem lösen kann. Wenn mir aber eine Frau sagt, ihr Mann sei im Bett freier, nachdem er meine Platten gehört hat, macht mich das happy. Laßt mich also meinen kleinen Beitrag dazu leisten, den Krieg im Schlafzimmer zu beenden.«

Plastik-Prinzessin mit Maulkorb

Auch Diana Ross, die bei Motown unter Berry Gordys Regie als Lead-Sängerin der »Supremes« ihre Karriere begann, war um eine erotische Ausstrahlung bemüht. Ihre gepflegte Sinnlichkeit ist jedoch ein Paradebeispiel dafür, wie man schwarzen Sex-Appeal vorsichtig domestiziert, um eine möglichst breite – auch weiße – Publikumsschicht anzusprechen. Sicher, Diana Ross sollte nett anzusehen sein und auch ein unterschwelliges erotisches Verlangen wecken (um den Schallplattenkonsum anzuheizen), aber verärgern, schockieren, provozieren wollte man nun auch wieder nicht. Die perfektionistische Glätte trug der zweifellos begabten Sängerin auch nach ihrer Trennung von dem »Supremes« großen Erfolg und das Image einer »Prinzessin des Plastik-Pops« ein.

Beispielsweise bei ihrem bisher größten Konzert im New Yorker »Central Park«: Auch an jenem Nachmittag des 22. Julis 1983 blieb Diana Ross vor 800 000 Zuschauern betont anständig. In ein hautenges lila Satin-Trikot-Kleid gehüllt, tänzelte die zierliche Person mit jugendfreiem Hüftschwung über die Bühne und würzte ihr Programm allenfalls durch ein paar vorher choreographierte Bauchtanzeinlagen und rührige Bemerkungen wie: »Das ist wahrscheinlich der wichtigste

Moment in meinem Leben.« Den Höhepunkt an erotischer Gewagtheit markierte der betont lasziv intonierte Song »Muscles«, den im Publikum ganze Heerscharen von Bodybuildern in spe mit angestrengt aufgeblähtem Bizeps beantworteten.

Als denkbar krassester Antipode zu solch salonfähiger Erotik präsentierte sich die 1975 gegründete Funk-Rock-Band »Mothers Finest« auf den Konzertbühnen. Musikalisch lieferte das Sextett aus Georgia eine innovative Mischung aus weißem Hardrock und schwarzem Soul-Funk. Treibende Rhythmen und ein aufpeitschend aggressiver, aber dabei immer noch gospelhafter Gesang verleihen den Kompositionen eine Urkraft, die sich in ekstatischen Konzerten entlud.

Vor allem die hochbegabte Sängerin Joyce Kennedy machte bald durch ihre knisternde Erotik Schlagzeilen. Bei ihren Live-Gigs wirbelte die kleine, attraktive Künstlerin wie ein Derwisch über die Bühnen, jonglierte verwegen mit dem Mikrophonständer zwischen den Beinen, rieb sich auffordernd die Schenkel, illustrierte die Beischlafsymbolik der orgasmisch angelegten Funk-Songs mit kraftvollen Beckenbewegungen und fragte das Publikum mit ihrem rauchig-belegten Alt: »Don't you wanna do it to me?«, worauf das Publikum mit einem rhythmisch wiederholten »Yeah« dem exakt geplanten Höhepunkt der letzten Zugabe entgegenfieberte.

Ordinäre Attitüde war – wie schon der ironische Gruppenname andeutet – bei »Mothers Finest« Bestandteil des Bandkonzeptes. Daß solche Provokationen in den frühen achtziger Jahren, als das Sextett den kurzen Zenit seines viel zu geringen Erfolges erlebte (1984 trennte sich »Mother's Finest«, und Joyce Kennedy begann eine Solokarriere), kaum mehr Aufsehen erregte, war vor allem auf die Errungenschaften der vorangegangenen Disco-Musik zurückzuführen.

Sturz ins Nachtleben

Hatte der Soul in den sechziger Jahren zu einem Selbstbewußtsein der schwarzen Künstler geführt, so verhalf die Disco-Music der siebziger Jahre der Black Music zu einem endgültigen Siegeszug beim weißen Publikum. Der sogenannte Philly-Sound, den die Produzenten Kenneth Gamble und Leon A. Huff als Besitzer der Plattenfirma Philadelphia International kreiert hatten, stieß in den gesamten USA auf Resonanz und unzählige Nachahmer.

Bald sorgten Gruppen wie »Three Degrees« und die Sänger George

Mac Crae (»Rock jour Baby«), Van McCoy (»The Hustle«), oder Carl Douglas (»Kung Fu Fighting«) für internationale Discotheken-Euphorie und entsprechendes Tanzfieber. Hier nährten sinnliche Stimmen, angedeutete Seufzer und stimulierende Rhythmen ein völlig neues Körper- und Sexbewußtsein. Nachdem der flaue Disco-Film »Saturday Night Fever« sein Schärflein zu einem neuen Tanzboom beigetragen hatte, wurde der Sturz ins Nachtleben ganz besonders reizvoll.

Durch ungewohnt direkte »Anmach«-Riten, eine neue Glorifizierung triebhafter Freizügigkeit und eine laszive Tanz-Körper-Sprache wurde ein Umschwung des erotischen Bewußtseins in Gang gesetzt. Die bis dahin trotz aller sexuellen Reformationen zumindest in gehobenen Kreisen schamhaft verschwiegene oder kaschierte Triebhaftigkeit war plötzlich ungemein schick. Frauen, die in exklusiven Discotheken oben ohne herumstolzierten, wurden nicht etwa verunglimpft, sondern als »total in« oder »hip« gefeiert und vertraulich betätschelt.

Die große Zeit der erossprühenden Paradiesvögel war angebrochen. Und inmitten dieses schwülen Klimas gelang der Gruppe »Chic« mit ihrem Discotheken-Hit »Dance, Dance, Dance« ein weltweiter Durchbruch und ein regelrechter Kultsong der Disco-Generation.

Den Nerv der Zeit aber traf auch ein bis dato unbekanntes farbiges Mädchen, das, aus Amerika emigriert, in München ihr Glück als Starlett versuchte: Donna Summer. Entdeckt wurde sie von dem Produzenten Giorgio Moroder, der längst auf der Fährte des Disco-Sounds war und nun mit noch frivolerer Erotik eine neue Spur zu legen versuchte. In der attraktiven Amerikanerin hatte er die richtige Protagonistin gefunden, und tatsächlich wurde das skandalträchtige Stück »Love to Love you baby« binnen kürzester Zeit zum Superhit.

Donna Summers »Stöhn-Debüt« kombinierte die plüschige Redlight-Atmosphäre des tanzbaren Instrumentalbackings mit einer Serie von authentisch gestöhnten Orgasmusgeräuschen. Während man sich früher auf die textliche Direktheit oder aber akustische Andeutung beschränkte, war hier nun nahezu die volle Geräuschpalette des Beischlafs im Ton-Studio eingefangen worden. Selbst Jane Birkins Skandalhit von 1969 »Je t'aime« wirkte da vergleichsweise harmlos. Donna Summer, die schöne exotische Schwarze, wurde zum Idealtyp einer wilden Sinnlichkeit und mußte noch jahrelang ganze Langspielplatten bestöhnen, bis sie ihr nicht geringes Vokaltalent entfalten durfte.

Nach Donna Summer und ihren Trendgenossen könne es – so glaubte man – kaum toller getrieben werden mit dem Sex in der Musik. In der Tat folgte zunächst einmal eine Zeit der klanglichen Kühle.

Punk, New Wave und Neue Deutsche Welle feierten als Spiegel eines kühlschrankkalten Gesellschaftsbewußtseins internationale Triumphe. Doch die akustische Frigidität wurde, der immerwährenden Trend-Wellenbewegung entsprechend, von einem neuen Erotik-Boom abgelöst.

Auch diesmal besann sich die Pop-Musik – wie immer, wenn es um sinnliche Inspirationen geht – auf die Black Music. Neben der englischen New-Romantic-Bewegung, die ihre wesentlichen stilistischen Ingredienzen aus den Reihen schwarzer Soul- und Funk-Stars bezog, wurde eine Funk-Renaissance propagiert. Plötzlich sprach man wieder von Gruppen wie »Earth, Wind, and Fire«, »Gap-Band«, »Cameo«, »Funkadelic« oder Vokalisten wie Aretha Franklin, Chaka Khan, Al Jarreau und Jeffrey Osborne. In diesem Umfeld feierten schließlich auch Veteranen wie Eartha Kitt und Tina Turner ein Comeback. Vor allem Tina Turner, die sich selbst in einem Lied als »Soulsurviver« bezeichnet, zeigte trotz ihres kritischen Alters Scharen von Nachwuchs-Künstlern, wie man mit professionellem Bewegungshandwerk die Illusion der Spontaneität und damit wiederum erotische Wirkungen erzielt.

Natürlich waren auch im Rahmen dieser Entwicklung die Ausprägungsformen von musikalischer Erotik verschieden: Eine poetisch-nostalgische Sinnlichkeit machte beispielsweise das ehemalige Fotomodell Sade Adu populär. Die geheimnisvoll-exotische Schönheit ließ ihren vollen Lippen eine sinnliche Gesangs-Erotik entströmen, die nicht mit der Tür ins Haus fällt, sondern anmutet wie ein zärtliches Vorspiel im Kerzenschein. Der gedämpfte Bar-Jazz und bedächtige Soul von Stücken wie »Smooth operator« erinnert in seiner Schwerelosigkeit eher an hauchdünne Seidenwäsche und Champagner.

Im Gegensatz dazu schockierte die in England gefeierte Millie Jackson mit der Zündkraft ordinärer Reime und ungeschminkt sexistischer Sprüche. Dabei ging es der temperamentvollen Artistin mit der dunklen Samtstimme nicht darum, alle bisher dagewesenen Obszönitäten zu überbieten. Millie Jackson wollte mit ihrem ironisch gefärbten Sexismus vor allem eine Trendwende einleiten. In ihren vorlauten Sprüchen drehte sie den Spieß kurzerhand um: Das Sexobjekt ist nicht mehr wie bisher nur die Frau, sondern der Mann. Bei ihrer um Gleichberechtigung bemühten Mission bediente sich Millie Jackson aber nicht der Sprödigkeit ihrer zeternden Kampfgenossinnen.

Sie führte den Geschlechterkrieg mit subtilem Humor und warf – selbst verführerisch mit der Hüfte kreisend – den Männern im Publikum die typischen Four-Letter-Words nur deswegen an den Kopf, um ihnen einen Spiegel der eigenen Lächerlichkeiten vorzuhalten. Die obszöne Attitüde, das schockierend schmutzige Vokabular war bei der farbigen Sängerin Mittel zum Zweck. Jahrzehntelanges Macho-Gehabe fand hier eine weibliche Entsprechung. Millie Jackson schlug mit gleichen Waffen zurück, ohne auf den eigenen Spaß am Sex verzichten zu wollen.

Abgeklärte Aufgeklärtheit

Daß nach all den Jahren der sexuellen Befreiung Skandale der Freizügigkeit ausgedient haben, ja unmöglich geworden sind, ist ein weit verbreiteter Trugschluß. Gegenbeispiel: Prince. Das schwarze Enfant terrible aus Minneapolis sorgte vor allem 1983–1984 mit seinen eigenwillig-experimentellen Funk-Kompositionen in Musiker-Kreisen für Aufsehen und mit seinen sexistischen Texten für werbeträchtiges Entsetzen: Ganz so, als hätte es einen James Brown nie gegeben.

Für Frauenrechtlerinnen verkörperte der straß- und ledergeschmückte Macho den Luzifer persönlich, und sittengestrenge Gemüter zeterten erneut über den Verfall der Moral. Zugegebenermaßen trieb es der zynische Schalk mit seiner sexuellen Narrenfreiheit ungewöhnlich weit. Das berühmte Blatt vor dem Mund war dem provozierwütigen Prince fremd: In der Zeitschrift »Newsweek« predigte der »Prophet der sexuellen Anarchie« einen vergleichsweise harmlosen »Katechismus von Tanz, Musik, Sex und Romantik«, aber in einem anderen Blatt schlachtete Prince heilige Kühe. Mit lässiger Ironie bekannte sich der frischgebackene Star zu dem US-Präsidenten Ronald Reagan, »weil der viel dickere Eier hat als Carter«.

Auf der Bühne erschien »der kleine Schüchterne mit dem großen Mundwerk und der eruptiven Hüfte« (Penthouse) entweder in aufgedonnerten Barock-Kostümen oder nur im knappen schwarzen Tanga. Obwohl rein körperlich nicht gerade die Inkarnation der Männlichkeit, wurde der durchtriebene Till Eulenspiegel des Bühnensex schnell zum Idol. Auch musikalisch näherte sich Prince vor allem auf seinen älteren Platten der Schlafzimmersphäre nicht eben zimperlich: Balladen wie »Do me, Baby« dokumentieren animalisches Quieken, hingebungsvolles Stöhnen, Lustschreie und auch verbale Details exzessiver Kopulations-Orgien.

Im Zusammenhang mit Prince läßt sich fast von einer richtigen

Musik-Erotik-Schule sprechen. Viele Künstler, die von dem talentierten Multiinstrumentalisten produziert wurden, kultivieren ähnliche Stöhn-Stilelemente. Beispielsweise Apollonia Katero, die schon in »Purple Rain« als Partnerin von Prince in Erscheinung trat. Auf dem Album »Apollonia 6« präsentiert die attraktive Sängerin, die sich selbst in einem Interview gewisse exhibitionistische Triebe bescheinigte, Stücke wie »Sex Shooter« oder »Some Kind of Lover« die den Obszönitäten von Prince kaum nachstehen.

In »Some Kind of Lover« wird ein Beischlaf in Wort und Ton dokumentiert. Dabei dient die Musik aber nicht nur als tanzbare Untermalung. Vielmehr zeichnet sie selbst die verschiedenen Stadien der Ekstase ausdrucksvoll nach. Rhythmischen Synkopen und Taktverdoppelungen folgen der Geschwindigkeit des Stöhnens, und wenn am Schluß die scheinbar begattete Dame »faster, faster« ins Mikrophon ruft, beschleunigt auch die Musik das Tempo, bis der Orgasmus in dem Plätschern und Rauschen des Meeres verklingt.

Solche Dokumente sexueller Freizügigkeit in der Popmusik markieren zweifellos ein Stadium, das kaum noch zu steigern ist – außer durch einen per Videofilm eingefangenen, musikalisch untermalten Geschlechtsakt. Diese Direktheit kann aber auch etwas anderes zur Folge haben: den Verlust von Erotik zugunsten derber Porno-Kraftmeierei.

Stars wie Prince oder Apollonia Katero geht es sicher weniger darum, mit solchem musikalischen Sexismus Idealformen zu propagieren. Aber wollen sie wirklich provozieren, festgefahrene Moralvorstellungen ins Wanken bringen? Daß dies scheinbar immer noch vonnöten ist, zeigen echauffierte Reaktionen in Amerika. Andererseits rennen sie damit in einer auf Sex ausgerichteten Konsumgesellschaft und im Zeitalter des Leistungssex nur offene Türen ein.

Im Jahrzehnt der abgeklärten Aufgeklärtheit bedarf es auf breiter Front keiner Sexrevolte mehr.

Vielleicht aber sind Erscheinungen wie Prince nichts anderes als Reaktionen auf eben diesen Zeitgeist. Prince – so scheint es – hält mit seinen erotischen Skurrilitäten seiner Zuhörerschaft einen Zerrspiegel vor. Die Stücke liefern dabei kein erotisches Stimulans. Das Zitat, die groteske Übersteigerung wird bei ihm Mittel zum satirischen Zweck.

Triebhafter Übermann – Der Potenzkomplex der Weißen

Auch bei dieser sich gerade abzeichnenden Trendwende ist die schwarze Musik wieder einmal den weißen Kollegen um Längen voraus. Sieht man davon ab, daß die Kompositionen und Stilerscheinungen der schwarzen Musiker im Laufe der gesamten Popmusikgeschichte des zwanzigsten Jahrhunderts die wohl ergiebigste und meistverwendete Fundgrube, also kurzum der wichtigste Ideenlieferant für weiße Musiker überhaupt waren, so sticht nach diesem schlaglichtartigen Exkurs vor allem die dominierende erotische Bedeutung dieser Musik ins Auge.

Der Schluß liegt nahe: Im Bereich der Popularmusik ist die Black Music jene Gattung, die Erotik und Sex am frühesten, am häufigsten und am direktesten thematisiert beziehungsweise in Töne umgesetzt hat. Aber woher kommt das? Es ist schwierig, hier eine Antwort zu finden, ohne sich in gängigen Klischees zu ergehen. Man sollte nicht pauschal von »den Schwarzen« und »den Weißen« sprechen und damit wieder bereits die ersten Voraussetzungen für einen Rassismus schaffen.

Es gibt nicht »den« schwarzen und »den« weißen Musiker. Es gibt nur schwarze und weiße Kulturcharakteristika, eine schwarze sowie eine weiße Vergangenheit. Daß Schwarze generell erotischere Menschen seien, ist eine Platitüde, die trotz ihrer Abwegigkeit immer wieder geäußert wird. Aber wo liegen die Ursachen jenes Klischees vom nur triebhaften schwarzen (Über-)Mann, das bei vielen Weißen zu einem regelrechten Potenzkomplex geführt hat?

Vor allem spielt der blanke Rassismus eine Rolle, der den Farbigen ein animalisches Triebleben unterstellt, um sie so in die Sphäre des Tierhaften zu degradieren. Immer wieder wird übersehen, daß die Körperbetontheit und das erotisierend wirkende tänzerische Element vieler Musiker in afrikanischen Traditionen ihre Wurzeln haben.

Nahezu sämtliche Stammesriten der als Sklaven verschleppten Schwarzen waren ursprünglich mit Bewegung, mit Tanz gekoppelt. Religiöse und kultische Bestätigungen wurden unmittelbar mit dem Alltag verbunden. Freudige und traurige, religiöse und sexuelle Anlässe wurden in Tanz und Musik umgesetzt. Eine Abschottung dieser Ausdrucksformen in die abstrakte Sphäre des sogenannten Kulturellen war undenkbar. Der Kult als Lebensform bedeutete eine unmittelbare Umsetzung geistiger Eindrücke in sinnliche Ausdrücke.

Unter dem Regiment weißer Plantagenbesitzer waren den Sklaven der Südstaaten derartige Kulthandlungen überwiegend verboten. Man war strikt darauf bedacht, nie zwei Afrikaner desselben Stammes in einer Arbeitsgruppe zusammenzubringen. Doch entwickelten die Schwarzen bald wieder eigene Kommunikationsformen. Man verständigte sich durch rhythmisches Stampfen und eine Art Körpermusik, die Zeichensprache und Musikkult zugleich war. Bei der Arbeit auf den Feldern entstanden auch die sogenannten »Cries«, »Calls« oder »Hollers«, jene Vorformen des Jazz und Blues, mit denen die Sklaven sich selbst oder einen Kollegen unterhielten.

Möglichkeiten zu richtigen rituellen Aktivitäten bot allerdings erst wieder die christliche Religion, die von den Schwarzen als Religion des Siegers (so betrachteten sie ihre amerikanischen Herren) nicht selten bedingungslos akzeptiert wurde. Hier erschloß sich vor allem ein kultisches Betätigungsfeld, in dem alte körperbetonte Riten in modifizierter Form wieder aufgegriffen werden konnten. Es entstanden Mischformen christlicher und afrikanischer Gottesverehrung, die Vorläufer der heutigen Gospelgottesdienste.

In der Zeitung »The Nation« wurde am 30. Mai 1867 ein früher afrochristlicher Ritus folgendermaßen beschrieben: »Die Bänke werden an der Wand gerückt, wenn der eigentliche Gottesdienst beendet ist, und alle, Alte und Kinder, Männer und Frauen, eine groteske Menge aufgeputzter junger Leute – die Frauen meistens mit grellbunten Tüchern um den Kopf und in kurzen Röcken, die Jungen in zerrissenen Hemden und Männerhosen, die Mädchen barfuß – stehen mitten im Raum und beginnen, im Kreise zu gehen, wobei sie sich eng aneinanderhalten und die Füße schleifen, ohne sie je vom Boden zu erheben. Der Rhythmus der Vorwärtsbewegung wird von plötzlichen Bewegungen, die die bald schweißbedeckten Körper erschüttern, bestimmt. Manchmal tanzen sie schweigend, andere Male singen sie, während sie sich vorwärts bewegen und die Füße schleifen, den Refrain eines Spirituals, nur selten singen sie es ganz. Meistens versammeln sich die, die am besten singen, und die inzwischen müde gewordenen Shouter in einer Gruppe an einer Seite des Raumes sorgen für die Begleitung der anderen, indem sie das Leitmotiv singen und in die Hände oder auch auf die Knie klatschen. Tanz und Gesang sind voller Energie, und wenn der Shout bis in die Nacht andauert, hindert das rhythmische und dumpfe Geräusch der über den Boden geschleiften Füße alle im Umkreis einer halben Meile am Schlafen.«[33]

Die ekstatische Kraft und die Verbindung von erotischer Stimulation mit religiösen Inhalten ist ein Relikt afrikanischer Stammeskulte, das bis heute in der afro-amerikanischen Popmusik (freilich nur in rudimentärer Form) erhalten ist. Relativ unverfälscht läßt sich dieser von Schwarzen unverklemmt behandelte Zusammenhang in den Gospel-Gottesdiensten nachvollziehen (siehe Kapitel 2). Während der Sklaverei fanden die Schwarzen in den Gottesdiensten die Möglichkeit, ihren Drang nach tänzerischer Bewegung, Körpersprache und musikalischer Artikulation zu befriedigen.

So wurde schon im 19. Jahrhundert die Verbindung von Musik und körperbetontem, also erotischem Ausdruck als Signum für die afro-amerikanische (Pop-)Musikkultur fixiert. Der ursprünglich vor allem bei Soul- und Rhythm-and-Blues-Gruppen zu beobachtende Hang zu choreographierten Tanzschritten, die mehrere Personen gleichzeitig ausführten, ist ebenfalls durch die Umstände der Sklaverei erklärbar.

Damals waren nicht nur Trommeln und viele andere Musikinstrumente verboten, sondern jede (tänzerische) Form, eine Stammeszugehörigkeit mit Gleichgesinnten zu demonstrieren. Wie gesagt, die einzelnen Stammesbrüder wurden strikt getrennt. Durch den angestauten Reiz des Verbotenen stieg später – als dies möglich war – bei Schwarzen nicht nur das Bedürfnis, Musik zu machen. Insbesondere das gleichgeschaltete Tanzen erhielt einen enormen Symbolcharakter, um das jahrelang unterdrückte Zusammengehörigkeitsgefühl sichtbar zu machen. Solche Ursachen zeigen ihre Wirkungen – selbst hinein bis in das alberne Tänzeln dreier Chordamen, die synchron im Rhythmus eines Disco-Hits mit der Hüfte wackeln und die Hände kreuzen.

Um es noch einmal zusammenzufassen: Die Körperbetontheit der schwarzen Musik, vor allem die, die sich bewußt oder unbewußt in erotisierenden Tanzelementen einzelner Musiker oder ganzer Ensembles äußert, hat ihre Wurzeln in der genuin afrikanischen Stammeskultur. Die Repressalien der Sklaverei trugen zu einer besonderen Betonung tänzerischer Momente bei, die sich zuallererst im Gottesdienst entfalten konnten. Über den Gospel-Song, der einen weithin unterschätzten (neben dem Blues den wohl wichtigsten) Einfluß auf die afro-amerikanische Popularmusik genommen hat, pflanzte sich dieses Erbe bis in die heutige Zeit hinein fort.

Doch auch was die Unverklemmtheit und Direktheit der schwarzen Musik im Umgang mit sexuellen Themen (in Songtexten) betrifft, muß im ausgehenden 19. Jahrhundert, in der Sklavenzeit, geforscht werden. Die Ursachen sind einfacher, als man zunächst vermutet. Vor-

und außerehelicher Geschlechtsverkehr der Sklaven war von ihren weißen Herren nicht nur geduldet, sondern sogar regelrecht gewünscht.

Je größer die Fruchtbarkeit der eingekauften Sklavenschar war, desto billiger vermehrte sich mit der Zeit das Arbeitsheer. Eine hohe und hemmungslose Promiskuität wurde von geschäftstüchtigen Farmern also nach allen Kräften gefördert. Die Folge war, daß von den Schwarzen ein solches Sexualleben auf die Dauer als wünschens- und erstrebenswert anerkannt und entsprechend praktiziert wurde.

Sex hatte nicht im entferntesten einen genierlichen Beigeschmack, sondern wurde – hierin selbstverständlich auch afrikanischen Traditionen entsprechend – mit stolzer Offenheit thematisiert. Vor allem natürlich im Blues, der schnell als Sprachrohr der Wünsche, Ängste und Gefühle fungierte. Detailfreudig und in einer mal sehr direkten, meist jedoch metaphernreichen Sprache beschreiben unzählige Songs die eigene Lüsternheit und Potenz, den Körper und die Liebespraktiken einer angebeteten Frau.

Auch der Geschlechtsverkehr selbst wird oft in verblüffend gewagten Einzelheiten zur Sprache gebracht. In ihrem Buch »The negro and his music« brüskierten sich 1925 die beiden Autoren Howard Odine und Guy B. Johnsson: »Im allgemeinen kann die Phantasie die Dinge schlimmer darstellen, als sie in Wirklichkeit sind, aber in den Negerliedern übertrifft die Wirklichkeit bei weitem die Phantasie. Das vorherrschende Thema ist das des Geschlechtsverkehrs, und es gibt keine Zurückhaltung in den verwendeten Formen des Ausdrucks.«

Der Jazz-Schriftsteller Arrigo Polillo vertritt in diesem Zusammenhang die These, daß »die erotischen Prahlereien des Blues-Sängers eine unbewußt-naive Reaktion auf das quälende Minderwertigkeitsbewußtsein darstellt«. Mit der suggerierten sexuellen Überlegenheit versuche der Schwarze einen Triumph gegenüber dem weißen Unterdrücker zu kultivieren. Polillo kommt zu dem Schluß: »Dies ist viele Jahre lang der einzige Trost für sein Ich gewesen.«

Wie dem auch sei, ob harmloses, quasi anerzogenes Amüsement oder Überwindung eines Komplexes, die Thematisierung des Sexuellen in der Musik der Schwarzen hat eine Tradition, die in eine Zeit hineinreicht, als die Sex-Revoluzzer der weißen Rockmusik nicht einmal geboren waren.

Lasziver Groove und Endlos-Schreie

Nun mag man berechtigterweise einwenden, daß das eben Dargestellte zwar für die äußeren Umstände Erklärungen gesucht hat, dabei aber die rein musikalischen Mittel, die ungeachtet der künstlerischen Präsentation und der Texte erotische Wirkungen hervorrufen, nur immer am Rande erwähnte. Betrachtet man in wahlloser Mischung verschiedene Kompositionen aus dem Soul-, Gospel-, Funk- und Disco-Music-Genre, so fällt schnell auf, daß sich neben dem sinnlich subjektiven Eindruck auch auf analytischem Wege (so umstritten dieses Verfahren bei einem solchen Sujet zugegebenermaßen ist) besonders viele erotisierende Elemente nachweisen lassen. Fassen wir also die musikimmanenten Möglichkeiten, die zu dem sinnlichen Ausdruck beispielsweise einer Soulballade beitragen können, noch einmal zusammen.

Im Vordergrund steht hier – ähnlich wie beim Jazz – die Rhythmik. Ein generelles Signum der Black Music ist ihre ungewöhnliche Rhythmus-Betontheit und Differenziertheit. Sowohl kompositorisch als auch durch die Abmischung in einem Tonstudio wird den Instrumenten Baß und Schlagzeug eine klangliche Dominanz zugewiesen. Der pulsierende Beat, auf dessen sexuell stimulierende Wirkung wir bereits eingegangen sind, steht so stark im Vordergrund, daß er mühelos wahrgenommen und mitvollzogen werden kann.

Daß die meisten Rhythmen der Black Music ganz besonders zum Tanzen und zu anderen körperlichen Aktivitäten animieren, ist ein Phänomen, das Musiker gerne mit dem Ausdruck »groove« umschreiben. Etwas hat »groove«, sagt man, wenn man meint, daß ein Stück eine besonders zwingende rhythmische Ausstrahlung besitzt.

Diesen auch sexuell wirksamen Effekt detailliert zu beschreiben, ist in der Tat schwierig. Für den »groove« eines Stückes können verschiedene Faktoren verantwortlich sein: die Wahl des Tempos (das sich möglichst nicht allzuweit von der menschlichen Herzfrequenz entfernen sollte), die metrische Geradlinigkeit (allzu häufige und komplizierte Breaks stören den groove) und die Gleichmäßigkeit des Timings.

Zwei Momente, die stiltypisch für die meisten Bereiche der Black Music sind, tragen jedoch ganz besonders zu der groovenden Wirkung bei: Zum einen die geringfügige Verzögerung der Taktschwerpunkte. Fast alle Schlagzeuger und Bassisten des Soul- und Funk-Bereiches vollziehen den (An-) Schlag erst im allerletzten Moment des korrekten Timings, sozusagen auf den letzten Drücker, ohne dabei jedoch zu schleppen. Eine extreme Exaktheit unter den Instrumentalisten ist hier absolute Voraussetzung. Dieser instinktive Kunstgriff gibt jedem Rhythmus etwas besonders Kraftvolles, Animierendes. Warum? Vielleicht dadurch, daß der Hörer unterbewußt den Taktschlag erwartet, und ihn dann, weil er – freilich nur um Bruchteile von Sekunden – ausbleibt, selbst mitvollzieht. Ein weiteres Stilelement ist die sogenannte Antizipation, die rhythmische Vorausnahme. Diese sogenannten Vorzieher nehmen eine Zählzeit meist um ein Achtel oder Sechzehntel voraus und brechen dadurch den motorisch-geraden Rhythmus geringfügig auf. So wird eine Spannung erzeugt, die den Zuhörer um so sehnsüchtiger den nächsten Taktschwerpunkt erwarten (und mitvollziehen) läßt. Sehr gut kann man die eben genannten Effekte bei Funk-Gruppen wie »Cameo«, »Gap Band«, »Earth, Wind and Fire« (Bläsersätze), »Commodores« oder »Maze« nachvollziehen.

Natürlich fallen bei der erotischen Wirkung auch Faktoren wie eine deutlich auskomponierte Klimaxstruktur und die häufige Verwendung von spannungsvollen, offenen Sept-Nonenakkorden ins Gewicht. Der wohl wichtigste Träger des sinnlichen Ausdrucks ist jedoch der Gesang. (siehe auch Gesangs-Kapitel) Hier hat sich vor allem in der Soul-Ära und natürlich im Gospel-Bereich ein Gesangsstil ausgebildet, der nicht nur extrem lasziv, sondern auch besonders anspruchsvoll ist.

Künstlerinnen wie Aretha Franklin oder Joyce Kennedy vermitteln ihre Vokalerotik nicht nur mit instinktiver Sinnlichkeit, sondern auch mit einer gehörigen Portion hart erarbeiteten Handwerks. Mit naiven Verklärungen ist hier niemandem gedient. Laszive Seufzerkoloraturen und Endlosschreie wollen genauso erlernt und trainiert sein, wie das saubere Spitzenton-Staccato einer klassischen Opernsängerin.

Daß das guttural-abgedunkelte Timbre, das die meisten schwarzen Sänger aufgrund einer angeborenen Kehlkopfkonstellation auszeichnet, den stimulierenden Effekt ihrer Gesangskunst unterstreicht, ist wahrscheinlich der einzige wirklich naturgegebene Aspekt schwarzer Musik-Erotik.

Ansonsten basiert die auffallende Sinnlichkeit und Sexbetontheit der Black Music auf einem jahrhundertealten, in der Sklaverei zusätzlich geprägten Kulturerbe. Entscheidend für die Umsetzung dieser erotischen Musik ist aber auch ein Qualitätsbewußtsein, das die Vermittlung erotisierender Nuancen in Rhythmik, Klangfarbe und Harmonik überhaupt erst möglich macht. Dieses Qualitätsbewußtsein scheint bei Schwarzen im Bereich der Popmusik vielfach stärker als bei Weißen ausgeprägt zu sein.

Auch dafür gibt es Gründe: Während der Weiße spielerisch mit den neuen Musikeinflüssen der Farbigen umging und sie mehr oder weniger dilettierend als Vehikel für ideologische Revolutionen benutzte, war es den Schwarzen bitter ernst mit ihrer eigenen Musiktradition. Denn nur überragende Qualität konnte die Flucht aus dem Getto ermöglichen.

5. Kapitel

Das Groupie-Phänomen

Lust und Frust in Popstar-Betten

Prominenz fasziniert. Geschichten über das Leben der Stars, ihre Gewohnheiten, ihre Vorlieben, über ihre Kleidung, Häuser, ihr Liebesleben und ihre Skandale füllen Woche für Woche unzählige Zeitungs-Spalten und Illustrierten-Seiten. Fragen, welchen neuen Porsche sich Nino de Angelo gekauft hat, ob Paul Young rote oder gelbe Unterhosen trägt, Nena mit Rolf ein Kind haben will und Michael Jackson tatsächlich Angst davor hat, mit Frauen zu schlafen, scheinen interessanter zu sein, als weltpolitische Umstürze.

Man erfährt die Bettgeschichten der Rockgötter so detailliert, als hätte man bei Joko Ono und dem seligen John Lennon in der Bettritze gesessen, kennt den Diätplan von Gitte, weiß, daß Elton John »im Bett ein kalter Fisch« sei und daß der Reggae-Fürst Eddy Grant jeden Morgen drei Stunden telefoniert und dann Tennis spielt.

Die Fans fügen sich in die Rolle des Dauer-Voyeurs, saugen gierig jeden noch so belanglosen Tratsch auf und haben so ein Gefühl der Nähe zu ihrem Idol, das freilich mehr als trügerisch ist. Denn unmittelbare Kommunikation findet ja nicht statt. Welcher Star kennt schon seinen einzelnen Bewunderer? Vielmehr nimmt er ihn nur als Masse derer wahr, die ihm zujubeln und auf seine Musik als kollektive Stimulation reagieren.

Gleichzeitig kann er seinen Marktwert an der Anzahl, Größe und Aufmachung ihm gewidmeter Bilderbogen-Stories ablesen. Er braucht die Fans, weil sie ihm Echo und Kulisse für seine exhibitionistische Ausdruckslust liefern. Persönlich will er mit ihnen meist nichts zu tun haben.

Die meisten Anhänger von Popkünstlern geben sich in der Regel auch damit zufrieden, Platten zu kaufen, Konzerte zu besuchen und bunte Posters an die Wand zu pinnen. Einige machen sich die Mühe, Briefe zu schreiben und um Autogramme zu bitten.

Die Rollen sind also fest verteilt: Der Star läßt sich bewundern und hofieren, doch nur aus der Distanz. Deshalb kann auch seine sexuell stimulierende Bühnenaktion im Prinzip nichts anderes sein, als eine vertonte, musikalische Peep-Show, bei der das Publikum zur Passivität verurteilt ist. Obwohl von schweißtreibender Rockekstase, symbolischen Sexhandlungen, erotischer Bühnenkleidung und obszönen Texten erregt, bleibt den Fans indessen nichts anderes übrig, als mit dem neuen Stoff für ihre heimlichen Träume brav nach Hause zu gehen.

Es ist kein Geheimnis: Zahlreiche Untersuchungen wie beispielsweise der »Hite-Report« wollen herausgefunden haben, daß Popidole nicht selten als Masturbationsvorlage durch die Phantasie von Fans geistern. Erhitzte Backfische, die tagsüber Mühe haben, die grobschlächtigen Lümmel vom Schulhof abzuwimmeln, träumen im stillen Kämmerlein davon, wie sich der blondgelockte Schmuseboy Nick Beggs von »Kajagoogoo« zärtlich an ihren Beinen hochküßt. Manche Frau stellt sich, um das Lustempfinden zu steigern, ihren Ehegatten als animalischen Mick Jagger vor. Und der Angetraute bildet sich ein, daß nicht die schwabbelige Ehefrau, sondern die knackige Pat Bennatar mit wehender Mähne und festen, hüpfenden Brüsten auf ihm reitet.

Aber wer von den Fans hat schon versucht, nach dem Konzert dem Wunschpartner, dessen intimste Gedanken man aus seinen Song-Texten zu kennen glaubt, dessen Gesichtszüge durch große, hautnahe Fotos vertraut sind, auch körperlich näher zu kommen? Wer hat seine Chancen getestet, der langbeinigen Helen Schneider die knappe Lederhose vom Hintern zu ziehen, Joan Jett aufs Kissen zu zwingen oder die Bluse von Kim Wilde aufzuknöpfen? Niemand.

Denn die Rockladies machen ihre männlichen Bewunderer zwar scharf, verschwinden dann aber ganz züchtig allein, oder höchstens mit einem Kamillentee bewaffnet, in ihre Hotelbetten. Muskelbepackte Leibwächter passen draußen vor der Türe auf, damit niemand wagt, den Schönheitsschlaf zu stören.

Weibliche Popfans hingegen rennen, vorausgesetzt sie sehen halbwegs passabel aus, meist offene Türen ein, wenn sie mit ihren Idolen unter das Laken schlüpfen wollen: aus der Rockgeschichte sind Groupies deshalb nicht wegzudenken. Von dem exzentrischen Rock-'n'-Roll-Knaben Jerry Lee Lewis weiß man, daß er sich mit Vorliebe einen Spaß daraus machte, frühreifen Teenagern unter den Rock zu gehen. Jimi Hendrix soll schon mal in drei Stunden sieben Mädchen vernascht haben.

Der Oberfreak und Bürgerschreck Frank Zappa war sowieso kein Kostverächter. »Die einzigen, die dich lieben, sind Groupies und Promoter«, sagte er und widmete den Mädchen sogar einen Film samt dazugehörigem Doppelalbum: »200 Motels«, 1971 veröffentlicht, parodiert das ungezügelte Tourneeleben seiner damaligen Band »Motthers of Invention«, die mit zahllosen Groupies von einer Bett-Orgie zur nächsten stolpert.

Natürlich machten auch die »Rolling Stones« in jungen Jahren mit ausschweifenden Sex-Exzessen von sich reden. So berichtet Marianne Faithful, die ihre Show-Karriere bekanntlich als Groupie von Mick Jagger begann, daß der drahtige Sänger ziemlich schnell zur Sache kam: »Bei unserer ersten Begegnung, Ende 1964, auf einer Party, kam er besoffen auf mich zu, sagte ›I'm Mick Jagger‹ – und goß sein Glas voll Sekt in mein Dekolleté. Dann begann er mit bloßen Händen, meine Brüste ›trockenzureiben‹.«[51]

Skandalträchtige Legenden ranken sich auch um die Verführungskünste des Schmachtsängers Frank Sinatra, der als der »Erfinder des feuchten Konzertsitzes« gilt. Eric Claptons' Nachfolger bei den »Yardbirds«, Jeff Beck, ein launischer Egozentriker, soll seinen großen Hunger häufig schon vor den Auftritten mit ganzen Scharen von willigen, jungen Rock-Bräuten gestillt haben.

Und die Punker, seien es Johnny Rotten oder Sid Vicious, waren, wenn sie nicht gerade vom Alkohol benebelt in der Ecke lagen, für jedes Höschen, das ihnen ein Groupie um die Nase wedelte, dankbar. Die Liste ließe sich beliebig fortsetzen.

Obgleich heute viele Popbarden aus der Vergangenheit gelernt haben und sich dem Risiko plötzlicher Vaterschaftsklagen nicht mehr aussetzen wollen, gibt es noch genügend Künstler, die Spaß am kostenlosen Vergnügen für die Tournee-Nächte haben. Freilich immer seltener in den Reihen der absoluten Topstars. Diese lassen sich lieber verschwiegene Callgirls kommen, die proffessionell das tun, was man von ihnen verlangt, nicht viel fragen und schnell wieder verschwinden.

Trotzdem schmeichelt es großen und kleinen Rockgöttern, wenn auf den Konzertreisen, wo langweilige Essen mit Medienleuten und Veranstaltern die einzige Abwechslung bieten, Trauben von willigen Mädchen am Bühnenausgang warten. Wer Lust hat, braucht nur auszusuchen.

Doch was fühlt ein Mädchen bei ihren Sex-Abenteuern mit Stars? Warum bietet sie sich einem wildfremden Mann als Freiwild an? Welche Erfahrungen machen Groupies in Popstarbetten? Fragen, die eigentlich nur von den Betroffenen selbst beantwortet werden können. Es war verständlicherweise schwierig, Mädchen aufzuspüren, die uns zu dem Thema offenherzig Auskunft geben wollten. Die weiblichen Fans, die adrett zurechtgemacht an den Bühneneingängen herumlungerten oder in Hotelhallen auf eine günstige Gelegenheit warteten, um ihr Idol anzusprechen, fühlten sich fast immer ertappt und lehnten jegliches Gespräch ab.

Doch hin und wieder waren einige Groupies bereit – auch im Hinblick auf dieses Buchprojekt – von ihren Erfahrungen zu berichten.

Maren

Zum Beispiel Maren, eine 23jährige Studentin. (Die Namen wurden auf Wunsch der Betreffenden geändert.) Wir lernten sie in der Garderobe einer englischen New-Wave-Band kennen, die in der Jahrhunderthalle gastierte. Sie sei scharf auf Midge, den Sänger, erzählt sie. Ihr gefällt sein zynischer Mund, die kalt funkelnden Augen, seine gertenschlanke Figur. »Ich habe ihn schon am Nachmittag vor dem Soundcheck angequatscht, als er aus dem Bandbus gestiegen ist. Er war ganz lieb und hat mir, nachdem wir uns ein paar Minuten über seine Musik unterhalten hatten, einen Backstage-Pass geschenkt. Er fragte mich schließlich, ob ich Lust hätte, mit ihm nach dem Auftritt noch etwas zu trinken. Und ich habe gesagt: Okay. Deshalb bin ich jetzt hier.

»Willst du mit Midge nur plaudern, oder hoffst du auch, daß er dich ins Hotel mitnimmt?«, haken wir nach. »Na klar«, antwortet sie, »ich will, daß er mit mir schläft. Das meint ihr doch, oder?«

»Und was versprichst du dir davon?«, wollen wir wissen.

»Mir macht das Spaß«, erwidert sie.

»Für mich ist das wie ein Abenteuer.« Einschränkend fügt Maren hinzu: »Es geht mir nicht nur um den Sex. Typen, mit denen ich ins Bett gehen könnte, kenne ich genug. Mir gefällt die Atmosphäre, in der ein Musiker lebt. Diese Ungebundenheit, das verrückte Leben. Immer unterwegs sein.«

Es ist das Spiel mit dem Feuer, das die hübsche Studentin reizt: Einen scheinbar unerreichbaren Star auf sich aufmerksam zu machen, der ihr durch seine Stimme, seine Texte und seine Lieder fast freundschaftlich vertraut scheint, bei dessen Konzerten sie aber in der anonymen Masse der Zuhörer untergeht, fesselt sie. Wenn er ihren Körper will, ist es ihr Triumph. Er nimmt keine andere, er nimmt sie. Das schmeichelt ihrem Ego. Also nur Selbstbestätigung?

»Nein«, wehrt Maren ab: »Die Frauen, die die Tratschgeschichten in den Illustrierten verschlingen, um dem Held ihrer Träume näher zu sein, machen sich doch nur was vor. Ich will sehen, was er für einen Körper hat, ich will riechen, welches Eau de Toilette er benutzt.«

Märchenhafte Motive leiten auch hier die Illusion. Nach dem Motto: Gesichtslose Studentin ist für eine Nacht Gast im Lotterbett des prominenten Wunderknaben, der sich ja vielleicht in sie verliebt und sie fortholt aus dem Alltagstrott.

Bevor wir weiter über dieses heikle Thema reden können, stürmt plötzlich der so sehr umschwärmte Rock-Romeo zur Garderobentür herein. In dem Raum herrscht heilloses Durcheinander. Der verschwitzte Midge wirft seine Gitarre achtlos in einen abgeschabten Koffer, kickt ein paar leere Bierdosen, die auf dem Boden herumliegen, in die Ecke, nimmt einen kräftigen Schluck aus der Bourbonflasche, die ihm ein Roadie beflissen reicht, rülpst zufrieden und lächelt Maren an: »Let's go baby!«

Sie steht mit einem befreiten und gleichzeitig erwartungsvollen Blick auf, zieht ihre Lederjacke über und verläßt den Raum. Wir hatten vorher verabredet, daß wir Maren am nächsten Vormittag vor dem Hotel ihres Idols abholen würden, um danach über die Erlebnisse der Nacht zu sprechen.

Pünktlich um halb zwölf stehen wir in der Halle des Frankfurter Intercontinental. Mit dunklen Ringen unter den Augen stolpert Maren ein wenig verspätet aus dem Aufzug. Wir laden sie in ein Taxi und fahren zum Café Kranzler an der Hauptwache. Dort wollen wir Näheres erfahren.

»Na ja«, druckst unsere Gesprächspartnerin herum und platzt schließlich heraus: »Midge ist verdammt noch mal kein normaler Typ. Kaum waren wir im Hotel, hat er sich erst mal ein fürstliches Essen aufs Zimmer kommen lassen. Dazu hat er zwei Flaschen Rotwein hinuntergekippt und mir pausenlos erzählt, wie toll er Gitarre spielt. Dann fummelte er in seiner Reisetasche herum und zog ein Stück Shit heraus, aus dem er sich mit einer meiner Zigaretten einen Joint drehte. Nach ein paar kräftigen Zügen starrte er mich plötzlich mit glasigen Augen an und meinte, ich soll mich bis auf den Slip ausziehen. Als ich so vor ihm stand, befahl er mir, seine Hose aufzumachen und seinen Penis herauszuholen. Von mir geredet hatten wir bis zu der Zeit noch kein einziges Wort.«

Maren stockte und rührte versonnen noch einen zweiten Zuckerwürfel in ihre Tasse.

»Na ja, ich machte, was er von mir verlangte. Ich hoffte, daß sich Midge später auch ein wenig um meine Bedürfnisse kümmern würde. Nachdem er befriedigt war, zog er mich an sich heran, fummelte ein wenig an mir herum und schlief dann auch mit mir. Aber wie ich schon erzählt habe: Es schien ihm keinen großen Spaß zu machen. Er wollte auch nicht, daß wir uns küssen. Irgendwann schellte das Telefon und er fing an mit irgendeiner Frau aus London zu sprechen. Ich saß daneben und fühlte mich ziemlich mies. Als er aufgelegt hatte, wollte er dann pennen. Fast habe ich gedacht, er schmeißt mich noch raus, aber ich durfte bleiben. Wir lagen noch im Bett, als am nächsten Morgen zwei Leute von der Gruppe hereinpolterten und Midge zum Frühstück abholen wollten. Sie rissen Witze und ich war ja noch nackt und mußte mich vor ihren Augen anziehen. Midge gab mir noch einen flüchtigen Abschiedskuß, dann war ich draußen.«

Maren, die sich ihre Groupie-Nacht ein wenig liebevoller vorgestellt hatte, weiß, daß sie für ihr Idol nichts anderes als ein Bettabenteuer war, das ihn nichts kostete. Den Sänger interessierte nicht die Person des Mädchens, sondern nur der Körper. Für ihn gilt nicht das Gefühl, sondern wohlfeiler Sex. Diesen Preis freilich bezahlen die meisten Groupies dafür, daß sie ihren Stars während ein paar Stunden physisch nah sein können.

Wie bei Maren wird der Traum, auf solche Weise vielleicht selbst in die Prominenten-Welt gelangen zu können, meist zerstört. Aber in der Rockmusik gab und gibt es auch andere Groupies, die selbst die Stars als Sexobjekt gebrauchen und Betterlebnisse mit möglichst vielen verschiedenen Künstlern sammeln. Zum Beispiel die schon fast berühmten »Plaster Sisters« aus Chicago, die in zahlreichen Illustrierten portraitiert wurden. Ihnen war es nicht genug, mit den Rockgrößen zu schlafen, sondern sie machten sich zur Erinnerung daran von den Penissen Gipsabdrücke für ihre Sammlung.

Edith

Ein anderes Mädchen, daß uns über ihre sexuellen Erlebnisse mit Popgrößen Auskunft gab, ist Edith. Sie arbeitet bei einem großen deutschen Tonträgerkonzern als Tourneebegleiterin. Die 27jährige sieht schon ein wenig verlebt aus, versucht aber, ihre harten Gesichtszüge mit viel Schminke jugendlicher wirken zu lassen.

Da die ehemalige Sekretärin nicht nur perfekt Englisch und Französisch spricht, sondern auch in heiklen Situationen frustrierten Gemütern Trost spenden kann und hierbei mit charmantem Durchsetzungsvermögen die Interessen ihres Arbeitgebers im Auge behält, hat sie die Aufgabe, während der Konzertreisen als Bindeglied zwischen der

Plattenfirma, Veranstaltern, örtlichen Helfern, der Presse und den Künstlern zu fungieren.

So kümmert sie sich um organisatorischen Kleinkram, verteilt beispielsweise Backstage-Pässe an Fotografen oder reserviert Plätze in Restaurants. Doch macht sie auch quasi seelsorgerische Arbeit und versucht die Musiker bei Laune zu halten, wenn sie fern der Heimat von Selbstzweifeln, Enttäuschungen oder Einsamkeit geplagt werden.

Edith zählt natürlich nicht zu den Groupies im herkömmlichen Sinne. Sie muß sich nicht erst mühsam wie die Fans an die Künstler heranpirschen, sondern ist von Berufs wegen in deren unmittelbarer Nähe. Doch obwohl sie nicht nur die schönen Seiten des Starrummels aus der idealisierten Perspektive des Publikums sieht und das harte Tournee-Leben mit allen seinen Schattenseiten kennt, ist sie davon fasziniert.

»Warum läßt du dich von den Künstlern, die du betreust, in erotische Kontakte verwickeln«, interessiert uns.

»Ich finde das okay«, gibt Edith zur Antwort, »da mir für eine normale Beziehung die Zeit fehlt.«

»Stört es dich nicht, daß es immer bei so flüchtigen Abenteuern bleibt?«

»Nein, das ist es ja gerade, was mich fesselt. Ich gehe keine Verpflichtungen ein und habe abwechslungsreichen Sex«, antwortet Edith.

»Welche Rolle spielt es für dich, daß es sich hierbei um berühmte Musiker handelt?«

»Nun, ich finde es natürlich irre spannend. Weniger, weil sie überall bekannt sind, sondern mehr, weil sie meistens sehr exzessive und leidenschaftliche Typen sind. Die leben in einer totalen Power, wollen alles auskosten, sind ehrgeizig und haben verrückte Ideen. Bei ihnen ist immer was los. Gefühlsmäßig geht es ständig auf und ab. Es sind Kämpfernaturen und keine Langeweiler mit Pensionsanspruch und Gartenzwergen vor dem Haus. Manche Musiker sind wie kleine Kinder. Wenn man lieb zu ihnen ist, fressen sie einem aus der Hand. Mir macht es Spaß, wenn ich ihnen helfen kann und sie aus irgendwelchen Tiefs heraushole. In solchen Momenten brauchen sie mich, fühlen sich verstanden und können am nächsten Abend wieder topfit auf der Bühne ihr Bestes geben.«

Eith, die sich ein Leben mit Mann und Kindern schwer vorstellen kann, weil sie nicht bereit ist, tiefergehende Gefühle zu investieren, fühlt sich in ihrem Groupie-Dasein nicht ausgenutzt: »Ich kann meinen sexuellen Wünschen sehr wohl Nachdruck verleihen und bin bisher eigentlich auch selten enttäuscht worden.«

So gesehen, ist sie wohl ein fast gleichberechtigter Partner der Musiker. Der Job verschafft ihr Anerkennung, viele Bekanntschaften und erotischen Lustgewinn, wenn auch zum Preis fehlender Geborgenheit in einer dauerhaften Liebesbindung. Aber dies sieht die Tourneebegleiterin nicht durch eine schwarze Brille: »Mit dreißig ist noch Zeit genug, auszusteigen, wenn mir der Konzert-Zirkus bis dahin auf die Nerven gehen sollte.«

Sabine

Derart selbstbewußt wie Edith waren allerdings die wenigsten Groupies, mit denen wir ins Gespräch kamen. Sabine, eine 19jährige Schülerin, die heute eine feste Beziehung mit einem Studio-Schlagzeuger in Heidelberg hat, berichtet nach Vermittlung durch ihren Freund von sexuellen Erlebnissen mit einem schwarzen Rocksänger aus einer etwas anderen Perspektive: »Ich war damals, als ich Rick kennenlernte, ziemlich fertig. Der Job als Verkäuferin in einem Jeans-Shop hat mich angeödet; ich habe viel gekifft und auch Trips genommen. Abends hing ich meistens in Amiclubs rum und flirtete mit den Schwarzen. Einmal, ich glaube es war ein Samstag im Mai, bin ich mit meiner Freundin zu einem Funk-Konzert gegangen. Die schwarze Musik hat mich schon immer angemacht. Na ja, und da kam auf einmal dieser lange Kerl mit seinen muskulösen Beinen in einer engen Satin-Hose, der breiten Stubsnase, dem strahlenden Lachen und den kleinen, süßen Locken auf die Bühne und ich habe mir gesagt: Den willst du! Ich habe mich ganz dicht an die Rampe gedrängt, fing heftig an zu tanzen und versuchte dabei immer, mit Rick Blickkontakt aufzunehmen. Er merkte es dann auch und hat mir ein unverschämt lüsternes Grinsen zurückgeworfen. Da war ich weg und so erregt, daß ich mir am liebsten dort in der ganzen Menge von schreienden und schwitzenden Fans die Klamotten vom Leib gerissen hätte.

Ich überlegte, ob ich nach dem Konzert versuchen sollte, in seine Garderobe zu kommen, aber ich hatte einfach zu viel Angst. Maria, meine Freundin, wollte dann noch in eine Discothek. Dort saß ich recht lustlos herum und mußte immer wieder an Rick denken. Auf dem Weg zur Toilette blieb mir das Herz fast stehen. Am Zigarettenautomat lehnte Rick mit einem weißen Anzug und einem knallroten Hut. Er erkannte mich sofort, nahm mich am Arm, und fragte mich, wie mir sein Auftritt gefallen habe. Mit weichen Knien bin ich mit zu seinem Tisch gegangen, wo die ganze Band und noch irgendwelche Leute von der Plattenfirma saßen. Es war eine lustige Runde. Wir haben viel getrunken und gelacht. Maria kam später dazu, ist dann aber bald nach Hause gefahren. Ich blieb einfach und wartete ab. Rick hauchte mir ein nettes Kompliment nach dem anderen ins Ohr und fragte mich schließlich, ob ich mit ihm ins Hotel fahren wollte. Ganz aufgeregt sagte ich ja. Ich war im siebten Himmel. Der Typ, den ich noch vor drei Stunden ohne Hoffnung angehimmelt hatte, erlaubte mir jetzt, mit ihm die Nacht zu verbringen. Und es war eine tolle Nacht! Rick war unendlich zärtlich, liebevoll und charmant. Am nächsten Morgen sind wir, bevor der Band-Bus weiter nach Basel fuhr, zusammen spazierengegangen und wir haben uns über Gott und die Welt unterhalten. Es war ein schmerzvoller Abschied. Ich saß am nächsten Morgen frustriert zu Hause und wollte gerade ins Bett gehen, als plötzlich das Telefon klingelte. Es war Rick. Er würde mich vermissen, sagte er. Ob ich nicht einfach alles hinschmeißen und nach Bern kommen könnte, wo er morgen auftreten würde. Das ließ ich mir nicht zweimal sagen. Vor Aufregung konnte ich die ganze Nacht nicht schlafen, sagte am nächsten Morgen den Leuten aus der Wohngemeinschaft, in der ich damals lebte, daß ich in Urlaub fahren würde, holte das restliche Geld vom Girokonto und raste zum Bahnhof. In Bern wartete Rick mit einem Strauß Blumen. Den Begrüßungskuß werde ich nie vergessen. Rick trug mich die nächste Zeit förmlich auf Händen. Ich durfte überall dabeisein, er machte mir wundervolle Geschenke und liebte mich jede Nacht, jeden Morgen und oft auch noch vor den Konzerten in der Garderobe. Wir waren beide unersättlich. Ich habe niemals an einen anderen Mann gedacht und mir auch nicht überlegt, was wohl wäre, wenn die Tournee zu Ende geht.

Fast drei Wochen habe ich Rick durch halb Europa begleitet, saß neben ihm im Bus, im Flugzeug, im Restaurant. Ich war total glücklich. Doch als in Wien das letzte Konzert stattfand, war plötzlich alles aus. Rick druckste schon während des Tages so merkwürdig herum, hatte keine Lust auf Sex und sprach auch wenig mit mir. Er sagte, daß er nach dem Auftritt noch mit Leuten verabredet sei, und ich nicht auf ihn warten solle. Ich blieb also im Hotel, hockte vor dem Fernseher und ging schließlich ins Bett. Rick kam erst im Morgengrauen angetrunken zurück und wollte sofort schlafen. Wir hatten noch kein Wort darüber verloren, wie es nun mit uns weitergehen würde. Natürlich hoffte ich heimlich, daß er mich mit nach Amerika nähme. Sein kühles Verhalten erklärte ich mir als Tournee-Kater, denn so eine strapaziöse Konzertreise macht irgendwann auch dem stärksten und ausgeglichensten Künstler zu schaffen.

Nach dem Frühstück drückte mir Rick einen Zettel in die Hand, auf dem eine Adresse notiert war. Er bat mich, ein Taxi zu nehmen und seine Lederjacke abzuholen, die er dort in der Nacht vergessen hätte. Ich fuhr hin – es war ein exklusiver Sauna-Klub weit außerhalb – und mußte einen mürrischen Hausmeister überreden, mit mir nach der Jacke zu suchen, denn der Laden war noch geschlossen. Es hatte keinen Zweck, wir fanden nichts. Fast zwei Stunden später kam ich ins Hotel zurück. Auf der Fahrt hatte ich mir vorgenommen, endlich mit Rick über unsere Zukunft zu reden. Doch das Zimmer war leer, Ricks Gepäck verschwunden. Ich hastete runter zum Portier und wollte wissen, wo er sei. Die Musiker wären vorhin abgereist, ob ich denn nichts davon wüßte, entgegnete der Mann irritiert. Mir wurde ganz flau im Magen. Allan, der Agent, saß zum Glück noch im Frühstücksraum. Aber auch er wußte nichts zu sagen. Gleichgültig blickte er mich an und bestätigte, was mir schmerzhaft klar wurde: Rick war weg. Einfach weg. Entgültig. Ohne ein Abschiedswort, ohne einen Brief. Nichts. Geschockt und verzweifelt lief ich im Haus herum, suchte nach den Roadies, die erst später fliegen sollten. Alle hatten sie zu tun. Keiner gab mir eine Erklärung. Niemand sagte ein tröstendes Wort. Ich war total benommen, heulte wie verrückt und konnte das alles nicht glauben, nach der schönen Zeit, die Rick und ich zusammen verbracht hatten. Die Angst, Rick verloren zu haben, schnürte mir den Hals zu. Ich wollte nicht mehr leben. Wie in Trance stolperte ich in das Zimmer zurück, fiel auf das Bett, in dem wir uns noch vor einem Tag in schönster Harmonie liebten. In meiner Handtasche kramte ich nach den LSD-Trips und stopfte sie mir in den Mund. Es drehte sich alles. Grelle Farben schossen mir im Kopf herum. Dann wurde es mir schwarz vor den Augen.

Als ich aufwachte, lag ich in einem Krankenhaus. Wie sich später herausstellte, bin ich von einem Zimmermädchen bewußtlos gefunden worden. Nur weil ein Notarztwagen schnell zur Stelle war, mißlang mein Selbstmordversuch und konnte ich gerettet werden. Stephan, ein Typ aus der Wohngemeinschaft, kam am nächsten Tag mit dem Wagen nach Wien, versuchte mich zu trösten und nahm mich schließlich von der Klinik wieder mit zurück nach Hause. Fast ein halbes Jahr lang danach hatte ich schreckliche Depressionen, konnte nachts kaum schlafen und brach bei dem kleinsten Gedanken an die Ereignisse in Tränen aus. Von Rick habe ich nie mehr wieder etwas gehört. Erst Günther, mein jetziger Freund, konnte mir über den riesigen Schmerz hinweghelfen.«

6. Kapitel

Erotik im Gesang
Pausengeflüster

Gesang berauscht. Ob in der Oper, bei einem Chorkonzert, bei einem Liederabend oder daheim unter der Dusche: Die Wirkung einer schönen Stimme nimmt uns gefangen. Wir geraten ins Schwelgen, Schwärmen und gegebenenfalls ins Kritisieren.

Wer kennt sie nicht, die Situation im Opernfoyer? Mozarts »Zauberflöte«. Die Königin der Nacht war wieder einmal besonders eindrucksvoll. Dort hinten der Herr im dunklen Nadelstreifenanzug weiß es genau: »Fast so gut wie die Cotrubas vor zwei Jahren in Wien. Dieses Vibrato, nicht zu viel und nicht zu wenig, einfach göttlich«.

Ihm gegenüber entgegnet eine junge Dame im grauen Hosenanzug: »Mich fasziniert das Charisma dieser Frau, diese mystische Verinnerlichung, verbunden mit der Dominanz einer diabolischen Femme fatale. Das alles findet in dem zarten, aber emotional expressiven Gesang die ideale Entsprechung.«

Ein paar Meter weiter promeniert eine ergraute Mittfünfzigerin in rosa Seidenkleid die Galerie entlang und erklärt ihrer Freundin, die Federboa verwegen über der Schulter drappierend: »Also singen kann sie ja, die Königin, fast so wie die junge Schmiedel seinerzeit in Celle, aber die Inszenierung! Das ist doch keine Zauberflöte mehr.«

Ganz in der Ecke neben der Getränkebar rutscht ein salopp gekleideter Mann seine randlose Brille nervös über den Nasenrücken und beschwichtigt die euphorische Begleiterin: »Na ja, na ja, das dreigestrichene F hat sie zwar gehabt, aber mit der Intonation hapert's manchmal doch ganz schön. Und in der Maske sitzt die Stimme ja nun auch nicht gerade.«

Über die Leistungen des Orchesters spricht man in der Pause meist ungern, aber bei den Sängern hat jeder ein Wörtchen mitzureden. Grob betrachtet gibt es da zwei Typen. Die einen begeistern sich für die technische Virtuosität: Gebannt verfolgen sie vokale Kunstgriffe und ergötzen sich an halsbrecherischen Koloraturen, an vor Schalldruck schier berstenden Endlostönen, an traumwandlerisch sicherer Intonation oder an phrasierungstechnischen Kabinettstückchen. Für sie hat Gesang einen artistischen Charakter. Die Oper wird zum Zirkuszelt — im Hinterkopf grassiert als Nervenkitzel das Bewußtsein, daß jeden Moment etwas schiefgehen, ein Ton abrutschen oder gar falsch intoniert werden könnte.

Andere dagegen sind einzig von der sinnlichen Ausstrahlung einer Stimme fasziniert. Mit den Gedanken ganz woanders, genießen sie die warme Klangfarbe oder die laszive Artikulation und goutieren als zusätzliche Stimulation eventuell noch die unwiderstehlichen Rundungen der Sängerin oder die kraftstrotzende Männlichkeit des Sängers. Bei dieser zweiten, viel häufigeren Art des Musikhörens tritt die analytische Rezeption in den Hintergrund und macht einem subjektiven Erleben Platz.

Gesang weckt erotische Assoziationen. Das tun Instrumente zwar auch, aber doch nicht so unmittelbar und vor allem nicht so allgemeinverständlich. Die Stimme spricht selbst musikalisch völlig unerfahrene Menschen an. Denn: Ein bißchen Singen kann jeder.

Aber die menschliche Stimme ist nicht nur die natürlichste, sondern auch die sinnlichste aller musikalischen Ausdrucksformen. Die Zusammenhänge von Körper und Klang, von Sexualität und Stimme sind immens.

Es mag eine klischeehafte Anekdote sein, daß Opernsängerinnen vor jedem Auftritt, quasi als Medizin, den Geschlechtsverkehr benötigen, um für die Atemstütze so richtig locker ums Zwerchfell zu werden. Aber selbst »anständige« Wagner-Recken betonen immer wieder die Wechselwirkungen zwischen Sexualität und Gesangstechnik.

Der amerikanische Soul-Sänger Jeffrey Osborne erklärt dazu: »Der Gesang gehorcht Gesetzen, die man je nachdem sexuell oder musikalisch nennen kann, die aber auf jeden Fall erotischer Natur sind. Singen ist die unmittelbarste Umsetzung von freier Körperlichkeit, und das heißt letzten Endes von Sex«.[35] Was zunächst nach einer etwas überzogenen Interpretation klingt, basiert in der Tat auf naturwissenschaftlichen, soziologischen und psychologischen Fakten.

Lallen, Lust und Libido

Am Anfang war der Schrei. Kaum hat der Mensch den Mutterleib verlassen, kräht er wie am Spieß. Und legt damit — man glaubt es kaum — den Grundstein zu einer eventuellen Sängerkarriere. Zu diesem »Urschrei« gesellen sich bei dem heranwachsenden Säugling nach der Theorie von Friedrich Klausmeier noch vier weitere Ausdrucksformen: das Jammern, das Jodeln, das Schluchzen und das Jauchzen.

Aus diesen Lauten entwickeln sich später die einzelnen Gesangsformen verschiedenster Kulturkreise – vom italienischen Belcanto über den Bayern-Jodler bis hin zum Hard-Rock-Schrei.

Da sich nach Freud die sexuelle Begierde – sprich Libido – zuallererst im Bereich des Mundes entwickelt, ist das frühe Lallen und Schreien nichts anderes, als eine Stimulanz der erogenen Mundzone – also eine Art Selbstbefriedigung. Es bedarf nicht der Terminologie der Psychoanalyse, die hier von einem »autoerotischen Abführen überschüssiger Triebenergien« spricht, um festzustellen, daß die Wurzeln des Singens triebhaft-sexuelle Prägung haben.

Der Schrei und das Lallen sind die ersten Äußerungen und Signale unbewußter sexueller Lust. Als solche bleiben sie auch im Geschlechtsverkehr, der ja ebenfalls nicht unbedingt geräuschfrei vonstatten geht, erhalten. Denn gerade hier treten diese Artikulationsformen als Urlaute wieder in Reinkultur auf. Um etwas überspitzt zu formulieren: Wenn diese frühkindlichen Laute als Basis für alle möglichen Gesangsformen und den Ausdruck sexuellen Wohlempfindens dienen, sind selbst brillanteste Mozart- oder Verdi-Arien nichts anderes, als jahrelang sorgfältig kosmetisierte Töne der Lust.

Der Musiksoziologe Friedrich Klausmeier sieht gerade in dem Belcanto-Gesang als kulturelle Errungenschaft des Abendlandes einen besonders deutlichen erotischen Bezug, da bei ihm »die Saugstellung des Mundes und damit der libidinöse Ausdruck des Singens in allen Intensitätsstufen erhalten bleibt.«[36]

Das eben Beschriebene erklärt aber zunächst einmal nur das Bedürfnis zu singen. Der unterbewußte Antrieb dazu ist erotischer Natur. Gut – aber wie verhält es sich mit der Gesangsrezeption, dem Hören? Warum bezeichnen wir eine elegische oder feurige Melodie – von einer Mezzo-Sopranistin gesungen – als erotisch, während uns dieselbe Tonfolge – auf einem Klavier gespielt – vergleichsweise kalt läßt? Und warum wirken selbst in der Instrumentalmusik jene Phrasen, die der menschlichen Stimme in Rhythmisierung, Ambitus, Phrasierung und Klangfarbe nachgebildet sind, also beispielsweise spätromanische Cellokantilenen, besonders stimulierend?

Auch hier sind die Ergebnisse empirischer Untersuchungen an Säuglingen recht aufschlußreich: Nach den Erkenntnissen von H. Moog[37] wird das Kleinkind in der oralen Phase nicht durch laute, aufdringliche Klänge, sondern vielmehr durch das »sinnenhaft Schöne« zu motorischen Aktivitäten wie Hüpfen, Schaukeln und Sichdrehen (also Vorformen des Tanzes) angeregt.

Was Moog mit abstrakten Begriffen wie »sinnenhaft« oder »schön« belegt, bezieht sich auf alle dynamisch, klangfarblich und rhythmisch moderaten, möglichst natürlich (und nicht elektronisch) erzeugten Klangbeispiele. Kurzum auf all jene Artikulationen, die dem ursprünglichen Charakter des Lallens nahekommen und aus diesem Grund von dem Säugling entsprechend assoziiert werden können. Denn wenn akustische Reize diesem Klangideal des Lallens im weitesten Sinne ähneln, reagiert das Kleinkind einem festverankerten Trieb folgend, nicht nur durch Bewegung, sondern vor allem durch das Nachahmen und Nachvollziehen dieser »Lallgesänge«. Und dadurch findet wiederum – wie eben beschrieben – eine autoerotische Stimulierung statt. Daraus könnte man folgende These ableiten: Gesang und gesangsähnliche Töne bewirken eine unterbewußte erotische Befriedigung des Säuglings, weil dieser zum Mitsingen, Mitlallen oder Mitschreien veranlaßt wird, und dadurch orale Stimulanz erfährt. So läßt sich über den Umweg des aktiven Mitsingens ein erotischer Bezug herstellen, da sich der Säugling eben ganz besonders durch den für ihn leicht (be-)greifbaren Gesang zum Nachvollziehen animiert fühlt.

Plakativ gesagt: Er hört Gesang, singt mit und empfindet Befriedigung. Nicht umsonst singen Mütter ihren Kindern zur Beruhigung etwas vor und nicht umsonst beobachtet man immer wieder, daß Säuglinge lange Zeit alleine vor sich hinsummen und lallen, bevor sie – befriedigt und beruhigt – einschlafen.

All diese unbewußten Prozesse beziehen sich hier zwar nur auf Kleinkinder, sind aber für die Beantwortung unserer Frage äußerst wichtig. Ursprünglich bedeutet die Musikimitation bei einem Säugling also nichts anderes, als eine Möglichkeit zur oralen, autoerotischen Stimulation. Was hat das nun mit einem erwachsenen Zuhörer zu tun? Sicher, auch er – und das ist ja der Ausgangspunkt unserer These – empfindet die menschliche Stimme als erotischstes Element der Musik. Aber unmittelbare orale Erregung kann bei einem Hörer natürlich kaum die Ursache sein.

Fleischlichkeit im Geistlichen

Für einen Heranwachsenden verliert diese Lust am Nachahmen im Laufe der Zeit ihre unmittelbare erotische Funktion und wird außerdem durch Erziehung zusätzlich unterdrückt. Bestenfalls singt man als Erwachsener noch manchmal im stillen Kämmerlein oder in der vielzitierten Badewanne. Für »gesellschaftsfähig« hält man das Mitsingen im allgemeinen jedoch nicht. Die Umsetzung des musikalischen Stimulans durch eigene Artikulationen ist deshalb bei vielen Erwachsenen nur noch in verkümmerter Form erhalten.

Und doch hat die Tatsache, daß gerade der Gesang – unterbewußt oder bewußt – als besonders erotisch empfunden wird, ja sogar erotisierend wirkt, ihre Wurzeln im frühkindlichen Erleben. Der unmittelbare physische Bezug zwischen Gesang und Erotik scheint beim Zuhören nicht mehr vorhanden. Der Erwachsene hat andere Möglichkeiten, Triebenergien abzubauen.

Trotzdem ist es möglich, ja wahrscheinlich, daß sich die ehemalige Assoziationskette »Erotik – Gesang« im Unterbewußtsein erhalten hat: Auf emotionaler Basis empfindet ein Erwachsener die menschliche Stimme als besonders stimulierend, weil sie immer noch in einer Art Erinnerungsreflex mit autoerotischen Befriedigungen aus der oralen Phase in Verbindung gebracht wird. Diese instinkthaften Empfindungen werden dann intellektuell abstrahiert und mit dem Adjektiv »erotisch« belegt.

Die Wirkung des Gesanges bleibt dennoch individuell verschieden. Allgemeingültig auf den Punkt bringen läßt sich dergleichen nun einmal nicht. Die diesbezügliche Sensibilität und die verschiedenen Reizauslöser sind von Mensch zu Mensch anders. Aber mit der eben entwickelten These ist zumindest einmal eine Komponente genannt. So ist es also nicht zuletzt durch latente frühkindliche Erlebnisse zu erklären, wenn man beispielsweise bei Bachs h-Moll-Messe trotz noch so massiver Geistlichkeit mitunter während der Sopran-Arie erotische Spannungszustände erlebt und »erschreckend fleischliche Gefühle« hegt.

Die bisher angesprochenen Aspekte waren überwiegend prinzipieller Natur. Wichtig für die erotische Wirkung einer Stimme ist aber nicht zuletzt auch ihr spezifischer Klang und die gestalterischen Mittel. Dabei ist zunächst einmal das Stimmfach entscheidend. Denn eines steht fest: Erotik ist nicht gleich Erotik. Das unmißverständliche Orgasmus-Stöhnen einer Donna Summer läßt sich jedenfalls kaum mit den subtilen melodischen Effekten einer dramatischen Sopranistin in der Partie von Wagners »Isolde« über einen Kamm scheren.

Versuchen wir also so etwas wie eine kleine, natürlich unvollständige und vereinheitlichende Typologie. Die für unser Thema wichtigsten Stimmtypen sind: die belcantistische Opernstimme, die dramatische Opernstimme (Wagner-Fach), die Liedstimme, die Falsett-Stimme, die Dilettanten-Stimme, die Rock-Stimme, die Soul-Stimme und die Anti-Stimme. Im Folgenden wollen wir einige Merkmale dieser Stimmarten aufzählen und unter erotischen Gesichtspunkten analysieren.

1. Die belcantistische Opernstimme

»Eine gute Stimme muß hell, rein, stark, biegsam, fest, leicht, gleich und von beträchtlichem Umfange sein«, forderte 1774 Johann Adam Hiller in dem Buch »Anweisung zum musikalisch richtigen Gesange«. Als gelungenste Verwirklichung dieses (zugegebenermaßen recht abstrakten) Ideals gilt der mit dem Begriff »belcanto« (aus dem Italienischen = schöner Gesang) belegte Gesangsstil der überwiegend italienischen Opernmusik zwischen dem 17. und 19. Jahrhundert.

Als kompositorische Vollender der Belcanto-Technik gelten vor allem Rossini, Donizetti, Bellini und Puccini. Der Belcanto ist also ein Kunstprodukt der abendländischen Musikkultur. Er fordert eine ausgereifte Technik, ein lyrisches Timbre, weich fließende Phrasierungen, absolute Intonationsreinheit, Klangschönheit und virtuose Intervallbewältigung (Koloraturengewandtheit) — kurzum Perfektion im Sinne einer Ästhetik des Wohlklangs.

Genau in diesem Anspruch auf Perfektion liegt die wohl größte Faszination des Belcantos. Je kultivierter die Stimme, je virtuoser in Ambitus und Phrasierung, desto besser. Um die erotische Wirkung dieses Gesangsstiles zu erörtern, muß ein sehr abstrakter Erotik-Begriff zugrunde gelegt werden. Man könnte beispielsweise argumentieren, daß allein schon das fast schaulüsterne, voyeuristische Beobachten perfektionistischer Höchstleistungen gewisse »erotische« Reize hervorruft. Und eine artistische Attitüde kann man dem Belcanto nun wirklich nicht absprechen.

Viel wichtiger erscheinen uns jedoch unterschwellige klangfarbliche oder melodische Reize. Im Opernbereich werden emotionale und erotische Erregtheit eher nuanciert als plakativ auskomponiert und gesanglich vermittelt.

Aufsteigende, aufbegehrende Melodielinien, feurige Koloraturen, gänsehautfördernde Spitzentöne, Registermischungen mit deutlichem Bruststimmenakzent (das reine Brustregister gilt ja beim Operngesang in weiten Kreisen immer noch als unsäglich ordinär) und ein lyrisch-warmes, fast lasziv es Timbre sind nur einige von unzähligen Möglich-keiten, einer Opernfigur erotische Ausstrahlung zu geben.

Es ist jedenfalls arg naiv, zu glauben, daß in einer Partie wie Mozarts Dorabella (aus der Oper »Cosi fan tutte«) nur platonische Gefühle vertont worden seien. Die Arien dieser vor glühender Sinnlichkeit und unbefriedigter Sexualität rasenden Mezzo-Sopran-Partie sprechen für sich.

Da sorgen schlüpfrige Mollwendungen, affekt- und effektvolle Ton-wiederholungen, weiche, fast zärtlich ausschwingende Melodielinien und nachdrücklich pochende Rhythmen für die klangsinnliche Charak-terisierung einer Frau, die eben als Frau, nicht bloß als Opernpartie begreifbar wird.

Mit feurigen Klängen hat Mozart hier eine nicht minder feurige Figur gezeichnet, deren Glaubwürdigkeit letztlich natürlich von den darstel-lerischen und stimmlichen Fähigkeiten des Sängers abhängt.

Aber auch der Schmelz (und mitunter sogar das Schmalz) schlichter, sangbarer Melodien ist ein beliebtes Mittel, um erotische Wirkungen zu untermauern. Man denke beispielsweise an das große Liebesduett, das Gilda und der Herzog im zweiten Akt von Verdis »Rigoletto« singen. Im selben Akt hat auch die zum weltbekannten Gassenhauer avancierte Canzone »La donna è mobile« des Herzogs von Mantua – jenes dankbare Kabinettstückchen kerniger Star-Tenöre also – schon so manche Opernbesucherin um den Verstand gebracht.

Von der unmittelbaren erotischen Wirkung solcher »Opernhits« abgesehen, sind entsprechende Anspielungen und Reize oft auch nur sehr versteckt auskomponiert. Die meisten Belcanto-Effekte erfordern Sensibilität, Konzentration und Entdeckungsbereitschaft von seiten des Zuhörers. Aber vorhanden sind sie ohne Zweifel. Und: Wer sucht, der findet.

2. Die dramatische Opernstimme (Wagner-Fach)

»Nur ein Zweig der Kunst steht noch nicht in voller Blüte und wird nur mit großen Kosten vegetierend, einem exotischen Gewächs gleich, in einem Treibhause erhalten: der dramatische Gesang«, klagte 1854

Franz Liszt in einem Aufsatz über Richard Wagner und dessen Oper »Tannhäuser«. Und er forderte weiter: »Der entschiedenen Einführung des deklamatorischen Stils wird notwendig früher oder später die Entwicklung einer neuen Schule folgen«.

Fest steht, daß mit Wagners Musikdramen ein neuer Gesangsstil populär wurde, der heute noch – oder wieder – als besonders problematisch gilt. Dramatische Partien gibt es natürlich auch in Opern anderer Komponisten, etwa bei Beethoven oder Puccini. Nur finden die Wesenszüge und Stilcharakteristika dieses Rollenfaches bei Wagner ihre extremste Ausprägung.

Im sogenannten hochdramatischen oder auch seriösen Fach waren gute Sänger vor jeher besonders rar, da die stimmlichen Verschleißerscheinungen und Anforderungen hier sehr groß sind. Heldentenor, Heldenbariton, seriöser Baß, dramatischer Sopran oder dramatischer Alt heißen jene Stimmfächer, die sich mit Wagners Oper etabliert haben.

Stimmbildnerisch liegen hier ähnliche Gesetze wie beim Belcanto zugrunde, nur daß im dramatischen Fach eben ein anderes Timbre verlangt wird. Ein Heldentenor in der Partie des Tristans (aus »Tristan und Isolde«) sollte beispielsweise über eine besonders kräftige, tragfähige, markante Tenorstimme verfügen, die vor allem in der Mittellage gewichtig klingt und baritonal timbriert ist.

Bei den Wagnerschen Opernpartien gelten auch für die musikalische Gestaltung erotischer Affekte ähnliche Voraussetzungen wie im Abschnitt »Belcanto« geschildert. Nur daß hier noch Kraft und Lautstärke als ästhetische Merkmale an Bedeutung gewinnen. Stimmkraft suggeriert Macht und damit unterschwellig auch sexuelle Attraktivität, sprich: Sex-Appeal (die Zusammenhänge von Macht und Erotik sind ohnehin Gegenstand zahlreicher psychologischer Untersuchungen). Wagners Rollencharaktere, vor allem der männlichen Partien, sind für solche Assoziationen prädestiniert. Die mystische, oft göttliche Sphäre stilisiert die Figuren zu übernatürlichen Wesen. Heroisches Pathos untermauert hier einen oft deutlichen Idol-Charakter. Wagner-Helden nehmen so einen Kult-Status an, der ohne Zweifel erotische Ausstrahlung hat.

Aber auch die Frauenpartien bleiben bei ihm keine blutleeren Geschöpfe. Man denke nur an Kundry (aus »Parsifal«), an Isolde (aus »Tristan und Isolde«) oder an Venus (aus »Tannhäuser«). Von der schon rein inhaltlich verankerten Erotik dieser Figuren abgesehen, wird hier auch gesanglich durch sonores, leicht gutturales Timbre und drängende chromatische Melodielinien mit Reizen nicht gegeizt.

Manches, was im Libretto noch allegorisch verbrämt erscheint, wird durch einen kraftbetonten, sehr klangsinnlich-körperlichen – weil die tiefen Register betonenden – Gesangsstil zum spürbaren, erlebbaren Eros. Ein romantisches Erbe, das schon Franz Liszt auf den Punkt zu bringen wußte: Bei Wagner »erscheint uns die Sinnlichkeit nicht mehr unter den Bildern, welche der Leidenschaft als Vorwand dienen, sondern wie die fleischgewordene Leidenschaft«[39].

3. Die Liedstimme

Das Kunstlied erreichte seine Blütezeit als Musikgattung zweifellos in der Romantik. Es soll hier nicht an der Qualität jener polyphonen Lieder der Renaissance, dem Generalbaßlied des Barock oder den Werken aus der klassischen Ära Wiens und der Berliner Schule gezweifelt werden. Aber erst in dem ideologisch-künstlerischen Umfeld des neunzehnten Jahrhunderts gewann das Lied auffällig an Bedeutung und wurde zum wichtigsten Empfindungsträger eines entschlossenen Subjektivismus.

Emotion, Stimmung und Sentiment waren die neuen Ideale romantischer Musikrezeption – ganz im Sinne eines von der Schlegelschen »Universalpoesie« bestimmten Welt- und Naturbildes. Das Lied bot sich als Vermittler solcher Maximen geradezu an. Die Möglichkeit, das Wort, die Dichtung durch musikalische Gefühlswerte zu ergänzen und durch die Liaison von Begleitung und Gesangsstimme unmittelbar – vor allem aber subjektiv – umzusetzen, wurde von romantischen Komponisten – allen voran Schubert – rasch entdeckt und in zahlreichen Liedern und Liedzyklen fixiert.

Um einige erotische Aspekte des Liedgesangs einigermaßen griffig herauszuarbeiten, müssen notgedrungen Verallgemeinerungen in Kauf genommen werden. Der idealen Liedstimme wird kaum dramatisches Pathos, Kraft und Lautstärke abverlangt. Vielmehr zählen hier klangfarbliches und dynamisches Feingefühl. Ein schönes, warmes, lyrisches Timbre und eine nuanciert interpretierende Gestaltung, Sensibilität und die Fähigkeit, auch in geringen Lautstärkegraden intensive Gefühle zu vermitteln, gehören zu den wichtigsten Voraussetzungen für Liedsänger.

Denn vor allem ist es das Leise, das Zarte, das Zerbrechliche, was den Charme und auch den subtilen Eros der meisten Kunstlieder ausmacht. Das Piano oder Pianissimo einer Stimme suggeriert Vertraulichkeit, Nähe und Zärtlichkeit. Die oft verwendete Metapher des akustischen Streichelns gewinnt hier buchstäbliche Bedeutung.

Ein Beispiel: Das samtige, volle, leicht kehlige Timbre einer Jessye Norman macht in Brahms' Vertonung der »Sapphischen Ode« von Hans Schmidt »der Küsse Duft« und den »Tau, der mich näßte« auf eine erotisierend zweideutige Weise spürbar. Sanft gedämpfte Spitzentöne, eine abgedunkelte Mittellage und die ausgewogene, weich fließende Melodik illustrieren klangsinnlich das schwül-feuchte Sujet des anspielungsreichen Textes.

Die Erotik des Liedgesanges ist eine Erotik der klanglichen Zärtlichkeit. Sie beschränkt sich auf die Andeutung, auf den chiffrierten Hinweis. So gilt es für einen Sänger, nicht nur die Töne, sondern vor allem die Untertöne zu treffen. Entscheidend ist die feine Nuance – nicht der große Unterschied.

Der Liedgesang schafft durch seine meist feingliedrige, pastellfarbene Affektmalerei sanfte, subtile erotische Stimulation – einen Eros der (Klang-)Poesie. Die schweißtreibende Unmittelbarkeit klanggewordener Sexualität ist seine Sache nicht.

4. Die Falsettstimme

Im Zusammenhang mit unserem Thema sollte auch der Falsett- und Kastratengesang nicht unberücksichtigt bleiben. Eine Falsettstimme ist zunächst einmal die durch Brustresonanz verstärkte Kopfstimme eines Mannes, der durch diese Technik die Tonhöhen eines Alts oder Soprans erreichen kann.

Im 16. und 17. Jahrhundert ersetzte man durch falsettierende Sänger die in den Kapellchören streng verbotenen Frauenstimmen. Auch in der Oper waren noch bis weit ins 18. Jahrhundert (stellenweise sogar bis ins 19. Jahrhundert) hinein Falsettstimmen gang und gäbe.

Erst allmählich ersetzte man sie dann durch Frauen in sogenannten »Hosenrollen«. Um besonders kräftige Sopranstimmen zu erzielen, wurden in dieser Zeit häufig vielversprechende junge Sänger vor Einsetzen der Pubertät kastriert, um so den Stimmbruch zu verhindern.

Diese Kastraten (die zuallererst in Spanien auftauchten) waren besonders in der Sixtinischen Kapelle und der italienischen Kirchenmusik des 17. Jahrhunderts beliebt. Aber auch die Opern von Peri, Monteverdi, Händel, Gluck und in Einzelfällen sogar noch von Mozart sahen Partien für entmannte Männer vor.

Die umstrittenen Kastrationspraktiken (meistens nahm man Kinder armer Eltern, die durch Geld oder die bloße Hoffnung auf Ruhm entschädigt wurden) gerieten im späten 18. Jahrhundert jedoch immer mehr in Mißkredit und wurden schließlich – weil verpönt und verboten – gänzlich unüblich.

Der letzte bekannte Kastrat war Giovanni Battista Volluti (1780 bis 1861), der noch 1824 in Meyerbeers »Il crociato in Egitto« die Sopranpartie des Armando übernahm. Das Klangideal einer hohen Männerstimme hat sich jedoch bis in die moderne Popmusik hinein erhalten, oder besser, ist hier wieder zu neuen Ehren gekommen.

Man denke nur an die amerikanische Funk-Gruppe »Earth, Wind and Fire«, deren Sänger Philip Bailey ausschließlich im Falsett singt und es dabei neben einer einschmeichelnd-süßlichen Klangcharakteristik zu rekordartigen Tonhöhen bringt. In dem Stück »Devotion«, das schon in der Studioversion atemberaubende Spitzentöne offeriert, setzt er bei einer Live-Version (auf der Platte »Grattitude«) sogar mühelos ein dreigestrichenes E an (also nur einen Ton tiefer als Mozarts berüchtigter »Königin der Nacht« in der »Zauberflöte«).

Die gehörspsychologische Wirkung des klassischen Falsettgesanges beruht in erster Linie auf dem Phänomen der Geschlechtslosigkeit. Egal, ob sie nun von einem Eunuchen (operationsbedingt) oder von einem Falsettist (technikbedingt) kommt, die unnatürlich hohe Männerstimme wirkt auf eigentümliche Weise ätherisch, wesenslos.

Da ihr durch einen Entzug des reinen Brustregisters männliche Körperlichkeit fehlt und man außerdem sofort erkennt, daß es sich nicht um eine Frauenstimme handelt (also auch aus dieser Richtung keine erotischen Assoziationen hergestellt werden können), suggeriert der geschlechtsunspezifische Falsettgesang eher kindliche Reinheit und Unbescholtenheit.

Nicht zuletzt deshalb war er auch in der Kirchenmusik so außerordentlich beliebt, wenn es darum ging, asketische Geistlichkeit zu proklamieren. Hier ist der Falsettgesang ein Beispiel für einen denkbar unerotischen, einzig in seiner artistischen Perfektion eindrucksvollen Gesangsstil.

Im Bereich der afro-amerikanischen Popmusik verhält sich das etwas anders. In Afrika ist die falsettierende Gesangstechnik seit Jahrhunderten üblich. Dort allerdings gilt sie als Zeichen ganz besonderer Potenz. Sie symbolisiert eine »sich überschlagende Männlichkeit«[40] und hat durch diese Assoziationskette eine eindeutig erotisierende Wirkung.

Über Spiritual, Gospel, Blues und Jazz hat sich diese Gesangspraxis bis in die moderne Rock- und Popmusik fortgepflanzt. Aus diesem traditionellen Grund wird hier eine sich überschlagende Stimme (man denke nur an die Rock-'n'-Roll-Kiekser) oder ein zum Falsett tendierender Gesangsstil ebenfalls oft als höchst erotisch empfunden.

5. Die Rock-Stimme

Unzählige Rock-Stars sind mit ihrem Image als Sexidol verschmolzen, wissen es zu schätzen und zu kultivieren. Erotisch kann ein Rockmusiker durch seine Physiognomie, seinen Körper, seine Kleidung, seine Bewegungen — vor allem aber durch seinen Gesang wirken. Nicht umsonst sind es im Pop-Bereich fast ausnahmslos Sänger, die zu Frontfiguren, zu Stars avancieren.

Dieser Zusammenhang ließe sich natürlich auch von hinten aufzäumen, etwa: Zu einem erfolgreichen Sänger oder einer Sängerin wird nur, wer auch die nötigen optischen (sprich erotischen) Qualitäten als Frontfigur mitbringt. Das ändert jedoch nichts daran, daß es im einen wie im anderen Falle der Gesang ist, der erotische Reize glaubhaft und wirkungsvoll transportieren, vermitteln oder wenigstens untermauern muß.

Aber was nun macht die typische Rock-Stimme erotisch? Schwierig wird die Beantwortung dieser Frage allein deshalb, weil sich das Klangideal der Rock-Stimme nicht verbindlich festlegen läßt. Die Musikrichtung zerfällt in so viele verschiedene Untergruppen, wie Rock 'n' Roll, Hard Rock, Heavy Metal Rock, Classic Rock, Folk Rock, Jazz Rock, Soft Rock und Punk Rock (um nur einige Beispiele zu nennen), daß es unmöglich wäre, dies alles in einen Topf zu werfen.

Das frivole Kieksen und Glucksen eines Elvis Presley ist von den artifiziellen Melodielinien Peter Gabriels (ex »Genesis«) ebensoweit entfernt, wie Bob Dylans näselnder Singsang von den exzessiven Urschreien eines Sid Vicious (Sex Pistols) — trotzdem firmieren alle vier Beispiele im weitesten Sinne unter dem Oberbegriff Rock.

Aus diesem Grunde wollen wir uns im Folgenden auf den Hard Rock bzw. Heavy Metal Rock beschränken. Eine Stilrichtung, die in diesem Zusammenhang am interessantesten, weil (vom Punk abgesehen) am extremsten ist.

Muß ein Rocksänger überhaupt singen können? Und: Wie kann man bei so exzessiven Vokalorgien stimmliche Mittel überhaupt kontrollieren? Natürlich muß, ja darf, ein Rocksänger keine im klassischen Sinne wohltimbrierte, koloraturengewandte Stimme haben. Das heißt jedoch nicht, daß in diesem Bereich vokale Fähigkeiten unerheblich wären. Sie sind nur anders geartet.

Auch im Rockgesang haben sich längst eigene Qualitätskriterien entwickelt. Im Gegensatz etwa zum klassischen Belcanto herrscht hier eine Ästhetik des Häßlichen. Brutalität, Gewalt, Sado-Maso-Kult, Schwarze Magie und Macho-Gehabe werden stimmlich reflektiert — mal ironisch gebrochen, oft aber auch nur plump verherrlichend.

Um solche Affekte zu vermitteln, befleißigen sich Hard-Rock-Sänger einer betont ungehobelten Artikulation und einer schroffen, aufgerauhten klangfarblichen Textur. Möglichst verrucht, verraucht und versoffen soll die Rock-Stimme klingen.

Die meisten Rock-Sänger sind vom Tonumfang her im Tenorbereich und darüber anzusiedeln. Nicht ohne Grund: Sehr hohe, kreischende Töne wirken rein gehörpsychologisch wesentlich markanter, aufrüttelnder, als ein Gesang in tiefer Lage (Ausnahmen wie Frank Zappa bestätigen die Regel).

Wichtigstes Ausdrucksmittel ist der Schrei. Er taucht in Reinkultur als Symbol für Aggression, Angst oder Macht auf, wird aber oft auch in den melodischen Verlauf eingebunden. Manche Sänger, wie Ronnie James Dio oder David Lee Roth, setzen dieses Stilmittel abwechslungsreich und gekonnt ein.

So gestalten sie selbst längere Melodiebögen mit unterschiedlich eingefärbten Schreien, die bei aller klanglichen Aggression stets richtig intoniert und dadurch erfrischend ausdrucksstark sind. Vielen Hard-Rock-Stars dient dieser stilistische Effekt jedoch nur als Alibi für völliges gesangliches Unvermögen, das in unmotivierten Schrei-Orgien gipfelt.

Insgesamt wirkt dieser exzessive, durch entsprechend laute Verstärkung in seiner Schroffheit noch unterstützte Gesangsstil provozierend, aggressiv und enthemmt. Loslösung von bürgerlichen Konventionen war sein Ideal, totale Entklemmung oder Hemmungslosigkeit ist heute sein Ziel.

Und genau darin liegt die erotische Wirkung des Rock-Gesanges. Durch unkonventionelle, fast animalische Klangfarben suggeriert er eine Befreiung, die letzten Endes auch eine Befreiung von sexuellen Schranken bedeutet. Der stimmlich scheinbar entfesselte, wütend schreiende Sänger lebt auf der Bühne das wilde Tier vor, das so manche(r) auch im Bett zu erleben wünscht. Der Ruf nach dem starken Mann wird von langmähnigen Rockern scheinbar erhört und mit einem phonstarken Brunftschrei beantwortet.

Zweifellos appelliert dieser Gesangsstil vor allem an masochistische

Instinkte, die jene aggressive Vokal-Kraftmeierei gierig aufsaugen. Aber auch eine verbreitete Macho-Erotik rekrutiert aus den Reihen schweiß-glänzender Hard-Rocker ihre Idole. Denn: Die ungebändigte, begierig röhrende, wilde Stimme ist nach wie vor Symbol für einen nicht minder offensiven Unterleib.

6. Die Dilettanten-Stimme

»Singe, wem Gesang gegeben«, forderte einst Ludwig Uhland in seinem Gedicht »Freie Kunst«. Man muß ihn mißverstanden haben. Denn vor allem in der deutschen Popmusik-Szene tummelt sich eine Schar von »Sängern«, denen der Gesang offenbar nicht nur nicht gegeben, sondern regelrecht genommen wurde.

Mit völlig unausgebildeten, beziehungsweise verbildeten Stimmen krächzen oder säuseln sie sich durch die Hitparaden. Egal, ob es sich um vokale Kleingärtner wie Hubert Kah, Markus und Peter Schilling oder um Stimmband-Hasardeure wie Herbert Grönemeyer und Hans Haartz handelt – der Publikumserfolg rechtfertigt, so scheint es, die Mittel.

Ihr Vorteil: Jeder, auch der Unmusikalischste, vermag es, ihre notgedrungen anspruchslos gesungenen Melodien mitzuträllern. Das erleichtert die Begeisterung und fördert den Umsatz. Natürlich muß man auch hier unterscheiden: Der Begriff Dilettanten-Stimme läßt sich in drei Untergruppen gliedern: die unausgebildete Naturstimme, die Anti-Stimme und die krankhafte Un-Stimme.

Die unausgebildete Naturstimme ist etwas durchaus Positives: Man versteht darunter eine Stimme, die ohne jede Schulung ein naturgege-benes, angeborenes Material besitzt und imstande ist, entsprechend zu singen. Zu dieser Kategorie können (wenige) Opernsänger genauso gehören, wie Popstars oder Nichtmusiker, die hin und wieder ein Volkslied, einen Schlager oder einen Pop-Hit nachsingen.

Da bei solchen unausgebildeten Stimmen meist die Registermi-schung und die Körperresonanzausnutzung recht unvollkommen sind, wirken die Männerstimmen oft etwas flach, während Frauenstimmen durch häufig isoliertes Kopfregister besonders hell, klar und zerbrech-lich klingen. Dieses, im einen Fall etwas kraftlose, im anderen Fall ätherische, jungmädchenhafte Timbre ruft jedoch eher sittsam-un-schuldige, als sexuelle Gedanken hervor.

Der unausgebildete Frauengesang hat etwas betont Kindhaftes, Körperloses. Sein Metier ist vor allem das Volkslied und die sakrale Musik. Sieht man von den Altistinnen und den rauchigen Brecht-Stimmen (wobei diese eigentlich auch nicht mehr »unausgebildet« sind) ab, so ist ein Laien-Sopran mit engelshafter Reinheit und stellenweise unbeholfener Intonation für die Interpretation handfest sexueller Gefühle wenig geeignet. Ihm fehlt jenes Maß an klanglicher Reife, das Verwegenheit möglich macht. Die subtile Erotik der Naturstimme liegt vielmehr in der buchstäblichen Natürlichkeit und Unbeholfenheit, vor allem aber in ihrer reizvollen Zärtlichkeit.

Eigenwillig ist auch das erotische Flair der Anti-Stimme. Im Gegensatz zur Naturstimme versucht sie ganz bewußt schlecht, das heißt: abgehackt, flach, krächzend und nachlässig intoniert zu wirken. Ihr Ziel ist Provokation. Durch unkonventionelle Häßlichkeit will sie Aufmerksamkeit wecken. Ein sprechgesangsartiger Phrasierungsstil erleichtert die Textverständlichkeit.

Einer der originellsten und ursprünglichsten Vertreter dieser »Gesangsrichtung« ist nach wie vor der Pionier der deutschsprachigen Rockmusik: Udo Lindenberg. Seine schnoddrige, (nach-)lässig artikulierte Stimme bezieht ihren Sexappeal aus der kultivierten Ungeschminktheit. Udo und seine Kollegen liefern den rausgeschleuderten Frust zum Anfassen. Und bei dieser Volkstümlichkeit der Underdogs wird in manchen Momenten Lässigkeit zur Laszivität.

Weder lässig noch lasziv wirken indes die Protagonisten der krankhaften Un-Stimme. Aus Mangel an Talent hat eine ganze Generation überwiegend deutscher Rock- und Pop-Stars in den achtziger Jahren das Erbe des ehemals als zynische Provokation gedachten Anti-Gesangsstils angetreten.

Unter dem zweifelhaften Motto, daß es in der Popmusik nicht auf den Gesang, sondern auf die Ausstrahlung ankomme, beweisen die meisten dieser kurzatmigen Hitparadenstürmer, daß sie weder Stimme noch Charisma haben. Wie so oft ist auch hier die Crux das Epigonentum.

Es gibt immer wieder Nachwuchskünstler, die ihre jahrelang durch ungesunde Preßtechniken, schlechte Atmung und Intonationsnachlässigkeiten ruinierten Stimmchen erschallen lassen, kurzerhand aus der Not eine Tugend machen und, während sie nicht anders können, so tun, als ob sie nicht anders wollten.

Erotisch wirkt ihr rachitischer Gesang schon allein deshalb nicht, weil ihm jede Möglichkeit zum differenzierten Ausdruck fehlt. Ausnahmen, wie der permanent schlafzimmerlaut, aber zweifellos sexy dahersäuselnde Julio Iglesias, bestätigen die Regel. Und die Regel bringt meist kraftlose, unflexible, die Töne höchstens ungefähr treffende Stimmen hervor.

Bestenfalls stricken diese »Sänger« eine immergleiche Klangmasche, wie die des röhrenden Rockers (Klaus Lage), des stimmbruchbelasteten Jünglings (Andreas Dorau), der zeternden Emanze (Ina Deter) und des raunenden Softies (Purple Schulz). Schlimmstenfalls erschöpft sich ihr Gesang in völliger Ausdruckslosigkeit. Für Erotik bleibt da wenig Platz.

7. Die Soul-Stimme

»Wir wissen nicht genau, was Soul ist. Soul ist wie Elektrizität — es ist wie eine Kraft, die einen ganzen Saal ausleuchten kann«, erklärt Altmeister Ray Charles, und Otis Redding definiert: »Soul ist etwas, was du wirklich aus deinem Herzen herausbringen mußt. Wenn du es siehst, wenn du dir sagst, das ist richtig so und es wirklich meinst, ja, das ist dann Soul.«

Die verbale Mystifizierung des aus Gospel- und Rhythm-and-Blues-Elementen entstandenen schwarzen Musikstiles schafft keine Klarheit. Sie vermittelt allenfalls ein Gefühl. Soul ist säkularisierte Gospelmusik. Soul kultiviert eine sinnlich verstandene Religiosität. Soul ist die wohl unmittelbarste Umsetzung von praller Erotik in Musik.

Pioniere der sexuellen Befreiung gingen mit einer unverklemmten Körperlichkeit und textlicher Eindeutigkeit zu Werke, die für die vergleichsweise prüde weiße Popmusik-Szene schockierend wirkte. Allein der laszive Gesangsstil von Soul-Protagonisten wie Aretha Franklin, Marvin Gaye, Teddy Pendergrass oder Tina Turner weckte eine ganze Generation aus ihrem musikerotischen Dornröschenschlaf.

In keiner anderen Popmusik-Richtung steht der Gesang so deutlich im Vordergrund wie beim Soul. Typische Kompositionen im Memphis-Sound oder der Motown-Tradition konzentrieren sich durch Instrumentation und harmonischen Verlauf völlig auf die Gesangsmelodie.

So haben sich im Laufe der Zeit strenge Qualitätsansprüche herauskristallisiert, und es läßt sich ohne Übertreibung sagen, daß die schwarze Musik mit dem Soul-Gesang den wohl kunstvollsten, technisch anspruchsvollsten Vokal-Stil der gesamten anglo-amerikanischen Popmusik entwickelt hat.

Wenn man von grauen Eminenzen wie Otis Redding, Sam Cooke, James Brown oder Ray Charles absieht, so ist der perfektionierte Soul-Gesang unfreiwillig sehr nah mit den stimmbildnerischen Grundlagen des klassischen Opern- und Liedgesanges verwandt. Die Gesangstechnik ist identisch. Lediglich Stimmfarbe und Phrasierung sind unterschiedlich und für die stark abweichende gehörspsychologische Wirkung verantwortlich.

So ließe sich beispielsweise die Stimme Aretha Franklins durchaus treffend mit den Terminologien des sogenannten Kunstgesanges beschreiben: Aretha Franklins Jazz-Mezzo-Sopran (der im Gegensatz zum klassischen Mezzo-Sopran etwas tiefer klingt) ist von obertonreicher Textur, die sich in hohen Lagen bei durchgehender Mischung ohne jegliche Registerbrüche langsam verjüngt und bis zum Spitzenton gis" metallische Affinitäten aufweist, in der Tiefe hingegen ohne isoliertes Brustregister mühelos das Fis erreicht. Die prinzipiell sicher in der Maske sitzende Stimme ist relativ schlank, meist ungedeckt geführt, nur bei bestimmten Farbwechsel-Effekten guttural abgedunkelt und verrät vor allem in atemtechnischer Hinsicht eine klassisch geschulte Linie.

Diese etwas überzogen anmutende Analyse ist zwar gesangstechnisch treffend, aber nicht hinreichend, da sie die typischen Klangeffekte einer Soul-Stimme unberücksichtigt läßt. Sicher, die gesanglichen Ähnlichkeiten von Protagonisten wie Jeffrey Osborne, Luther Vandross, Gladys Knight, Jennifer Holliday oder Chaka Khan zum klassischen Belcanto sind verblüffend.

Auch hier strebt man kraftvolle, sauber gemischte Spitzentöne, virtuose Koloraturen, klangliche Ausgewogenheit und Intonationssicherheit an. Auch hier ist man am ausdrucksstarken Schönklang orientiert. Nur gilt beim Soulgesang nicht Künstlichkeit, sondern Natürlichkeit im Sinne emotionaler Unmittelbarkeit als höchstes Ideal.

So ist im Bereich der Black Music das Vibrato auf ein Minimum reduziert. Töne werden meist vibratolos, strahlend angesungen und erst dann langsam schwingend aufgeweicht. Besonders beliebt und charakteristisch sind häufige Stimmfarbwechsel, die die Stimme mal betont kehlig, mal metallisch, mal hauchig, mal schreiend, mal sanft und mal rauh erscheinen lassen.

Während im Rockbereich der Schrei als markantestes Stilmittel auffällt, dominiert beim Soul das Stöhnen und Seufzen. Ob wir nun Stöhn-Klassiker der Disco-Queen Donna Summer oder modernere Exzesse von Apollonia 6, ob wir Stephanie Mills dezente Seufzer-Koloraturen oder die derberen Orgasmusgeräusche einer Millie Jackson nehmen – in allen Fällen bestimmen musikalisierte Beischlafgeräusche den Gesangsstil.

Dem Geschlechtsakt entlehnt, hat Stöhnen auch im außermusikalischen Bereich eine sexuelle Stimulation zur Folge, da es eindeutige Assoziationen weckt. Ebenso wie ungehemmtes Stöhnen auch beim Geschlechtsverkehr starken Lustgewinn hervorrufen kann, wirkt es – mehr oder weniger subtil in einen Song eingearbeitet – als Symbol für sexuelles Verlangen und damit als akustisches Aphrodisiakum.

Das soll nun nicht heißen, daß in der Black Music ausschließlich gestöhnt wird und beispielsweise der Soul nur deswegen besonders erotisch wirkt. Natürlich sind die gesanglichen Möglichkeiten auch hier differenzierter und oft unmittelbar mit melodischen und rhythmischen Effekten gekoppelt.

Es fällt jedoch auf, daß durch die Kombination von möglichst ausgereifter kunstvoller Gesangstechnik mit einer möglichst natürlichen Klang- und Phrasierungscharakteristik (die nicht zuletzt auch wieder den afro-amerikanischen Folklore-Wurzeln Rechnung trägt) ein betont lasziver, sinnlich-frivoler Vokalstil entstanden ist.

Stöhnen, Seufzen und mitunter auch kontrolliert-ekstatische, lüsterne Schreie sind dabei zu eigenständigen Parametern geworden. Ihre assoziative Wirkung spricht für sich: Wenn Millie Jackson mit samtigweicher, belegter Alt-Stimme ihre Balladen ins Mikrophon haucht, oder Chaka Khan über einen pulsierenden Rhythmus aufbegehrend lüsterne Endlosschreie artikuliert, bedarf es keiner wackelnden Hüften oder wogenden Busen mehr – dann wird Klangsinnlichkeit zu spürbarer Klangerotik.

7. Kapitel

Gespräche mit René Kollo und Peter Hofmann über Erotisches im Gesang

Wagner-Helden mit Bizeps und Seidenschal

Wir wollen die Erotik des Singens nicht nur theoretisch erörtern, sondern halten es für wichtig, auch einmal die Ansichten und Gefühle der Sänger darzustellen.

»Musik ist Stimulans, legt Emotionen frei. Erotik ist im Spiel, unheimlich viel Erotik! Die Stimme – ein Spiegel der Sexualität! Orpheus übt mit seiner Stimme Macht aus – welch faszinierende Macht, der sich nichts und niemand zu entziehen weiß. Die meisten wollen das nur nicht wahrhaben, daß der Mensch am tiefsten zu beeinflussen ist, wenn eine starke erotische Ausstrahlung mitspielt.«

So Peter Hofmann in seiner Biographie »Singen ist wie Fliegen«.[41]

Besonders Tenöre verkörpern auf der Opernbühne häufig Liebhaber, Schürzenjäger, Verführer und Beschützer. Deshalb liegt es nahe, die beiden herausragendsten Vertreter dieses Stimmfachs zum Thema Erotik und Gesang zu befragen: Peter Hofmann und René Kollo haben sich vor allem als Wagner-Helden einen Namen gemacht.

So verschieden die beiden in ihrer Mentalität sind – der jüngere Hofmann mit seiner sportlich-burschikosen Attitüde und dem luxuriösen Lebenswandel, Kollo, der Kulturpessimist und Nietzsche-Verehrer – so groß ist auch ihr gegenseitiger Konkurrenzkampf.

Kollo, lange Jahre allein auf weiter Flur und für viele die Nummer eins im tenoralen Heldenfach, beäugt mißtrauisch die wachsende Publikumsattraktivität seines blonden Kollegen, der auch als Rock-Barde Furore macht und im Sturmschritt die wichtigsten Opernhäuser der Welt erobert.

Als Kollo seit Wolfgang Windgassen der erste deutsche Tenor von Weltgeltung war, der an der New Yorker Metropolitan Opera Einzug hielt, bereitete das frenetische Publikum im Winter 1976 dem »Lohengrin«-Sänger eine Konfetti-Parade (Textbücher zerreißen, Schnipsel von den Rängen werfen), was dort als die absolute Krönung aller Gunstbezeugungen gilt.

Ob der mittlerweile achtundvierzig Jahre alte Tenor in Bayreuth die bedeutendsten Wagner-Partien Stolzing, Siegfried oder Tristan gesungen hat, oder mit Operetten-und Musicaldarbietungen die Häuser füllen konnte, unaufhaltsam arbeitete sich René Kollo an die Spitze des Musikgeschäfts. Heute streicht der 1984 mit dem Titel »Bayerischer Kammersänger« ausgezeichnete Stimmband-Virtuose Traumgagen von rund 15 000 DM pro Auftritt ein.

Herbert von Karajan sagte über ihn: »Das ist der Tenor, auf den ich vierzig Jahre lang gewartet habe.« Dieses rare Lob hinderte Kollo indessen nicht, einige Jahre später, im April 1976, mit dem Maestro zu brechen. Anlaß des Streits: Karajans Salzburger »Lohengrin«-Inszenierung. Dort hatte der Dirigent dem verliebten Ritterpaar im Brautgemach (»Wir sind allein, zum ersten Mal allein, seit wir uns sah'n«) körperliche Distanz befohlen. Kollo, der zehn Meter entfernt von seiner Partnerin stehen sollte, um »Mein süßes Weib« zu singen, war damit nicht einverstanden: »Ein Liebespaar berührt sich doch, die packen sich doch beim Arm.« Karajan wies den Einwand barsch zurück. Kollo zog die Konsequenzen und kehrte Salzburg den Rücken.

Gefühl zu zeigen, ist dem Heldentenor wichtig. Er versucht seinen Charakteren immer auch schauspielerisch glaubhafte Sinnlichkeit abzugewinnen. Nicht zuletzt deshalb ist der überzeugte Jeans-Träger und Hundenarr bei Frauen so beliebt.

Als Sohn des Verlegers, Komponisten und Librettisten Willi Kollo, wurde der Künstler am 20. November 1937 in Berlin geboren. Sein Großvater war der Operettenkomponist Walter Kollo (»Wie einst im Mai«).

Nach der Schulzeit besuchte er für kurze Zeit eine Hamburger Fotoschule, zog dann aber wieder nach Berlin und verdingte sich dort mit Unterhaltungsmusik. In einer Tanzkapelle spielte Kollo Schlagzeug und Gitarre, bis sich die ersten Erfolge als Schlagersänger einstellten.

Seine Debüt-Schallplatte »Hello Mary Lou« erschien 1959 und machte den 22jährigen zum Teenager-Idol. Kollo entschloß sich dann aber doch zu einer gründlichen musikalischen Ausbildung und studierte von 1958 bis 1965 bei dem Wagner-Star Elsa Varena. Im gleichen Jahr gab ihm Helmuth Matiasek, der Ehegatte von Cornelia Froboess, das erste Opern-Engagement in Braunschweig. Zwei Jahre später kam er an die Deutsche Oper Düsseldorf, heiratete das dänische Schlagersternchen Dorthe und wurde Vater einer Tochter.

Schon 1969 holte Komponistenenkel Wolfgang Wagner den Tenor zu den Bayreuther Festspielen – Kollo debütierte erfolgreich als Steuermann im »Fliegenden Holländer«. Als 32jähriger war er der jüngste Sänger, der diese Rolle jemals auf dem Grünen Hügel sang. Die Bildzeitung überschlug sich: »Kollo Kollo-Kollossal!«

Ein weiterer Höhepunkt der steilen Karriere war die »Ring«-Inszenierung von Patrice Chéreau 1976. Vier Jahre später in Zürich sang Kollo zum ersten Mal seine Lieblingsrolle Tristan, eine Partie, die bei Opernsängern wegen ihrer kraftraubenden Länge gefürchtet ist.

Als im Dezember 1984 die Züricher Oper mit Wagners »Meistersängern« wiedereröffnet wurde, sollte René Kollos junger Konkurrent Peter Hofmann den Stolzing singen, sagte jedoch ab. Kollo sprang kurzfristig ein und verblüffte, wie die FAZ schrieb, »nicht nur mit unerschöpflich scheinender Strahlkraft des Singens, sondern . . . fast mehr noch mit der selbstdarstellerischen Nonchalance, mit der er als siegessicher-arroganter Junker« in die Bürgerwelt hineingeplatzt sei.

Ärger gab es um Kollo, der sich nach der Scheidung von Dorthe vor vier Jahren mit der französischen Tänzerin Beatrice Bouguet verlobte und seine Freizeit am liebsten auf seiner Segeljacht »Kareol« verbringt, im Sommer 1985: Kurzfristig, offiziell wegen Heuschnupfen, sagte der Star, der zwei Tage vor der Premiere Vater einer Tochter geworden war, seine Verpflichtung als »Tannhäuser« bei den Bayreuther Festspielen ab. Für 1986 kündigte Kollo seinen Einstand als Regisseur an.

»Wagner hatte das Bild von Peter Hofmann vor sich, als er seine Helden schuf«, jubelte ein deutscher Kritiker, und Kollegen schwärmten hingerissen »vom schönsten Lohengrin, den es je gab.« In der Tat kommt die optische Attraktivität von Peter Hofmann seiner Bilderbuch-Karriere zugute. Die Rolle des Schwanenritters und edlen germanischen Recken wirkt ihm wie auf den Leib geschneidert.

Hofmann hat schmale Hüften und den Brustumfang eines Tarzan-Darstellers, blonde Locken und strahlend blaue Augen. Ob er wie eine engelsgleiche Lichtgestalt Lohengrins hohe Sendung ins Festspielhaus trägt, oder als Parsifal den Gral zum Glühen bringt, der Jubel — besonders bei dem schwachen Geschlecht — ist ihm sicher.

Dabei hatte Hofmann sich in der Jugend kaum träumen lassen, daß er später ein Vermögen als Wagner-Idol verdienen würde: Während der Schulzeit war der am 22. August 1944 im böhmischen Marienbad geborene Künstler mehrfacher hessischer Jugendmeister im Zehnkampf. Bei der Bundeswehr galt er als As unter den Fallschirmspringern. Der leidenschaftliche Motorradfahrer und Reiter, der als Teenager mit einer Rockband in Soldatenclubs spielte und nach eigenem Bekunden seine musikalischen Wurzeln bei Elvis Presley, den »Beatles« und den »Rolling Stones« sieht, fing seine klassische Gesangsausbildung verhältnismäßig spät an: Nach der Militärzeit begann er 1969 ein Gesangsstudium an der Musikhochschule Karlsruhe, das er mit seiner Bundeswehr-Abfindung finanzierte.

Nach Abschluß des Studiums debütierte er 1972 als Tamino in Mozarts »Zauberflöte« am Stadttheater Lübeck. Nach zwei Spielzeiten holte man ihn nach Wuppertal, wo er als Siegmund in der »Walküre« einen sensationellen Erfolg mit seiner ersten Wagner-Rolle erzielen konnte. Den internationalen Durchbruch schaffte Peter Hofmann in Patrice Chéreaus mittlerweile legendärer »Ring«-Inszenierung 1976, wiederum in der Rolle als Siegmund. Seitdem ist der Gesangsvirtuose, der mit einem ungekünstelten Auftrittsgebaren seine Fans eroberte, ständiger Gast an den großen Opernbühnen der Welt und schmückt seine Karriere mit Pultstars wie Karajan, Bernstein und Solti.

1982 überraschte Hofmann mit einem zweifelhaften Gesangsausflug in die Popwelt: Von der Platte »Rock-Classics« verkaufte er mittlerweile 1,5 Millionen Exemplare. Aus seiner ersten Ehe, die 1976 zerbrach, hat der Künstler zwei Söhne. Seine neue Lebensgefährtin wurde die amerikanische Sängerin Deborah Sasson, die auch bei seinen Pop-Shows mitwirkt. Zusammen mit ihr und seinem Bruder Fritz, der ihn managt, residiert der Star in einem Vierzehn-Zimmer-Schlößchen in Schönreuth aus dem 15. Jahrhundert, mit weitläufigem Park, Schwimmbad und Tonstudio.

Trotz der unabhängig voneinander geführten Interviews wurden den beiden Sängern bewußt gleichlautende Fragen gestellt, um kontroverse Auffassungen, aber auch Übereinstimmung deutlich herausstellen zu können.

Döpfner/Garms: Ist Gesang erotisch?

Peter Hofmann: Um das festzustellen, muß man zwischen den Empfindungen des Hörers und denen des Sängers unterscheiden. Ich bekomme viel Fan-Post, und da steht manchmal, daß mein Gesang erotisch sei. Für mich persönlich ist Singen erotisch, weil es eine physische Angelegenheit ist und speziell bei Wagner-Opern den ganzen Mann verlangt.

René Kollo: Gesang ist ganz klar erotisch, genau wie jede andere Kunst. Nur mit dem Unterschied, daß das erotische Moment hier besonders deutlich zu Tage tritt, weil Singen an den Körper gebunden ist. Aus der eigenen Kraft heraus Töne entstehen lassen zu können, kann ein schönes körperliches Gefühl vermitteln.

Döpfner/Garms: Gibt es ein Stimmfach, das Klangsinnlichkeit am wirkungsvollsten vermittelt?

Peter Hofmann: Das bleibt dem Zuhörergeschmack überlassen. Aber Tenöre haben auf der Bühne meist den Helden und Liebhaber zu spielen und werden dadurch eher mit Erotik in Verbindung gebracht. Hinzu kommt, daß von hohen Frequenzen ein besonderer Reiz ausgeht. Musikalische Höhepunkte spitzen sich meist in hohen Tönen zu.

René Kollo: Ich glaube nicht. Man sagt zwar gern, die Tenöre kommen bei den Damen besser an, da ihr Gesang penetranter ist und hohe Frequenzen eine stärkere erotische Signalwirkung haben, aber prinzipiell wird der Grad der erotischen Ausstrahlung wohl von dem jeweiligen Künstler bestimmt, und ob er Erotik zum Publikum herübergibt. Letztlich ist dies eine individuelle Geschmacksfrage. Der eine sagt, ich finde eine bestimmte Stimme ungeheuer erotisch, der andere hält sie für stinklangweilig.

Döpfner/Garms: Muß eine Stimme in gesangstechnischer Hinsicht bestimmte Eigenschaften besitzen, um überhaupt erotisch wirken zu können?

Peter Hofmann: Erotik läßt sich nicht auf Technik reduzieren. Daß ein Sänger erotisch wirkt, hängt von verschiedenen Faktoren ab, beispielsweise von seiner Ausstrahlung und dem schauspielerischen Talent. Aber rein stimmlich denke ich, daß bei einem Tenor ein abgedunkeltes oder gutturales Timbre wesentlich mehr männliche Überzeugungskraft hat, als eine lächerlich hohe Stimme ohne Unterleib.

René Kollo: Eigentlich nicht, denn die Stimme ist nur Material der Persönlichkeit, die hinter ihr steckt und sie beseelt. Aber wenn eine Stimme schön geführt ist, Glanz und einen Kern hat, wird sie erotischer wirken, als eine zu breit geführte Stimme ohne Metall. Doch die beste Technik kann fad sein, wenn der Künstler dem, was er singt, nicht den richtigen Ausdruck verleiht.

Döpfner/Garms: Was empfinden Sie, wenn Sie Spitzentöne singen?

Peter Hofmann: Das ist ein Achterbahngefühl. Man merkt genau: Jetzt noch drei Takte, noch zwei, dann kommt es. Wenn ich den hohen Ton schaffe, ist das ein Glücksgefühl, das sich zwar nicht unbedingt mit dem Orgasmus vergleichen läßt, mir aber eine tiefe Befriedigung verschafft, ähnlich wie bei einem Sportler, der sein Maximalziel erreicht hat.

René Kollo: Wenn ich bei guter Verfassung bin und spüre, daß ein Spitzenton richtig sitzt, ist das für mich ein starkes erotisches Glücksgefühl, das sich gewiß auch auf das Publikum überträgt.

Döpfner/Garms:

Was ist wichtiger für die erotische Ausstrahlung eines Opernsängers: sein Timbre oder die Bühnenpräsentation?

Peter Hofmann: Das läßt sich nicht trennen. Heute kann sich ein Künstler nicht wie ein Sandsack an die Rampe stellen und einfach singen. Auch wenn seine Stimme noch so schön klingt, Erotik kommt erst durch das Wechselspiel von körperlichem, mimischem und gesanglichem Ausdruck zum Tragen.
Ein Regisseur kann einem Sänger nicht vorschreiben, erotisch zu sein. Auch wenn bestimmte gestische Mittel wie beispielsweise die Berührung der Partnerin helfen können, Erotik zu suggerieren, bleibt die erotische Überzeugungskraft ein Geheimnis, das im Talent des Sängers verborgen liegt. Man muß so viel Gefühlsspannung in seinen Gesang hineinlegen können, daß dem Zuschauer glaubhaft die Notwendigkeit vermittelt wird, warum hier gesungen und nicht gesprochen wird. Ein Sänger sollte von seinem Gesang nicht so in Anspruch genommen sein, daß er während des Singens überhaupt nicht zu einer Ausstrahlung fähig ist. Erotik entsteht, wenn er scheinbar nebenher singt und in erster Linie spielt.

René Kollo: Beides. Erotik entsteht durch das harmonische Zusammenspiel des schauspielerischen Ausdrucks mit der sängerischen Potenz. Wenn jemand nur ausdrucksstark singt, aber körperlich falsch agiert, ist das für mich nicht erotisch.

Döpfner/Garms: Gibt es Kolleginnen oder Kollegen, denen Sie eine besonders erotische Ausstrahlung zuschreiben?

Peter Hofmann: Ich gehe sehr selten in Vorstellungen meiner Kollegen. Da ist mir meine Freizeit wichtiger.

René Kollo: Einen Sänger habe ich immer geliebt. Er besaß eine ungeheure musikalische Erotik: Jussi Björling. Bei aller körperlichen Fülle hatte seine Stimme so viel Einsatz und Kraft, daß sie mich immer wieder fesselte. Ähnlich auch Birgit Nilsson. Ihre brillant geführten Spitzentöne gingen mir durch den Körper wie ein Laserstrahl.

Döpfner/Garms: Sie haben sich Ihren hervorragenden Ruf als Sänger vor allem im Wagner-Fach erworben. Was macht Wagner für Sie erotisch?

Peter Hofmann: Wagner-Opern erfordern einen gewissen Typ Sänger. Es geht um Helden, Ritter, Seeleute. Das ist nichts für schlappe Gemüter. Die Rollen verlangen vollen Einsatz. Nicht nur wegen der oft mörderischen Länge und dem starken Orchester, gegen das man ankämpfen muß. Sondern vor allem, weil es wichtig ist, Lebenskraft und Leidenschaft auszustrahlen. Mehr als in anderen Opern sind bei Wagner die männlichen Tugenden gefordert. Das hat – ganz abgesehen von der hochsinnlichen Musik – großen erotischen Reiz für mich.

René Kollo: Wenn man den Erotik-Begriff weiter faßt und nicht nur eine rein sexuelle Erotik meint, stimuliert mich Wagner vor allem durch das hohe Maß an Klangsinnlichkeit seiner Musik. Aber auch thematisch bieten die Opern erotischen Zündstoff. Denn ob sich Menschen lieben oder hassen – Gefühlskonflikte sind immer erotisch. Natürlich ist Haß eine unschöne Art der Erotik. Versteht man aber Erotik als Spannung zwischen den Geschlechtern, verlieh ihr Wagner mit seinem von dem psychoanalytischen Aufbruchsgeist der damaligen Zeit geprägten Personenzeichnung transzendente Tiefe. In Wagners Werken kulminieren zweitausend Jahre Kulturgeschichte. Vom Drama der Antike über die keltischen Sagen und Nibelungengeschichten und den Geist der Romantik hat er existenzphilosophische Fragen in einer grandiosen Form verdichtet.

Döpfner/Garms: Wie interpretieren Sie »Tristan und Isolde«, ein Werk, dem ein hohes Maß an Erotik zugesprochen wird?

Peter Hofmann: Ich habe Tristan und Isolde nie als erotisch empfunden. Ob das an den Regisseuren, den Sängern oder dem Werk selbst liegt, weiß ich nicht. Es kommt nichts von der zehrenden Lust und der sehnenden Wonne, die Wagner singen läßt, herüber. Zugegeben: Dies ist ganz schwer darzustellen. Eigentlich sollten die Sänger, um glaubhaft zu wirken, jung sein und nicht – wie meist – in den Fünfzigern. Zwei älteren Leuten nimmt man diesen Wahn, den Liebesrausch nicht ab. Eine Frau, die sich bis fünfzig aufspart, hat wenig Erotisches. Da befasse ich mich doch lieber mit der Problematik einer Zwanzigjährigen. Davon abgesehen: Im zweiten Akt, mitten im Liebesduett, kommt der fatale Satz: »Laß mich sterben!« Wagner will ausdrücken, daß Tristan und Isolde auf dem Höhepunkt des Lustempfindens nicht weiterleben möchten, weil es danach nur noch bergab gehen könne. Die leidenschaftliche Dramatik dieses Moments ist mir als Zuschauer noch nie richtig klargemacht worden. Man läßt sich irgendwie nieder, singt das Duett, aber zeigt kaum eine äußerlich sichtbare Betroffenheit. Dadurch wird die Situation wahnsinnig langweilig.

René Kollo: Die Tristan-Figur und die Tristan-Musik sind zwei verschiedene Dinge. Die Figur erinnert an Schopenhauer und die Vision vom totalen Untergang. Wagners Klangmalerei indessen ist die höchste Form von Erotik, die der Komponist selbst nie ausgelebt hatte und deshalb im Tristan herausbrach. Die ganzen Damengeschichten, die man Wagner immer wieder angedichtet hatte, bewegten sich doch nur auf einer platonischen Ebene, sonst könnte man keinen Tristan schreiben. Wenn man gerade befriedigt aus dem Bett kommt, läßt sich solch eine Oper nicht erfinden. So hat die Erotik der Tristan-Klänge mit dem Libretto eigentlich nichts zu tun. Sexuelle Rauschmusik steht im Kontrast zur mystischen Todessehnsucht in der Handlung.

Döpfner/Garms: Beschränkt sich der Eros der klassischen Musik auf eine mythologische Ebene, oder wird in ihr mitunter handfeste Erotik vermittelt?

Peter Hofmann: Ja, manchmal schon. Zum Beispiel »Carmina Burana« von Orff, eine deftige, pralle Sache. Aber man muß daran denken, daß der größte Teil der klassischen Musik aus vergangenen Jahrhunderten stammt. Die Erotik dort mit unseren heutigen Begriffen von Erotik zu messen, ist schwierig. So sind viele erotisch gemeinte Dinge in der Klassik sehr verschlüsselt. Die Leute früher hatten ein sensibleres Reizempfinden. Da bekamen Klänge eine erotische Bedeutung, die sich uns heute gar nicht mehr erschließt.

René Kollo: Das glaube ich nicht. In der Klassik dominiert eine gleichsam religiöse Erotik. Ein Beethoven-Konzert vermittelt kaum eine solche sexuelle Spannung, daß Sie sofort mit jemandem ins Bett gehen müßten. Zweifellos dominiert die geistige, mystische Erotik. Klassische Musik berührt die Hörer, weil sie merken, daß etwas im Gange ist, was ihre Gefühle anspricht. Das ist genauso erotisch. Die angestrengte sexuelle Vordergründigkeit, die wir heute haben, bleibt glücklicherweise ausgespart. Ich gehe so weit zu behaupten, daß Sex als Konsumartikel dem Wesen der Erotik widerspricht. Jedenfalls hat mich klassische Musik noch nie zum Geschlechtsverkehr veranlaßt.

Döpfner/Garms: Ist Gesang ein stilisierter Brunstlaut?

Peter Hofmann: Ich muß doch schon sehr bitten. Man stellt sich nicht auf die Opernbühne, um wie ein röhrender Hirsch Weibchen anzulocken. Wenn das eine Nebenerscheinung ist – okay. Aber es sollte nicht die Hauptsache sein.

René Kollo: Das scheint mir ein wenig zu darwinistisch ausgedrückt. Wir leben ja nicht mehr im Dschungel wie vor zigtausend Jahren. Trotzdem hat die These einen wahren Kern. Die Vokalstimme besitzt in der Tat etwas Animalisches, aus dem Körper Geborenes, und ist nur in zweiter Linie intellektuell. Doch so, wie sich der Gesang in den letzten dreihundert Jahren entwickelt hat, ist er mittlerweile so verkünstelt, daß sein Brunstlaut-Charakter in weite Ferne rückt.

Döpfner/Garms: Ist es wahr, daß sich manche Sänger durch sexuelle Aktivitäten auf einen Auftritt vorbereiten? Anders gefragt: Hat der Geschlechtsakt oder die körperliche Befriedigung einen Einfluß auf die Disposition der Stimme?

Peter Hofmann: Meist hört man das Gegenteil. Der Kollege Kollo sagt, daß man vier Tage vor dem Auftritt auf Sex verzichten soll. Jeder wie er will. Nur wenn ich im Monat fünf oder sechs Vorstellungen habe, würde das ganz schön eng. Für mich gibt es da keine Regel. Ich richte mich nach meiner Biokurve. Wenn sie unten ist und ich sowieso kaputt bin, entscheide ich mich für Enthaltsamkeit. Daß Sex direkt vor dem Auftritt helfen sollte, besser zu singen, glaube ich nicht, auch wenn manche Operndiven hier anderer Meinung sind... Möglicherweise haben Frauen das Gefühl, beim Sex etwas zu empfangen. Wir als Spender aber sind da benachteiligt. Als ich Anfänger war, habe ich an einem kleinen Theater »Carmen« gespielt. Da war ein griechischer Tenor, der zeigte mir ein Mädchen aus dem Chor und sagte, die werde er noch vor dem dritten Akt hinten in der Garderobe nehmen. Danach würde ich sehen, wie seine Stimme besser sei. Aber was war? Der Sänger kam zum dritten Akt heraus und hatte überhaupt keinen Ton mehr. Der krächzte nur noch.

René Kollo: Ich habe es nicht ausprobiert. Ich weiß aber, daß es Damen gegeben hat, die sich in der Garderobe vor dem Auftritt noch schnell bedienen ließen und dann angeblich besser gesungen haben. Dies ist eine Frage, die wohl individuell zu entscheiden ist. Wenn Sex eine Dame entkrampft und sie kommt dadurch entspannter auf die Bühne, ist das in Ordnung. Das alleinseligmachende Hilfsmittel ist Sex aber sicher nicht. Auf keinen Fall für den Mann: Vor einer großen Vorstellung sich sexuell zu verausgaben, ist sehr riskant. Ich kann keine hohe Partie singen, wenn ich meine Kraft schon vorher verbraucht habe.

Döpfner/Garms: Der Soul-Sänger Marvin Gaye hat einmal gesagt, daß er mit seinem Gesang einen Menschen sexuell entkrampfen könne. Glauben Sie, daß Ihnen das auch gelingt?

Peter Hofmann: Ich will hier nicht meine Fan-Post veröffentlichen. Aber manche Frauen schreiben in der Tat, daß da sexuell etwas passiert ist.

René Kollo: Wenn das so ist, sollte er Psychiater werden und nur noch singen, wenn eine Couch im Raum steht. Ich kann nicht mit dem Anspruch auf die Bühne gehen, jemanden zu entkrampfen. Das, was ich mache, hat einen künstlerischen und keinen psychologischen Hintergrund. Ich singe nicht mit dem Hintergedanken, die Damen in der ersten Reihe zu entkrampfen. Prinzipiell jedoch glaube ich an die therapeutische Wirkung von Musik und denke auch, daß sie Menschen sexuell lockerer machen kann.

Döpfner/Garms: Werden Sie durch das Singen selbst sexuell stimuliert?

Peter Hofmann: Vielleicht unterbewußt. Beweisen könnte ich das nicht.

René Kollo: Ja, natürlich. Wenn ich mich körperlich und seelisch gut fühle und merke, ich kann voll loslegen, werde ich sehr wohl stimuliert und zu kühneren Taten angereizt.

Döpfner/Garms: Wenn Sie mit einer attraktiven Kollegin ein erotisches Duett singen, beispielsweise das Liebesduett am Ende des ersten Aktes von »Madame Butterfly«, stehen Sie dann mit schauspielerischer Souveränität über der Rolle, oder empfinden Sie den Moment des Singens dann tatsächlich erotisch?

Peter Hofmann: Das kommt auf die Partnerin an. Es gibt bestimmt Momente, wo man sich mal für ein paar Sekunden treiben läßt und die Situation einfach genießt. Aber damit sollte man vorsichtig sein. Oper wäre falsch verstanden, wenn man sie benutzt, um seine eigenen Gefühle auszuleben. Der Sänger sollte sich unter Kontrolle behalten. Es ist besser, wenn die Leute draußen im Zuschauerraum ein erotisches Gefühl bei der Szene haben, als man selbst. Wie beim Schauspieler ist der Sängerberuf darauf aufgebaut, Gefühle zu projizieren.

René Kollo: Ich bin beim Singen auf jeden Fall innerlich beteiligt, allerdings nicht so, daß ich das Gefühl habe, mich gleich über die jeweilige Dame werfen zu müssen. Aber wenn man nicht emotional mit der Rolle verschmilzt, kommen nur hohle Töne heraus. Will man die Idee von Puccinis Liebesduett erfüllen, führt man die Duo-Partnerin anschließend sicher nicht gleich zum Traualtar, doch sollte man sich in die Musik und das, was man zu sagen hat, soweit hineinversetzen, daß es nach dem klingt, was der Komponist ausdrücken wollte und glaubhaft wird. Gerade bei »Madame Butterfly« kann man sich gegen die erotische Spannung gar nicht wehren und bringt vollen Einsatz.

Döpfner/Garms: Verraten Sie uns Ihr erotischstes Bühnenerlebnis?

Peter Hofmann: Bei einer »Walküre«-Inszenierung hatte ich einmal eine Partnerin, die immer lernen wollte, wie man küßt. Sie fragte mich, ob sie es richtig anstelle. Erst dachte ich, sie wolle mich auf den Arm nehmen. Dann habe ich gesagt, daß man schon noch einiges verbessern könnte. Bei der nächsten Vorstellung, als ich schon gar nicht mehr an diese Sache dachte, ging plötzlich ein Sturm los, bei dem ich für einen Moment fast vergessen hätte, weiterzusingen.

René Kollo: Da gibt es viele. Aber man muß zwischen Bühnenerotik und wirklichem Sex trennen. Es ist ja nicht Sinn der Sache, in einem guten Stück Sexualität zu zeigen. Aber wenn der Vorhang zu ist, weiß jeder: aha, jetzt gehen wir ins Bett. Erotik ist etwas, was man sich anschaut und sagt: Komm, gib mir deine Hand, danach geht der Vorhang zu. Das andere ist eine Folge der Erotik und gehört in die Privatsphäre. In der Oper oder im Theater sollen Assoziationen geweckt und Gefühle versinnbildlicht werden. Der Rest bleibt offen für die Phantasie. Stichwort »Wälsungenblut«, Geschwisterliebe: Man kann die Problematik der Inzucht und die Leidenschaft schildern, aber in dem Moment, wenn die beiden übereinanderknallen, muß der Vorhang fallen, sonst wird es albern.

Döpfner/Garms: Ihr Hauptrivale als deutscher Operntenor heißt René Kollo (Frage an Peter Hofmann)/Peter Hofmann (Frage an René Kollo). Was halten Sie von ihm?

Peter Hofmann: Wir haben überhaupt nichts miteinander zu tun. Er ist ein ganz anderer Typ Mensch als ich, vom Schlage alter Kammersänger mit Schal und Meckerstimmchen, wissen Sie.

René Kollo: Das ist für mich kein Thema. Jeder muß ein Leben führen, wie er es braucht. Ich habe kein Pferd, kein Motorrad, kein Schloß. Dafür lese ich etwas mehr Nietzsche.

8. Kapitel

Jazz und die Erotik des Rhythmus

Empfindungsträger Nummer eins

Aus dem Rhythmus hat sich Musik entwickelt, und auf Rhythmus läßt sich Musik reduzieren. Jeder Ton, jede Frequenz, also auch jeder arhythmische Klang besteht aus Schwingungen, die wiederum einem Rhythmus gehorchen, also nichts anderes als Rhythmen sind.

Rhythmus ist noch mehr. Er ist das Zentrum jeder Existenz – von den Elektronenschwingungen eines Atoms bis hin zum Herzschlag von Tier und Mensch. Auch die sexuelle Vereinigung, also die Schaffung neuen Lebens, vollzieht sich rhythmisch. Der Rhythmus ist allimmanent. Ein Leben ohne Rhythmus ist undenkbar.

So verwundert es kaum, daß der Rhythmus von den meisten Menschen als das am stärksten erotisierende Element der Musik angesehen wird. Nicht nur, weil er in unmittelbarer assoziativer Beziehung zum Beischlafrhythmus steht, sondern vor allem, weil der Rhythmus emotionssteuernd wirkt.

Wie im Kapitel 2 erklärt, steht das Metrum eines Musikstückes in einem bestimmten Verhältnis zu unserer Herzfrequenz. Je nachdem, ob schneller oder langsamer, verursacht es Erregung oder Beruhigung. Aber nicht nur das Metrum, also der Taktfluß, beeinflußt unsere Gefühle. Auch feine rhythmische Binnenstrukturen können bestimmte Affekte hervorrufen – direkt oder durch subtil auskomponierte Wort-Ton-Beziehungen.

Im Zeitalter der Barockmusik war man sich über die emotionale Wirkungskraft der Rhythmen voll im klaren. Es war damals üblich, die Vertonung von bestimmten Gefühlen und Begriffen durch konkrete Regelwerke zu katalogisieren und damit dem Komponisten Arbeitsgrundlagen an die Hand zu geben. Die in solchen Affektenlehren aufgelisteten Vertonungsraster entwickelten sich zu einer äußerst differenzierten Musiksprache, die von Zeitgenossen auch bei einmaligem Hören mit heutzutage nur schwer nachvollziehbarer Sensibilität verstanden wurde.

Natürlich befolgten die Komponisten solche Regeln nicht strikt, sondern wandelten sie oft individuell ab. Eine verbindliche interpretatorische Orientierung wurde durch sie jedoch erleichtert. Nun ist es für uns in diesem Zusammenhang interessant, daß ein Großteil der in solchen Affektenlehren angegebenen Vertonungsraster sich auf rhythmische Vorgänge bezieht.

Der Rhythmus war seinerzeit unbestritten Empfindungsträger Nummer eins. Ob Freude, Verzweiflung, Angst, teuflische oder göttliche Sphäre, ob Wollust oder Trauer – bestimmte Begriffe, Situationen und Empfindungen waren mit einem zugeordneten Rhythmusraster belegt, das den Text sinnlich umsetzen sollte.

Doch auch schon vor dem 16. Jahrhundert, also bevor sich der Rhythmus überhaupt als notiertes Parameter in der Kunstmusik richtig etabliert hatte, spielte die Schnelligkeit des Metrums und der Charakter eines Rhythmus eine gefühlsbestimmende Rolle. Etwa in der Tanzmusik, und auch in den mit rhythmischem Nachdruck untermauerten Liebesstimulanzien der Minnesänger.

Um so mehr wundert man sich, mit welcher Nachlässigkeit bisher in der klassischen Musikwissenschaft die Rhythmuslehre behandelt worden ist. Der Frankfurter Musikwissenschaftler Lothar Hoffmann-Erbrecht erklärt dazu: »Hier ist Unverzeihliches versäumt worden. In jeder praktischen Musikausbildung ist ausführlicher Harmonielehre-Unterricht enthalten, in jeder Musikbibliothek finden sich unzählige Unterweisungen in Kontrapunkt, in der Formenlehre etc. Die Rhythmuslehre aber wurde bisher sowohl in theoretischer als auch in praktischer Hinsicht stark vernachlässigt. Das liegt wohl daran, weil man die Bedeutung des Rhythmus einfach unterschätzte.«

Vorhanden war rhythmische Differenziertheit in der Musik schon immer. Ist also der Ausspruch H. H. Stuckenschmidts falsch, wenn er eine »rhythmische Verkümmerung in der Tonkunst der weißhäutigen Rassen« feststellt? Ja und nein. Für sich betrachtet läßt sich in der abendländischen Kunstmusik nun wirklich keine rhythmische Verkümmerung konstatieren, wenn man genau hinhört. Aber verglichen mit der afrikanischen und afroamerikanischen Musikkultur – und von einem solchen Vergleich ging Stuckenschmidt wohl aus – ist das Wort verkümmert noch schmeichelhaft.

Die Komplexität afrikanischer und lateinamerikanischer Polyrhythmik muß hier nun nicht erörtert werden. Für uns ist lediglich interessant, wie sich durch afrikanische Einflüsse im 20. Jahrhundert eine Umgewichtung des Parameters Rhythmus vollzogen hat. Denn das bedeutet letztendlich auch, daß sich musikalische Erotik direkter artikuliert.

Aus der Sackgasse herausgetappt

Um es vorweg zu nehmen: Der Jazz, jenes Verschmelzungsprodukt afroamerikanischer Musikelemente, markiert den wohl gravierendsten musikhistorischen Wendepunkt in diesem Jahrhundert. Mit dem Jazz und all seinen Auswirkungen in der sogenannten Kunstmusik und dem angloamerikanischen Rock und Pop erhebt sich Rhythmus zum wichtigsten und auch klanglich dominanten Element der Musik.

So ließe sich – zweifellos etwas pauschal – sagen, daß, nachdem im Barock die Harmonik und in Romantik und Impressionismus die Klangfarbe eine Emanzipation erlebten, nun, im 20. Jahrhundert, der Rhythmus seinen Siegeszug angetreten hat. Diese Tatsache verleiht dem Jazz als Katalysator – unabhängig von persönlichem Gefallen oder Mißfallen – eine nicht zu unterschätzende Bedeutung in der Geschichte der abendländischen Tonkunst. Während man in E-Musik-Kreisen an kompositionstechnischen Verstiegenheiten tüftelte, vollzogen sich die tatsächlichen grundlegenden Veränderungen in den Jazz-Kellern und Proberäumen fernab der etablierten Kultur.

Bei aller Achtung für die Schöpfung neuer Musikschreibweisen, graphischer Notationen, serieller oder aleatorischer Kompositionsmöglichkeiten – rückblickend wird man diese esoterischen Experimente wohl eher als Marginalien in der Musikgeschichte des 20. Jahrhunderts betrachten.

Bezeichnenderweise sind die grundlegenden Wandlungen der Neuen Musik derzeit keinesfalls progressiv, sondern auffallend regressiv, Neo-Romantik, Neue Einfachheit – der Rückschritt als Fortschritt signalisiert, daß man vorsichtig aus einer Sackgasse heraustappt, in die man zuvor hineingeraten war. Und es wäre nicht das erste Mal in der Geschichte, wenn sich während einer Phase struktureller Überfeinerung wichtige Errungenschaften in der Subkultur angebahnt hätten.

Auch wenn die Erkenntnis manchem schwerfällt: Der Jazz mit seiner eigenwilligen Ästhetik hat als Wurzel für sämtliche Formen der elektronischen Popmusik und als Ideenlieferant der Klassik das musikalische Gesicht dieses Jahrhunderts auf breiter Front ungleich nachhaltiger geprägt, als die esoterischen Reflexionen mancher ehrbarer E-Avantgardisten.

Denn: Während die Neue Musik krampfhaft um ihr programmatisch großgeschriebenes Adjektiv rang und neue strukturelle, harmonische und klangliche Wege suchte, stürzte sich der Jazz instinktiv auf das einzige Parameter, das tatsächlich noch mehr oder minder im Verborgenen schlummerte: den Rhythmus. Der Jazz-Journalist Joachim Ernst Berendt äußert hierzu: »Es gibt nicht viel Revolutionäres, das sich in Melodik und Harmonik der Jazzmusik finden ließe. Das Neuartige liegt in Rhythmus und Tonbildung.«[42] Und warum?

Auf Details der Jazzgeschichte kann im Folgenden nicht eingegangen werden. Nur soviel sei gesagt: Der Jazz entstand als Amalgam bei der zwangsläufigen Konfrontation westafrikanischer und amerikanischer Musikkultur während der Sklaverei. Von jeher spielte in der Musik der Afrikaner der Rhythmus eine große Rolle. Neben polymetrischen Strukturen finden sich – wenn überhaupt – meist nur sehr einfache pentatonische Melodien. Stammesriten aller Art werden durch rhythmische Trommelmusiken untermalt oder angefeuert.

Trommeln dienen als Kommunikationsmittel. Vor allem meditative Versenkung oder religiös-sexuelle Ekstase sind von Trommelrhythmen begleitet. So verwundert es kaum, daß sich im Laufe der Zeit in vielen Gebieten Afrikas eine außerordentlich differenzierte und vielschichtige Rhythmik entwickelt hat. Gängige Polyrhythmik, etwa wenn man einen Zweiertakt mit einem Dreiertakt überlagert, ist nur eine von unzähligen Facetten.

Diese allgemeine Dominanz des Rhythmus und ein durch ständige Hörerfahrung besonders verinnerlichtes Rhythmusgefühl blieb den westafrikanischen Sklaven auch bei ihren amerikanischen Unterdrükkern als kollektives Erbe erhalten. Im Land ihrer Gebieter prallte es zunächst auf spanische, portugiesische, französische und irisch-schottische Musikelemente, aber auch auf die von weißen Militärkapellen gespielte Marschmusik. In diesen Klängen allerdings war nicht nur Fremdes, Anderes, sondern auch Gemeinsames zu entdecken.

Warum Afrikaner und Amerikaner beim gegenseitigen musikalischen Beschnuppern auf identische Wurzeln stießen, wird beispielsweise deutlich in einer Untersuchung von Ernest Bornemann, die zu beweisen versucht, daß die afrikanische und die europäische Musik (denn von einer genuin amerikanischen Musik konnte Ende des 19. Jahrhunderts kaum gesprochen werden) nur zwei Varianten ein und desselben Ursprungs darstellen.

Ungewohnt für die Sklaven war indes die Vorherrschaft der Melodie bei der in Amerika gepflegten Tanz-, Volks- und Militärmusik. In einem komplizierten und nicht zuletzt zufallsbestimmten Akkulturationsprozeß kam es dann zu einer Synthese schwarzer und weißer Musiktradition. Hierbei wurde die strenge afrikanische Polyrhytmik zwar bald zugunsten einfacherer Monometrik aufgegeben – dies war ein nötiges

Zugeständnis an die Hörgewohnheiten der Amerikaner – die Dominanz des Rhythmischen blieb jedoch bestehen und ist der wohl wichtigste afrikanische Einfluß auf das Stilamalgam Jazz.

Neu in der bis dahin europäisch geprägten Musik war vor allem Folgendes: Der Rhythmus wurde von der Melodie getrennt, gewann einen völlig selbständigen Status, und sämtliche perkussiven Elemente traten auch rein klanglich stark in den Vordergrund. Die vorwiegend von Schlagzeug und Baß übernommene Umsetzung des jeweiligen Taktes wurde zum Rückgrat des Jazz. Der pulsierende Rhythmus trägt alle Prozesse melodischer und harmonischer Entwicklung. Stets sind durch laut hervorgehobene Schlagzeugakzente und Baßtöne die Taktschwerpunkte, die Synkopen oder Off-Beat-Phrasierungen eindeutig auszumachen. Keine Frage: Wenn die wichtigste, am deutlichsten hervortretende und bereits zum Klischee erstarrte Klangfarbe der klassischen Musik von den Streichern geliefert wird, so ist es im Jazz das Schlagzeug. Beobachtungen bei musikalischen Laien oder regelrechten Musikfeinden sprechen da für sich: Im allgemeinen wird bei Klassik zuerst »Geigengejaule« assoziiert, während die meisten bei der Jazz- und Popmusik über »Schlagzeuggestampfe« schimpfen. Aber auch von vielen Kennern der europäischen Kunstmusik wird die extreme Betonung des Metrums im Jazz als trivial oder gar als »plumpes, gleichförmiges Gerummse« abgetan.

Doch dem Jazz liegt in dieser Hinsicht eine völlig andere Ästhetik zugrunde. Der Rhythmus soll nicht dezent, unaufdringlich, subtil oder nur melodieunterstreichend sein. Er soll packen, mitreißen, zur Bewegung animieren. Jazz – zumindest der frühe – will nicht mit gerunzelter Stirn nachdenklich goutiert werden. Er will zur emotionalen und körperlichen Reaktion zwingen, er will – und damit sind wir wieder beim Thema – sinnlich stimulieren.

Daß der Jazz unmittelbar unter die Haut geht, ist ein wichtiges, von Jazzmusikern immer wieder gefordertes Qualitätskriterium. Und für die Animationskraft der Musik sorgt nun einmal allem voran der Rhythmus. Wie könnte er sich also verstecken, gar in klangliche Dezenz hüllen? Die Dominanz des Perkussiven liegt in der Natur einer Sache, die auf unmittelbare, emotionale Publikumsreaktionen abzielt.

Wie wichtig für die Jazzmusik (der Sonderfall Free-Jazz bleibt hier ausgeklammert) die Ausdrucksintensität des Rhythmischen ist, zeigt allein die Tatsache, daß es zahlreiche Wortschöpfungen für die Qualität eines Rhythmus gibt. Der Beat (oder Off-Beat) einer Jazz-Komposition kann swingen, aber auch drive oder groove haben. Drei Vokabeln, die sich in ihrer Bedeutung zwar durch Nuancen unterscheiden, aber eines gemeinsam haben: Sie beschreiben ein Phänomen, das man auch rhythmisches Charisma nennen könnte. Der pulsierende Takt eines Jazz-Stücks soll zur Bewegung verführen. Wenn sich beim Hörer weder Finger noch Fuß zum Mitschnippen oder -wippen regt, hat die Rhythmusgruppe versagt, sie hat keinen drive gehabt, nicht gegroovt oder geswingt. Und meist war dann auch die ganze Band schlecht.

Schmelztiegel der Sinnlichkeit

Vieles, was eben über die zentrale Stellung des Rhythmus im Jazz gesagt wurde, läßt sich auch auf die gesamte anglo-amerikanische Rock- und Pop-Musik übertragen. Denn all jene populären Klangmoden sind letztlich doch auf der Basis des Jazz gewachsen und immer wieder von ihm beeinflußt worden. Vor allem die Bedeutung des Rhythmus ist dabei beibehalten und teilweise sogar noch verstärkt worden.

Wenn man an die Disco- und Rockmusik denkt, sogar oft in einem derart extremen Maße, daß der Vorwurf rhythmischer Stupidität tatsächlich gerechtfertigt scheint. Wobei auch hier nicht vergessen werden darf, daß selbst die größte Vereinfachung des dabei immer lauter werdenden Schlagzeugspiels (oder der Einsatz eines Drum-Computers) nicht ohne gehörpsychologische Gründe vonstatten geht.

Die trivial scheinende These bestätigt sich in der Praxis tatsächlich: Je dominanter und leicht faßlicher der Rhythmus, desto größer die körperlich stimulierende Wirkung. Vor allem aber: desto leichter verständlich, weil offensichtlicher gerät die sexuelle Animation. Was der Jazz in dieser Hinsicht Anfang des Jahrhunderts einführte, wird von der Tonindustrie noch heute als Schlüssel zur Kommerzialität weidlich ausgenutzt, wie die rhythmisch pumpenden Tanzflächen (und Schlafzimmer)-Knüller von Donna Summer, Madonna oder »Frankie goes to Hollywood« zeigen.

Das Erbe der unverklemmten Körperlichkeit afrikanischer Naturvölker pflanzte sich in der negroid geprägten Rhythmusbetontheit des Jazz fort. Es hat nichts mit plumper Etikettierung zu tun, wenn man der afroamerikanischen Popularmusik in ihrer greifbaren Körperbezogenheit, in ihrem ungestümen Temperament eine besonders wirkungsvolle Erotik unterstellt.

Um Mißverständnissen vorzubeugen: Damit soll nicht gesagt sein, daß Jazz und seine Verwandten generell erotischer seien, als etwa die europäische Kunstmusik. Im Jazz artikuliert sich Erotik lediglich unverblümter und für ein breiteres Publikum leichter nachvollziehbar. So gesehen ist die musikalische Sinnlichkeit des Jazz negativ ausgedrückt plumper, positiv gesagt unverklemmter, direkter als die Erotik der klassischen Musik.

Aber auch da gilt es zu relativieren, denn nicht nur die Revolution der Perkussion als assoziationsgeladener Auslöser eines sexuellen Stimulans macht den Jazz erotisch. Eine solche Reduktion auf das Element Rhythmus wäre fatal. Sicher, in erotischer Hinsicht hat es die größte Bedeutung: Der pulsierende Takt ist ein Symbol für den sich steigernden Bewegungsrhythmus im Geschlechtsakt. Aber über diese rhythmischen Reize hinaus bietet die Jazz- und Popmusik auch noch andere Ansatzmöglichkeiten, um erotisch empfunden zu werden.

Wenn wir einmal vom Gesang absehen, für den, falls er nicht allzu artifiziell gerät, in puncto Erotik annähernd das gleiche gilt, was im Gesangskapitel über die Soulstimme gesagt wurde, fällt zunächst einmal die ekstatische Struktur der meisten Soli auf. Im Jazz, einer grundsätzlich improvisatorischen Musik, nehmen die Solo-Passagen einen wichtigen Platz ein. In ihnen erhält jeder Spieler Gelegenheit, sein instrumentales Können und seine musikalischen Ideen innerhalb des harmonischen Rasters der vorgegebenen Changes (Akkordwechsel) frei zu entfalten. Soli werden so auch zu Spielwiesen der Virtuosität.

Auffallend ist dabei der fast bei allen Musikern zu beobachtende Hang zur Klimax-Struktur. Ausgehend von langsamen, melodischen Wendungen werden da dem jeweiligen technischen Stand entsprechend rhythmische Verdoppelungen, Motivverkettungen, Hochgeschwindigkeitsläufe und Stakkato-Kaskaden zu einem emotionalen Feuerwerk verdichtet. Meist erfährt diese behutsam gesteigerte Ekstase einen eindeutigen Höhepunkt, kurz bevor die gesamte Gruppe beispielsweise wieder mit dem Songthema einsetzt. Auch die Musiker selbst geraten bei ihren Soli oft in ein Stadium höchster Anstrengung und Erregung: Bläser und Gitarristen zucken rhythmisch mit der Hüfte oder bäumen sich auf, während sie mit dem Instrument unbewußt masturbatorische Gesten vollziehen.

Nun gut, mag man einwenden, das Letztgenannte resultiert aus einer rein körperlichen Anstrengung, und die Klimax-Struktur eines Solos wird ja schon in Jazz-Colleges oder beim Instrumental-Unterricht als Ideal gelehrt, wie in einem klassischen Konservatorium der vierstimmige Satz. Also ein intellektuell vermitteltes Spielideal ohne erotischen

Ursprung? Aber warum, so muß man fragen, wird denn eben diese Klimax-Struktur und nicht irgendein kontinuierlicher, gleichmäßiger Soloverlauf in den Jazz-Schulen als vollendete Spielform propagiert? Weil sie am publikumswirksamsten ist? Mag sein, aber spätestens da schließt sich der Kreis.

Nicht nur vom Zuhörer wird der ekstatische Verlauf eines Songs oder eines Solos am reizvollsten empfunden, auch der Künstler selbst fühlt sich instinkthaft zu einer solchen Gestaltung angetrieben, weil sich in ihr ein sexuelles Grundmotiv widerspiegelt. Für ihn wie für das Publikum ist es möglich, durch das Produzieren und Wahrnehmen von musikalischer Ekstase sexuelle Triebe umzusetzen bzw. zu kompensieren.

In der Jazz-Musik geschieht das ganz besonders unmittelbar. Zusätzlich stimuliert durch die häufig intime Nähe zwischen Spieler und Hörer (in kleinen Jazzclubs), überträgt sich in den ausgiebigen, spontan gestalteten Soli die Erregung der Musiker auf ihr Publikum. Daß das Jazz-Solo nicht von einem Dritten (dem Komponisten) diktiert und vorbestimmt ist, sondern daß es individuell, intuitiv und dadurch praktisch unzensiert ist, macht diese Form des musikalischen Ausdrucks in erotischer Hinsicht besonders reizvoll.

Auch klangfarblich gibt es im Jazz unzählige Möglichkeiten des sinnlichen Ausdrucks. Man denke nur an das samtige Piano eines Saxophons, das sich im nächsten Moment zum entfesselten Schrei steigert. Oder das verwegene Flirren offener Klavierakkorde, die weichen Arpeggios der Gitarre, die einen zärtlichen Klangteppich schaffen. Doch bei diesen Dingen gerät man allzu schnell ins nur subjektive Argumentieren.

Die Erotik einer Klangfarbe ist ein heikler Punkt, weil jede Farbe von Person zu Person verschieden wirken kann und zudem stark von persönlichen Assoziationen abhängig ist. Wenn wir bei dem verträumten Sound eines zärtlich säuselnden Saxophons in einer verrauchten Jazz-Kaschemme unsere erste große Liebe kennengelernt haben, werden wir unter Umständen zeitlebens gerade das Saxophon als besonders erotisch empfinden. Und wenn wir bei den süffigen Klavierklängen einer Chick-Corea-Platte unser erstes Erlebnis hatten, dann ist es eben das Klavier. Was die Erotik der Klangfarbe betrifft, sollte man sich vor Patentrezepten ganz besonders hüten.

Insgesamt ist die Jazz-Musik durch ihre Funktion als Schmelztiegel afroamerikanischer bzw. europäischer Musiktraditionen ein besonders lebendiges Gefüge, in dem für Sinnlichkeit viel Raum bleibt. Ihre

Errungenschaft, das Parameter Rhythmus in den Vordergrund zu stellen, sichert ihr einen bedeutenden, bisher noch unterschätzten Platz in der Musikgeschichte und eine nicht minder bedeutende Funktion bei der Entwicklung der Musik zum Instrument der sexuellen Enthemmung.

Was der Rock 'n' Roll und der Soul als aktive Kämpfer bewirkten, wurde im Jazz, nicht zuletzt durch die Spannung zwischen schwarzer und weißer Musik, vorbereitet. Mit der Emanzipation des Rhythmus, einer allgemeinverständlichen Metapher der Sexualität, war der Sprengstoff für die sexuelle Befreiung in der Musik geschaffen.

9. Kapitel

Konstruktive Sinnlichkeit:
Claus Kühnl spricht über die Erotik des
Komponierens und der Neuen Musik
Einklang von Ratio und Emotio

Wie sehen die Beziehungen zwischen Musik und Erotik in der kompositorischen Praxis aus? Und wie ist das Verhältnis der Neuen Musik und ihrer Repräsentanten zur Erotik? Fragen, denen wir in Form eines Gespräches mit einem zeitgenössischen Komponisten nachgehen wollten.

Claus Kühnl gehört zur ganz jungen Komponistengeneration. Zusammen mit Kollegen wie Gerhard Müller-Hornbach, Hans-Jürgen von Bose, Michael Denhoft oder Peter Hamel (deren Werke eher im Ansatz als in der musikalischen Ausprägungsform ähnlich sind) vertritt er eine vielversprechende stilistische Strömung, die sich mit dem Terminus »konstruktive Sinnlichkeit« umschreiben läßt. Aus begreiflichen Gründen war ein Vertreter dieser Richtung für unser Thema am interessantesten.

Als Arbeitersohn wächst der achtundzwanzig Jahre alte Kühnl in dem »kulturellen Notstandgebiet« Bad Königshofen an der Zonengrenze in einer »liebevollen, aber völlig amusischen Familie« auf. Mit zwölf Jahren nimmt er – zunächst von den Eltern nur widerwillig finanziert – ersten Klavierunterricht. Von dem Notenschriftbild eines Mozartautographs fasziniert, beginnt er mit Transkriptionen und kleinen Kompositionsversuchen. Bald wird er von seinem Klavierlehrer »entdeckt«, erhält zusätzlichen Orgelunterricht und spielt auch auf diesem Instrument bald schwierigere Stücke als sein Lehrer.

Das »Wunderkind aus der Provinz« zieht fünfzehnjährig nach Würzburg, um dort an der Musikhochschule Komposition, Klavier und Dirigieren zu studieren. Für das Gymnasium tut er »ab der zehnten Klasse überhaupt nichts mehr« und erwirbt seinen Abiturabschluß nur »dank einer Sonderregelung des Freistaates Bayern«.

Eigene Kompositionen werden unterdessen von dem selbstgegründeten Ensemble »Musici Allegri« aufgeführt und von der Presse als »Fortissimo-Stürme mit Urschrei-Extensität« bestaunt. Nach einer Abschlußprüfung im Fach Klavier siedelt der Dreiundzwanzigjährige nach Frankfurt über, um dort bei Hans Ulrich Engelmann zu studieren und selbst am Hoch'schen Konservatorium Tonsatz zu unterrichten.

Ein Stipendium des hessischen Kultusministers ermöglicht einen sechsmonatigen Aufenthalt an der Cité Internationale des Arts in Paris. Der eingefleischte Verehrer französischer Komponisten des zwanzigsten Jahrhunderts nutzt diese verpflichtungslose Zeit zum gierigen Einatmen völlig neuer Impressionen: »Dieses Pariser Leben verursachte den bisher wohl wichtigsten Einschnitt in meiner Entwicklung«, sagt Kühnl, und weiter: »Dort habe ich – so abgegriffen das klingen mag – zu mir selbst gefunden und meinen Personalstil ein entscheidendes Stück weiter ausgefeilt.«

»Mit meiner Musik möchte ich den Hörer auf geistvolle Art ergötzen«, heißt seine Maxime, die das Bedürfnis, das Publikum anzurühren und zu verändern, allerdings einschließt. »Politische Kompositionen können sich doch nicht allein in einem klanglichen Spiegel der Orientierungslosigkeit und der Angst erschöpfen«, sinniert er. Oft habe er sich gefragt, ob es nicht verlogen oder zumindest hoffnungslos naiv sei, im zwanzigsten Jahrhundert schöne Musik zu komponieren. Es habe lange gedauert, bis ihm gelungen sei, seinen eigenen »Begriff von Schönheit wiederzufinden« und ein unverklemmtes Verhältnis dazu zu entwickeln.

Doch nun ist er fest entschlossen, »seiner Zeit etwas entgegenzuhalten, im Vertrauen darauf, neue Denkvorgänge auszulösen«. Und dazu sind ihm alle, mitunter auch alte Mittel recht. Entsprechend unmöglich sind Einordnungsversuche in das gängige Schubladensystem.

Serielle und graphische Kompositionen liegen Kühnl ebenso fern wie elektronische Musik und Neo-Romantik. Selbst der so oft für ihn verwendete Stilstempel »Neue Einfachheit« paßt nicht. »Mein Hauptziel ist es zu zeigen, daß die Möglichkeiten der Tonalität keineswegs erschöpft sind, wenn man sie nicht einzig zwischen Dur und Moll ansiedelt«, erklärt er. Mit den Mitteln der freien Tonalität artikuliert sich Kühnl auch in seinem Werk »Die Klage des Hiob«.

In diesen »fünf dramatischen Szenen für Orgel und Klavier«, die Kühnl 1981 »unter dem Eindruck der immer brisanter werdenden Rüstungsproblematik« über ausgewählte Bibelzitate des Buches Hiob und eingeschobene Sprechtexte komponierte, entfaltet sich zunächst eine beklemmende Grundstimmung. Extreme aller Art prallen hier aufeinander: Flirrende, kaum hörbare Endlostöne im höchsten Orgeldiskant werden von ekstatischen Akkordstürmen in einem »Crescendo des Wahns« abgelöst. Perlende Klavierarpeggios konterkarieren scharfe Orgel-Cluster, völlig organisch wird ein doppelter Kontrapunkt entwickelt und langsam, immer weniger abstrahiert, erhebt sich im dritten Satz der Choral »Aus tiefer Not« zu bedrohlicher Dominanz. In kurzen Episoden werden illustrative Klangwirkungen schnitttechnisch aneinandergereiht, jedoch nie bildhaft konkretisiert.

Ein Interessensschwerpunkt gilt den Ausdrucksmöglichkeiten musikalischer Erotik. Irisierende, betörend erotische Klänge gewinnen beispielsweise in seinem Stück »Reflexionen« für zwanzig Streicher auffällige Eigendynamik, auch hier dominiert die Lust am Kontrast, das pointierte Entwickeln von Spannung und Entspannung.

Kühnls Kompositionen erwecken den Eindruck natürlich gewachsener Gebilde. Das Prinzip einer akribisch durchdachten Konstruktion ist zwar die Ursache, nicht aber die Wirkung seiner betont sinnlichen Musik: »Immer wieder stellte ich fest, daß mir diejenigen Teile meiner Werke beim Anhören das größte Glücksgefühl bereiteten, die ich mathematisch durchorganisiert hatte. Auch bei anderen Hörern lösten diese Passagen die stärksten Emotionen aus«, erläutert Kühnl und fährt fort: »Umgekehrt stellte ich fest, daß alles intuitiv Aufgeschriebene, das ich befriedigend fand, bei einer nachträglichen Analyse immer mathematische Logik aufwies. Seither vertraue ich auf den Einklang von Ratio und Emotio«.

Die Verschmelzung der beiden Antipoden Verstand und Gefühl zieht sich wie ein roter Faden durch das Leben des Komponisten. Intellekt ist für ihn die Basis, nicht der Rahmen emotionalen Ausdrucks. Obwohl selbst eher ein sympathisch-chaotischer, vor Temperament übersprudelnder Mensch, hält er umfassende musiktheoretische und kompositionstechnische Grundlagen für unabdingbar: »Wichtig ist für mich die solide handwerkliche Basis, auf der ich aufbauen und von der ich mich abstrahierend entfernen kann. So werde ich im Laufe der Zeit immer radikaler, während manche meiner umstürzlerischen Kollegen immer konventioneller werden.«

Stolz ist Kühnl auch auf seine systematische Arbeitsweise, die er, aufgeregt in seinem spärlich möblierten, sonnenlichtdurchfluteten Arbeitszimmer umherlaufend, erklärt und an verschiedenen Notenbeispielen demonstriert: »Zuallererst habe ich eine Idee, wie ein Werk ganz grob aussehen könnte und was ich damit bezwecken will.« Dann fallen ihm einzelne Klänge und Motive ein, die er getrennt voneinander aufschreibt, eine Weile liegen läßt oder auf Zetteln an die Wand heftet, um sie immer wieder aushorchen und überprüfen zu können.

In einem langen Reifungsprozeß konkretisiert sich dann der Formgedanke, bis schließlich das angesammelte Material mosaikartig zusammengefügt und als Particell notiert wird. Als nächstes erstellt er eine Partiturskizze, läßt sich einzelne Passagen von befreundeten Instrumentalisten vorspielen, überprüft Klangwirkung und Realisierbarkeit und beginnt dann erst mit der Reinschrift.

Bei den neueren seiner insgesamt vierzig Werke verwendet Kühnl eine eigene Notationsweise.

Bedenken ahnend, bemerkt er: »Die habe ich nun nicht entwickelt, weil das im zwanzigsten Jahrhundert besonders schick ist, sondern weil es mir um Vereinfachungen für den Musiker geht. So werden beispielsweise Taktstriche durch eine feiner untergliederte Zählleiste ersetzt oder bei einem freien Metrum konsequenterweise ganz weggelassen, um dem Spieler den rhythmischen Überblick zu erleichtern.«

Zur Zeit arbeitet er an zwei neuen Kompositionen: einer siebensätzigen »Musik für Kontrabaß, Harfe und Orchester« sowie einer Oper.

Wenn Kühnl von seinen Kompositionen, Ideen und Plänen spricht, verklärt sich sein Gesicht. Ein Ausdruck kindlicher Begeisterung wirkt zwischen markanten Geheimratsecken merkwürdig fremd, auf unbestimmte Weise alterslos. Mit ausgreifenden Gesten illustriert Kühnl seine musikalischen Ideen, spricht immer schneller, schwärmt – mit leicht vorgewölbten hellblauen Augen einen imaginären Punkt fixierend – von der sinnlichen Wirkung einer Klangfarbe, von der treibenden Kraft dieses Rhythmus, von der aufrüttelnden Wucht jenes Akkordes. Als wir ihn unterbrechen und fragen, ober er fanatisch sei, sprudelt er heraus: »Fanatisch nicht, aber besessen.«

Döpfner/Garms: Bevor wir uns über Erotik in der Musik unterhalten, ist es sinnvoll, etwas über Ihre Auffassung von Erotik allgemein zu erfahren. Herr Kühnl, was ist für Sie Erotik?

Kühnl: Für mich ist Erotik zunächst einmal ganz stark mit dem Sexuellen verknüpft. Und zwar: Erotik ist ohne Sexus nicht denkbar. Allerdings das Umgekehrte, also Sex ohne Erotik, wäre möglich. Das bedeutet also, daß das Erotische eine Verfeinerung des Sexuellen ist. Die geschlechtliche Vereinigung ist zum Beispiel nicht unbedingt nötig, weil Erotik auch in geistige Dimensionen vordringt. Aber ich glaube, für Erotik müssen immer zwei Partner da sein. Den Drang zu einer Verschmelzung sehe ich als das höchste Ziel der Erotik an.

Döpfner/Garms: Und was bedeutet Ihnen Erotik?

Kühnl: Ich kann mir ein Leben ohne Erotik nicht vorstellen. Was nicht heißen soll, daß alles immer so klappt und so erfüllt ist, wie ich es mir wünsche. Aber wenn ich merken würde, daß ich in diesem Bereich vertrockne, wenn es in einer Partnerschaft nur noch Schwierigkeiten gäbe, dann müßte ich diesen Zustand ändern. Für mich sind das Erotische und das Religiöse die zwei stärksten Lebensmächte, die es gibt.

Döpfner/Garms: Warum und inwiefern ist die Musik an sich überhaupt prädestiniert zum Ausdruck erotischer Affekte?

Kühnl: Weil Erotik vor allem ein Mischgefühl ist, das sich am ehesten mit dem Wort ›Urschauder‹ beschreiben läßt. Für die Umsetzung dieses Mischgefühls ist Musik nun ganz besonders geeignet, weil in ihren Ausdrucksmöglichkeiten viel Raum für Ambivalenz bleibt.

Döpfner/Garms: Welchen qualitätsentscheidenden Stellenwert messen Sie der Erotik bei Ihren Beurteilungen von Musik zu?

Kühnl: Mich interessiert nur Musik, die sinnlich-erotisch geprägt ist. Eine andere Musik interessiert mich überhaupt nicht. Ich glaube aber, die Musik war eigentlich fast immer sinnlich. Deswegen habe ich übrigens auch so eine Aversion gegen die Schönbergschule und ihre Folgen, weil ich da diese Dinge oft vermisse. Das kann alles noch so hochgeistig und toll gemacht sein – das interessiert mich nicht. Deswegen finde ich auch das Violinkonzert von Alban Berg, das immer als das opus summum der zweiten Wiener Schule hingestellt wird, so pervers. Es geht von unsinnlichen Gesichtspunkten aus, aber weil Alban Berg sich innerlich dagegen gesperrt hat und dann teilweise doch sinnliche Dimensionen erreicht hat, sagt man, es sei das opus summum der zweiten Wiener Schule.

Döpfner/Garms: Ist auch Ihre Motivation zu komponieren erotischen Ursprungs?

Kühnl: Ich glaube schon, ja. Ich würde sogar soweit gehen zu sagen, daß Erotisches und Religiöses bei mir eine gemeinsame Wurzel haben. Und von dieser gemeinsamen Wurzel aus versuche ich zu komponieren. Daraus schöpfe ich Kraft und Inspiration. Da könnte ich eine Reihe von Beispielen geben.

Döpfner/Garms: Nennen Sie mal eines? Wie kommt es konkret zu dieser Inspiration?

Kühnl: Zunächst einmal habe ich oft außermusikalische Vorstellungen, bevor ich anfange, etwas zu schreiben. Ich stelle mir meistens etwas vor, einen Zustand, ein Bild, eine Stimmung. Und dann fallen mir irgendwann auch Töne dazu ein. Das kann schnell gehen oder auch sehr lange dauern. Durch die entstandenen Tonkonstellationen wird dann auch das Bild konkreter. Die Wechselbeziehung geht immer schneller, bis der Moment erreicht ist, wo die empfundene Musik und die außermusikalische Vorstellung eins werden.

Döpfner/Garms: Wie kann so eine außermusikalische Vorstellung beispielsweise aussehen?

Kühnl: Zum Beispiel die mittelalterliche Minnedichtung hat mich neulich zum Komponieren angeregt. Das wäre eine literarische Inspiration, in der teilweise erotische Inhalte artikuliert wurden.

Döpfner/Garms: Die Inspiration zum Komponieren kann also durchaus erotischer Natur sein. Aber haben Sie auch beim Komponieren selbst erotische Assoziationen?

Kühnl: Ja, durchaus. Das Werk, das ich im Moment gerade schreibe, ein Konzert für Kontrabaß, Harfe und Orchester, das setzt sich mit dem Wesen des Erotischen auseinander. Da geht es in gewisser Weise um die latenten Ängste des Mannes vor der Frau und ihrem Geschlecht. Natürlich lebt eine Komposition von meinen erotischen Assoziationen.

Döpfner/Garms: Kommt es beim Komponieren gelegentlich auch zu einer körperlichen Erotisierung?

Kühnl: Also, um Mißverständnissen vorzubeugen: Das Komponieren ist für mich keine geistige Onanie. Nein, zu solchen Reaktionen kommt es nicht. Wenn ich komponiere, bin ich eher schon wieder etwas von den Dingen distanziert. Man darf nicht das, was einen zum Musikmachen treibt und auch als Vorstellung in der Komposition beinhaltet ist, mit dem Vorgang des Arbeitens selbst verwechseln.

Döpfner/Garms: Sie haben einmal gesagt, daß die Annäherung an eine Komposition, das Finden einer Idee, kurz: die Inspiration, ähnliche Züge trägt, wie das Erwachen sexueller Regungen. Können Sie diese These etwas näher erläutern?

Kühnl: Ebenso wie das Aufkeimen einer sexuellen Regung, ist auch die Lust auf eine Komposition, das langsame oder stürmische Annähern an eine Idee, von einer Art Trieb gesteuert. Und dieses Gefühl des Entflammtseins, dieses Streben nach Befriedigung, würde ich schon irgendwie erotisch nennen.

Döpfner/Garms: Im Moment der musikalischen Inspiration, was empfinden Sie da?

Kühnl: Es ist eine totale Begeisterung. Man vergißt alles andere. Das kann mitunter auch Schwierigkeiten geben. Angenommen, man ist sozialisiert, so wie ich – ich lebe in einer Familie mit Frau und Kindern zusammen – dann müssen alle um mich herum akzeptieren, daß sie mich in solchen Momenten nicht stören dürfen. Wenn so etwas auftritt, ist man nur noch darauf ausgerichtet und möchte sich nur noch damit abgeben. Das ist wie ein Verliebtsein – total. Es ist tatsächlich genau das gleiche, als wenn ich von einer weiblichen Gestalt völlig gefangengenommen wäre.

Döpfner/Garms: Nun gibt es ja die These, daß der kompositorische Schaffensprozeß eine Ersatzbefriedigung für unausgelebte Sexualität ist...

Kühnl: Ja, das war bestimmt in vielen Fällen so. Wenn ich beispielsweise an Bruckner denke. Viele Leute waren erstaunt, als ich in einem Vortrag einmal gesagt habe, daß man in der Brucknerschen Symphonik Spannungskurven ablesen kann, die mit der geschlechtlichen Erregung total vergleichbar sind. Also eine Wunschphase, die nach mehreren Anläufen zu einem Orgasmus führt, und dann danach diese Entspannungsphase, dieses plötzliche Ausgeschüttetsein, bis eine neue Wunschphase wieder aufkeimt. Hier ist also sublimierte Erotik wirklich eindeutig erkennbar, denn man weiß ja, daß Bruckner große Schwierigkeiten mit seiner Sexualität hatte und wahrscheinlich nie eine richtige Beziehung zu einer Frau gehabt hat.

Döpfner/Garms: Könnte man diese These Ihrer Meinung nach also auch umkehren und sagen, daß einer, der eine erfüllte Sexualität hat, nicht mehr erotisch komponieren kann?

Kühnl: Nein, auf keinen Fall. Es gibt zahlreiche Beispiele, die zeigen, daß musikalische Erotik nicht ein Ersatz für die unausgelebte Sexualität des Komponisten sein muß. Im Gegenteil. Ich möchte es auch von mir schieben, daß meine Kunst nur eine Art Selbsttherapie oder Selbstbefriedigung für mich sei. Das trifft bei mir nicht zu. Ich habe so etwas wie einen gesunden Leistungswillen, der kann vielleicht irgendwann einmal durch eine Art Störung oder Neurose in dieser Form hervorgerufen worden sein, ich kann das nicht mehr rekonstruieren. Nur, mit erotischen Stoffen beschäftige ich mich, weil das ganze Musikmachen für mich etwas Erotisches ist, und weil ich das an andere Menschen weitergeben und vermitteln möchte. Aber damit kompensiere ich nichts. Wenn ich etwas kompensiere, dann höchstens das Fehlen von Erotik bei anderen Menschen.

Döpfner/Garms: Sie versuchen also ganz bewußt, erotische Klangwirkungen zu erzielen?

Kühnl: Aber natürlich.

Döpfner/Garms: Fallen einem solche erotischen Musikwirkungen intuitiv zu, oder steckt doch eher Überlegung dahinter?

Kühnl: Inzwischen ist es ein rationaler Vorgang, früher war das nicht so.

Döpfner/Garms: Welche kompositorischen Mittel gibt es, um erotische Wirkungen zu erzielen? Was ist denn nun ein typisch erotisches Material?

Kühnl: Zum Beispiel dynamische Höhepunkte. Dazu hat sich auch schon der vielgeschmähte Rachmaninoff – von dem es einige gute Stücke gibt – geäußert. Er sagte, in seinen Werken gebe es immer einen Punkt, auf den alles zulaufe, den sogenannten »totalen Punkt«. Dieser Punkt wird durch subtile Mittel so vorbereitet, bis der besondere Moment als einzigartig empfunden wird.

Döpfner/Garms: Aber kann man denn Erotik immer nur mit einer musikalischen Klimax-Struktur gleichsetzen?

Kühnl: Nein, natürlich nicht. Aber so habe ich das auch nicht gesagt.

Döpfner/Garms: Welche Facetten sind in diesem Zusammenhang denn noch von Bedeutung?

Kühnl: Das Moment der Sehnsucht, der Verzauberung, der Betrachtung ist sehr wichtig. Die Sehnsucht nach dem anderen Geschlecht kann auch in der Musik sehr bildhafte Züge annehmen. Zum Beispiel in meinem Stück »Reflexionen« gibt es eine Stelle, da kreuzen sich bestimmte Obertonglissandi, darüber sind noch ein paar Liegetöne, ich will das jetzt nicht näher beschreiben, aber da habe ich die bildliche Vorstellung, daß man eine nackte Frau in einem Weichzeichnereffekt wie bei einem Hamilton-Photo hinter einem Gaze-Vorhang erblickt. Man steht nur noch da und schaut, und ist gefangengenommen von dem Anblick. Dieses Gefühl der Faszination ist für mich ein stark erotisches Moment.

Döpfner/Garms: Es gibt zwar kein Patentrezept, um erotische Wirkungen auszukomponieren, aber doch sicher ein Parameter, das für Sie erotische Assoziationen am besten, am deutlichsten und eindringlichsten vermittelt. Welches ist das?

Kühnl: Der Klang, ja, eigentlich der Klang. Sicher, auch der Rhythmus ist ganz entscheidend. Obwohl nur eine ganz bestimmte Art von Rhythmus. Und zwar Rhythmen, die viele Wiederholungen beinhalten. Zum Beispiel bei den Rhythmen der Eingeborenen, da sprechen wir gleich von etwas Rituellem, Erotischem, weil eine sich wiederholende Kreisbewegung existiert. Aber wenn ich es für mich auswählen müßte, ist eigentlich der Klang entscheidend. Der Klang ist für mich das wichtigste in der Musik überhaupt. Zum Beispiel Ligeti, den ich für einen ausgesprochen erotischen Komponisten halte, arbeitet vorzugsweise nur mit Klangwirkungen.

Döpfner/Garms: Ein gutes Stichwort: Ligeti ist ein Repräsentant der Neuen Musik. Halten Sie die Neue Musik ganz allgemein für besonders erotisch?

Kühnl: Na also, schön wär's. Es war ja sogar eine Zeitlang so, daß Sinnlichkeit als regelrecht verpönt galt. Wenn ich etwa an die zweite Wiener Schule denke. Aber natürlich gibt es einige Komponisten, die auch ganz stark diese Klangsinnlichkeit in die Musik gebracht haben. Das fing vor allem bei den Franzosen, schon mit Debussy, an, und setzt sich auch bei vielen neueren französischen Komponisten ganz deutlich fort. Die Bevorzugung des Klanges hat in Frankreich ohnehin eine besondere Tradition. Außerdem wären der Ungar Ligeti, der Koreaner Isang Yun, auch Wilhelm Killmayer zu nennen. Aber eigentlich ist das eher eine neue Tendenz. Vor allem für die Musik, die in der Tradition der zweiten Wiener Schule steht und eine so starke Überbetonung des Strukturellen mit sich gebracht hat, gilt das Gegenteil. Sie ist eigentlich eine ausgesprochen unerotische Musik.

Döpfner/Garms: Steht also die strukturelle Komplexität dieser Musik im Widerspruch zur Erotik?

Kühnl: So würde ich das nicht sagen. Es kann eine Musik äußerst sinnlich sein und gleichzeitig wahnsinnig komplex.

Döpfner/Garms: Woran liegt es dann?

Kühnl: Die technische Konstruktion ist bei vielen Selbstzweck geworden. Die junge Komponistin Babette Koblenz — eine Ligeti-Schülerin übrigens — hat dazu einmal etwas sehr Treffendes gesagt: Typisch für unsere mitteleuropäische Kultur wäre bisher immer gewesen, daß man meist nur einen Teilaspekt betrachtet hat. Deshalb nennt sie unsere bisherige Kultur die Mondkultur, weil auch der Mond immer nur einen Teil beleuchtet. Von einer Statue beispielsweise nur eine Seite oder — und das ist schon fast ein Zynismus — nur den Sockel. Einen besonderen Auswuchs kann man beispielsweise in der zwölftönigen Musik erkennen, wo die Strukturierung sich nur auf die Tonhöhen beschränkte und die anderen Parameter gar nicht mitbedachte. So etwas ruiniert die schöpferische Potenz und natürlich jede Sinnlichkeit. Grundsätzlich muß aber Strukturierung nicht einer erotischen Klangwirkung widersprechen. Man hat sich da nur in etwas verrannt, weil man der intuitiven Kompositionsweise in der Musik bis zur Romantik nun eine besondere Fixiertheit auf das rational durchdachte Detail entgegensetzte. Den Blick aufs Ganz haben die meisten dabei verloren. Ich sehe erst jetzt wieder eine Chance, daß die Gesamtheit aller Parameter in den Vordergrund tritt, daß man den Blick aufs Ganze wieder gewinnt. Die neuesten Kompositionstendenzen sprechen dafür.

Döpfner/Garms: Läßt die Irritation des Hörers, die von der alten Neuen Musik oft ganz bewußt bezweckt wird, überhaupt erotisches Empfinden zu?

Kühnl: Ich finde es schon einen lächerlichen Ansatz von einem Komponisten, wenn er nur irritieren will. Das verstehe ich nicht. So etwas ist uninteressant für mich. Das ist, wie wenn einer eine Teilwahrheit verkündet, und der andere ruft »halt« und antwortet mit einer weiteren Halbwahrheit. Ich glaube, wenn jemand den Blick aufs Ganze richtet, dann hat er es gar nicht nötig, nur irritieren zu wollen. Er stellt einfach etwas hin, was irgendwie in sich stimmig ist, und dann ist es auch rezipierbar und möglicherweise erotisch für den Hörer. Im übrigen: Irritation ist sehr relativ. Nehmen wir die Atonalität. Ich wehre mich dagegen zu sagen, daß die Neue Musik atonal ist. Es hat eigentlich immer Tonaliäten gegeben. Und Tonalität ist nichts anderes als ein Bezugssystem. Nur wurde und wird Tonalität immer wieder mit Dur-Moll-Tonalität gleichgesetzt. Mit Ausnahme der zweiten Wiener Schule – und auch die nur in ihrer radikalen Phase – hat es eigentlich keine Zeit gegeben, in der Tonalität nicht existierte. Auch heute: Die Musik von Bartok ist tonal, die Musik von Messiaen ist tonal, die Musik von Tristan Murail ist tonal, und auch meine Musik ist tonal. Diese Tonalität ist nur anders.

Döpfner/Garms: Ist Tonalität – zumindest eine freie – Ihrer Meinung nach also eine Voraussetzung für die Erotik der Musik?

Kühnl: Tonalität ist untrennbar mit Musik verbunden. Wie das Auge in der Landschaft immer wieder einen Bezugspunkt sucht, so bedarf es dieses Bezuges auch in der Musik. Das muß keine Tonika sein. Das kann ein Zentralton sein, oder sogar ein Geräusch, auf das man sich immer wieder bezieht. Insofern ist eine frei definierte Tonalität auch für erotische Musikwirkungen notwendig.

Döpfner/Garms: Halten Sie den Faktor Sinnlichkeit generell für ein Qualitätskriterium, das ausschlaggebend dafür ist, ob sich ein Werk bewährt, also generationsüberdauernd oder – wie man so schön sagt – »unsterblich« wird?

Kühnl: Unbedingt, daran glaube ich.

Döpfner/Garms: Also an Erotik als etwas Allimmanentes, und damit als Voraussetzung für den künstlerischen Wert.

Kühnl: Das ist gut gesagt. Ich kann mir nichts anderes vorstellen. Wobei ich nicht darauf aus bin, meine Zeitgenossen zu überzeugen, was in meiner Musik das Erotische ist. Dieses Verständnis kann man nicht mit der Peitsche beibringen. Nur ich glaube eben, daß, auch wenn es im Unterbewußtsein abläuft, Erotik eine Voraussetzung für die Qualität ist. Auf die rationale Durchdringung des Hörers kommt es dabei nicht an. Messiaen hat einmal nach komplizierten Ausführungen über die Rhythmik gesagt: »Der Zuhörer wird im Konzert natürlich nicht die Möglichkeit haben, all diese Dinge nachzuprüfen. Aber das wird ihn in diesem Moment auch nicht interessieren. Er wird nur einen Wunsch haben: bezaubert zu sein. Und ebendies wird geschehen.« Mit anderen Worten: Messiaen vertraut insofern auf seine Technik, daß sie diese klangsinnlichen Wirkungen hervorbringen wird. Weil er diese Technik von vornherein nicht zum Selbstzweck erfunden hat, sondern weil irgendwann seine klanglichen Vorstellungen diese Technik hervorgebracht haben. So rum.

Döpfner/Garms: Also die Technik als Mittel zum Zweck der Klangsinnlichkeit?

Kühnl: Ganz genau.

Döpfner/Garms: Und welche Komponisten erfüllen diese Qualitäten in besonderem Maße bzw. welche Tonsetzer erfüllen sie Ihrer Meinung nach nicht?

Kühnl: Vor allem die alte, mittelalterliche europäische Musik, auch die außereuropäische Musik mit ihren starken improvisatorischen Elementen. Und von den bekannten Komponisten natürlich Mozart, Wagner, Debussy, Ravel – der Bolero fasziniert mich nicht nur, weil Bo Derek ihn in ihrem neuen Film als Bumsgrundlage benutzt. Vor allem begeistern mich in dieser Hinsicht immer wieder die Franzosen, etwa Henri Dutilleux, Olivier Messiaen, Tristan Murail. Ansonsten Isang Yun, Toru Takemitsu, vieles von Ligeti, Killmayer und viele andere. Weniger erfüllen es Leute wie Henze. Und natürlich, wie gesagt, die zweite Wiener Schule. Ziemlich trocken finde ich auch Joseph Ahrens, den späten Hindemith, Stockhausen, und auch mit Pierre Boulez kann man mich jagen. Und Cage ist ein sehr wichtiger Anreger, ein großer Musikphilosoph, aber eigentlich kein Musiker, kein sinnlicher Komponist.

Döpfner/Garms: Wie ließe sich denn Ihre persönliche Motivation besonders erotisch zu komponieren erklären?

Kühnl: Ich versuche mit meiner Musik meine erotische Faszination mitzuteilen, einfach erotische Gefühle zu vermitteln und eine Begeisterung für diese positive Kraft zu wecken. Aber ich muß natürlich dazu sgen, daß ich nicht nur erotische Musik komponiert habe. Man muß da zwei ganz wesentliche Dinge auseinanderhalten: Der Schaffensprozeß, den man als Künstler erlebt, ist immer erotischer Natur, das Sujet der Komposition und entsprechende Klangwirkungen können erotisch sein, müssen dies aber nicht.

Döpfner/Garms: Worin unterscheidet sich bei Ihnen die Erotik des Komponierens von der Erotik der Sexualität?

Kühnl: Wenn man davon ausgeht, daß beides ein Gefühl des inneren Erfülltseins zur Folge hat, so ist dieses Erfülltsein völlig deckungsgleich.

Döpfner/Garms: Gestatten Sie am Schluß eine scheinbar platte Frage: Wenn Sie müßten, könnten Sie eher auf die Sexualität oder auf das Komponieren verzichten?

Kühnl: Für die Menschen allgemein ist ein erotisches Leben wohl das wichtigste. Denn man kann nicht erwarten, daß jeder Mensch ein Künstler ist oder einen künstlerischen Beruf ausübt. Aber die Chance, in einer Gesellschaft einen Eros voll und positiv auszuleben, hat eigentlich jeder. Deswegen halte ich die Sexualität letzten Endes für das Wichtigere.

10. Kapitel

Erotik in der Pop- und Rockmusik
Cancan für Goldgräber

»Give me a F, give me an U, give me a C, give me a K«, forderten die Rockmusiker in den heißen sechziger Jahren. Das damals noch tabuisierte Wort »Fuck« war Ausdruck einer lautstarken Provokationslust im Drang nach sexueller Befreiung.

Heute regt sich kaum noch jemand über die sogenannten »four-letter-words« auf. In der Musik und Literatur sind sie längst salonfähig geworden. Die geschlechtliche Sphäre wird nicht mehr schamvoll verhüllt, sondern ist öffentliches Allgemeingut. Sex in den Illustrierten, Sex in der Werbung, Sex in der Musik, Sex im Film, Sex im Theater: Prüderie und keusches Versteckspiel scheinen der Vergangenheit anzugehören.

Statistiken wollen wissen, daß Jugendliche immer früher den ersten Geschlechtsverkehr haben. Seitensprünge gehören fast zum guten Ton. Pornographie ist ein florierendes Geschäft und wird kaum noch mit dem Bannspruch belegt. Selbst Hausfrauenblätter sind aufgetaut und kippen Strickanleitungen und Kochrezepte von den Seiten, um dem erotischen Nachhilfeunterricht für ihre Klientel Platz einzuräumen.

Kein Tag vergeht, an dem nicht zumindest ein barbusiges Mädchen über die Mattscheiben der von gestrengen Rundfunkräten kontrollierten Fernsehanstalten flimmert. Wer heute in seiner Partnerbeziehung sexuelle Bedürfnisse verschweigt oder gar den »G-Point« für einen militärischen Fachausdruck hält, gilt als hoffnungsloser Fall.

Die indische Liebesbibel Kamasutra wird nicht mehr in der hintersten Nachttischschublade versteckt, sondern unverblümt neben Schillers »Räuber« in die Anbauwand gestellt. Bildbände mit Aktfotografie sind genauso ein beliebtes Party-Mitbringsel wie die Schmuddelpoesie von Charles Bukowski.

Kein Sommer vergeht, in dem nicht die Modejournale einen noch knapperen Bikini als das erotische Nonplusultra preisen. Frauen, die sich im Urlaub weigern, barbusig in die Sonne zu blinzeln, werden nachsichtig belächelt. Nacktbaden am Baggersee ist fast ein Volkssport. Sogar die Reizwäsche, lange Jahre als Berufsbekleidung des horizontalen Gewerbes von anstößigem Ruf, wird mittlerweile über die Wühltische der Kaufhäuser an die Frau gebracht.

Oswald Kolle, Pille, Minirock, Kommune, Partnertausch: Die Liste mit den Zeichen der sexuellen Enttabuisierung ließe sich beliebig fortsetzen. Bei all dem hat die Rockkultur ein beträchtliches Stück mitgeholfen. Durch ihre Darbietungsformen, Charakteristika und Künstler konnte sie die Sittenstrenge untergraben und das Bedürfnis nach dem erotischen Barrikadensturm in der Jugend multiplizieren.

So läßt sich die Geschichte der Rockmusik auch als Geschichte der fortschreitenden Befreiung von sexuellen Tabus mit allen ihren Reaktionen und Gegenreaktionen verfolgen. Eine Stunde Null gibt es hierbei natürlich nicht. Strenggenommen begannen sich schon in der Blütezeit der sogenannten »Music Halls« mit ihrem als Vaudeville bezeichneten Unterhaltungs-Tingeltangel die sittenstrengen Zügel zu lockern.

Diese beliebte Mischung aus Kneipe und Varieté-Bühne erkor neben trinkfreudiger Geselligkeit den erotischen Kitzel zur Haupt-Attraktion. Entstanden aus der Saloon-Kultur in den Goldgräbernestern und Wildwest-Städten Amerikas boten »Music Halls« des späten 19. und frühen 20. Jahrhunderts mit Theater, Musik und komödiantischen Einlagen fröhliches Volksvergnügen.

Ballettgruppen mit leichtbekleideten Mädchen, die beim »Cancan« viel Bein zeigten und ihre Röcke fliegen ließen, in deren Liedern kaum verschleiert die sexuellen Sehnsüchte der oft frauenlosen Einwanderer und Glücksjäger artikulierten und travestieähnliche Darbietungen heizten den Getränke-Umsatz an.

Nicht zu vergessen sind die »Promenaden«. Das waren bestimmte Flure in der Music Hall, auf denen Prostituierte für ein Entgelt an den Theaterbesitzer ihre Freier angeln durften. Wer also durch die musikalischen Darbietungen und teilweise auch Striptease-Einlagen im Saal entsprechend angeheizt war, konnte gleich anschließend in intimen Séparés seinen aufgestauten Bedürfnissen Luft machen.

Eine Künstlerin, die die Vaudeville-Kultur Anfang des zwanzigsten Jahrhunderts zu einem letzten Höhepunkt führte, war Mae West. Aus Sex-Appeal und Humor, aus Kostümierung und Musik zauberte sie eine unnachahmliche Mischung der frivolen Gemütsmassage.

Doch sie war mehr als eine kokette Animierdame: Mit Parodien und ironischen Spitzen machte sie sich über den Vaudeville-Sex lustig und entschärfte so augenzwinkernd seine derbe Schlüpfrigkeit. Dadurch, daß Mae West suggerierte, Liebe sei doch nur zum Lachen da, nahm sie Moralisten den Wind aus den Segeln. Sie zog den Vamp der Edwardschen Ära durch den Kakao und entwickelte eine Vortragstechnik, die den Zuschauern den schwarzen Peter unterschob, wenn diese in den Darbietungen etwas Anzügliches zu entdecken glaubten. Nach dem Motto »Ein Schelm ist, wer sich Schlimmes dabei denkt«, konnte sie meisterhaft mit Mehrdeutigkeiten jonglieren und durch die verschiedenen Interpretationsmöglichkeiten immer die Lacher auf ihre Seite bringen.

Frischer Wind aus dem Underground

War die Musikerotik des Vaudeville noch eingebettet in eine Unterhaltungskunst, die keine Trennung zwischen einer Popularmusik für Erwachsene und für Jugendliche kannte, sollte sich dies nach dem Zweiten Weltkrieg ändern. Der Rock als Zusammenfluß von afrikanischen und europäischen Musikkulturen war eine Initialzündung, die speziell den Sex der Heranwachsenden artikulierte und seitdem immer wieder als klanggewordene Erotik apostrophiert wird. Er ermöglichte der jungen Generation erstmals den Ausbruch aus der festgefügten Normenwelt ihrer Eltern und lieferte die Basis einer eigenen kulturellen, gesellschaftlichen Identität.

Doch hervorgegangen aus dem Rhythm & Blues der Schwarzen, dem Jazz, der weißen Unterhaltungs- und Tanzmusik, die ebenfalls schon Erotik einschlossen, war Rockmusik in erster Linie Symbol einer neuen Lebenshaltung, und trieb nur nebenbei, quasi als Abfallprodukt, die sexuelle Liberalisierung voran.

Die amerikanische Jugend der vierziger Jahre war hineingeboren in eine Welt der technischen Revolution, des wachsenden Wohlstands, der aufblühenden Massenmedien und einer vorher ungekannten Mobilität, die ein Drang nach Selbstverwirklichung und ungehinderter Bedürfnisbefriedigung weckte.

Gleichzeitig haftete an der Musik das durch die abendländische Kulturgeschichte geprägte Ideal feiner Klangkulinarik und symbolreich verschleierter Emotionen. Raffinierte Andeutungen und zurückhaltende Umschreibungen rangierten vor dem ungeschminkten Gefühlsausdruck. Gesellschaftlicher Protest, oder gar offen artikulierte Sexualität waren verpönt.

Das populäre Musikleben in Amerika, dem Ursprungsland des Rock, wurde bis 1940 von den Mitgliedern der Urheberrechtsgesellschaft »American Society of Composers, Authors and Publishers« (ASCAP) geprägt. Denn ein Abkommen zwischen der ASCAP und den Radiosendern legte fest, daß nur Werke von den dieser Organisation angeschlossenen Autoren ausgestrahlt werden durften.

Die Musik der Subkultur und der schwarzen Blueskünstler gelangte hierdurch kaum in den Rundfunk. Doch als die ASCAP plötzlich mehr Geld für die Senderechte forderte, kam es zu einem Boykott. Die Radiomacher spielten fast das ganze Jahr 1941 über keine ASCAP-Titel mehr, sondern halfen sich mit urheberrechtlich nicht geschützter Folklore oder betagten Schlagern aus der Patsche.

Um ihre Mitglieder vor dem finanziellen Debakel zu bewahren, mußte die Urheberrechtsgesellschaft schließlich klein beigeben. Statt den geforderten 7,5 Prozent der Bruttoeinnahmen beschied sie sich mit dem weitaus geringeren Anteil von 2,75 Prozent. Das Geschmacksmonopol auf dem Musikmarkt aber hatte die Organisation verloren. Denn in der Zwischenzeit hatten die Radioleute eine eigene Lizenzgesellschaft gegründet: Broadcast Music Incorporated (BMI). Sie spürte Komponisten und Stücke auf, die noch nicht innerhalb der ASCAP geschützt worden waren. Country und Hillbilly, Blues, Gospel und andere, wohl in der Bevölkerung verbreitete, aber von den Medien vernachlässigte Stile bekamen jetzt die Chance, grenzüberschreitend eine breite Hörerschicht zu erobern.

Bei dem Publikum stieß die Veränderung, die frischen Wind brachte, auf beachtliche Resonanz. So war auch die ASCAP gezwungen, die zuvor geschmähte Subkultur zu integrieren. Dadurch geriet die amerikanische Populärmusik in einen folgenschweren Umbruch: Nicht allein der glatte, auf beschwichtigende Harmonie bedachte Schlager aus der »Tin Pan Alley«, jener New Yorker Straße, die als Relaisstelle der Musikverleger fungierte, befriedigte fortan das Unterhaltungsbedürfnis. Auch die ungehobelte Musik des Proletariats, Black Music und Getto-Klänge kamen ins Radio. Die Verschmelzung der weißen und schwarzen Musikkultur durch den Rock 'n' Roll bereitete sich vor.

Elvis, ein sexueller Freibeuter?

Hätte es diese Liberalisierung der populären Musik nicht gegeben, wären Künstler wie Elvis Presley oder Bill Haley kaum zum Zuge gekommen. So jedoch konnten die neuen Idole auf breiter Front das fortführen, was Sänger wie Frankie Laine, Al Jolson oder Johnny Ray begonnen hatten: mit dem Feeling und dem Sound der Schwarzen ihren

Balladen sinnliche Hitze zu geben und so einen jugendkulturellen Wandel einzuleiten.

Elvis Presley, ein Arbeiterkind aus Tulepo, Mississippi, dessen Karriere zu dem größten Phänomen der Popgeschichte zählt, war die Inkarnation dieser neuen Entwicklung. Seine herausfordernd-laszive Gestik, die widerspenstige Art, der Schlafzimmerblick, das Zucken der Hüften und die bluesigen Rubati des Gesangs hoben sich stark von der artigen, heroisch strahlenden »Nice-Boy«-Attitüde anderer Hillbilly-Barden ab.

Es ist aufschlußreich, was der Country-Sänger Bob Luman in dem Buch »Nashville Sound« von Paul Hemphill über Elvis Presley sagt: »Dieser Bursche kam raus mit roten Hosen, einem grünen Umhang, Hemd und Socken in Pink, und er hatte dieses höhnische Grinsen auf seinem Gesicht, und er stand bestimmt fünf Minuten hinter dem Mikrophon, bevor er auch nur irgend etwas tat. Dann schlug er einen Akkord auf seiner Gitarre, und dabei gingen gleich zwei Saiten drauf. Ich hatte zehn Jahre lang gespielt und in der ganzen Zeit keine zwei Saiten zum Reißen gebracht. Da stand er nun, zwei Saiten baumelten herunter, und er hatte immer noch nichts gemacht, und diese Highschool-Mädchen kreischten, fielen in Ohnmacht, rannten nach vorne zur Bühne, und dann fing er an, seine Hüften zu bewegen, so als ob er nicht seine Gitarre, sondern ein Mädchen dort hätte. Das war Elvis, als er ungefähr 19 war und in Kilgore, Texas, spielte. Mann, er ließ mir kalte Schauer den Rücken runterlaufen, so als ob dich dein Haar im Nacken kitzelt.«

Presley muß, auch wenn man den Berichten seines Biographen Jerry Hopkins folgt, eine lustbetonte Wildheit verkörpert haben, die für das weiße amerikanische Publikum völlig neu war. Mit ungeniertem Gefühls-Striptease attackierte er die spießbürgerliche Realität und symbolisierte den in den Gedanken seiner Altersgenossen schwelenden Drang, aus konventionellen, puritanischen Verhaltensmustern auszubrechen.

Elvis tat offenherzig das, was sich andere nicht trauten: Sexualität aus der Dunkelheit des Heuschobers oder dem ehelichen Schlafzimmer hinaus öffentlich zu zelebrieren. Der Kitzel des Verbotenen, Neugierde, eine dicht beieinanderliegende Mischung aus Abscheu, Faszination und Begeisterung trieben die Plattenumsätze in die Höhe und die Fans zu den Konzerten.

Im Rock-Lexikon von Siegfried Schmidt-Joos und Barry Graves heißt es treffend: »Presleys Songs waren – zumal am Anfang – stets dreidimensional in Text, Musik und Live-Interpretation. Die Texte seiner Lieder spiegelten allenfalls eine unschuldige, pubertäre Teenager-Erotik und stießen deshalb bei den Rundfunksendern kaum auf Ablehnung. Seine vokale Interpretationsweise deutete diese Texte, für Zensurinstanzen unwägbar, durch eine sexuell wirksame Atem-Geräuschtechnik und sinnliche Dehnungen als lasziv es Kopfkissengeflüster während eines Beischlafs aus. Auf der Bühne schließlich wirkte der ›Wolf (Stimmton) im Schafspelz (Texte)‹ (The Guardian) durch die eindeutigen Bewegungen seines Unterleibs unmaskiert ›wie ein sexueller Freibeuter‹ (Geoffrey Cannon) und wurde damit insgesamt zum Teenager-Idol.«

Die Wirkung des gutturalen Timbres, der gedehnten Silben, des schmachtend-rauchigen Baritons und der Schluckauf-Kiekser, mit denen er seine Songs darbot, während er dazu auf schlotternden Beinen über die Bühne rotierte, muß insgesamt so aufreizend gewesen sein, daß schnell zahlreiche, den Sittenverfall befürchtende Gegner auf den Plan gerufen wurden.

So verklagte man Elvis Presley in Miami wegen Obszönität, und das »Time-Magazin« berichtete im Mai 1956 von einem Polizisten aus Oakland, Kalifornien, der drohte, Elvis »The Pelvis«, kurz das Becken genannt, sofort zu verhaften, falls er seine kreisenden Beckenbewegungen auf der Straße vollführen würde. Die DDR-Zeitung »Junge Welt« schließlich erklärte den Rock 'n' Roll -Star zu einem Werkzeug der amerikanischen psychologischen Kriegsführung, mit dem ein Teil der Bevölkerung mit neuer Unmenschlichkeit infiziert werden sollte.

Doch statt den Höhenflug des Künstlers zu bremsen, heizten solche Skandale das Interesse noch mehr an. Die Jugend ließ sich ihr Idol, das ihre geheimsten Wünsche ausdrückte, nicht verbieten. Elvis war das Abbild jener aufmüpfigen Grundhaltung, die der Country-Rock-Gitarrist Carl Perkins so umschrieb: »Das war ungefähr die Zeit, als die Jungendlichen plötzlich erklärten: ›Ich will mir meine Sachen nicht von Mam oder Dad kaufen lassen. Gebt mir den Dollar, und ich kauf mir selber meine Ledermütze.‹«

Ähnlich verhielt es sich mit der Musik. Tony Palmer stellt in seinem Buch »All you need is love« fest, daß das Publikum von Elvis einer Generation angehört habe, die nicht mehr am Krieg teilgenommen hätte und gegen alles gewesen wäre, was mit der Vergangenheit zu tun gehabt hätte.

Der Entdecker von Elvis, der »Sun-Records«-Besitzer Sam Phillips brachte die neue Lebenshaltung auf die kurze Formel: »Die Leidenschaft eines Augenblicks, aber ohne tiefere Bedeutung.«

Dies bedeutet Spaß zu haben, ohne sich von puritanischen Vorschriften gängeln zu lassen, zu flirten, ohne damit weitreichende Versprechungen zu machen, und schließlich auch Konsum, Konsum und nochmals Konsum.

Die Grundzüge der Rock-Ideologie, die das schrankenlose Sich-Ausleben propagierte, nahm hier ihren Anfang.

So wie das mit bauernschlauer Raffinesse von seinem Manager »Colonel« Tom Parker für die Öffentlichkeit inszenierte Leben Presleys sich mit dem Autofetischismus, den prunkvollen Villen vor den Fans darstellte, hatte jemand nichts weiter getan, als nur seinem Gefühl freien Lauf gelassen und damit Erfolg gehabt. Ethische Werte oder gar die geistige Idealisierung der Liebe traten hierbei in den Hintergrund.

Dieser Drang zur Oberflächlichkeit und zum Egoismus war freilich kein erklärtes Ziel, sondern reflektierte nur jene gesellschaftlichen Veränderungen, die ohnehin in der Luft lagen. Denn der Außenseiter aus Tulepo war ein Kind jener angekratzten Idylle, die der zwischen 1948 und 1953 entstandene Kinsey-Report mit ein paar trockenen Fakten dokumentierte.

So hatten 70 Prozent der Männer Prostituierte aufgesucht und 40 Prozent der Ehegatten waren ihren Frauen untreu gewesen. 37 Prozent der Männer und 19 Prozent der Frauen hatten in ihrem Leben zumindest einmal homosexuelle Kontakte gehabt.

Die Zweckheirat, bei der die körperliche Erfüllung eine Nebenrolle spielt, verlor angesichts des rapiden Wirtschaftswachstums in den fünfziger Jahren ihre Bedeutung. Elvis Presley, der vermeintliche Selfmademan, zeigte, worauf es statt dessen anzukommen schien: Sex-Appeal, offensives Amüsement, materieller Exhibitionismus, die Welt des Jetzt und Hier, kündeten von einem neuen »American way of life«.

Durch sein offenes Bekenntnis zu solchen Lebensmaximen machte der Sänger, der die Erotik des Blues in eine für Weiße nachvollziehbare Form gebracht und darüber hinaus auch dem Starkult neue Dimensionen eröffnet hatte, die schamvolle Verleugnung des sich wandelnden Zeitgeists zunichte. Der Bann war gebrochen.

Schwächen des schwachen Geschlechts

Parallel zu Presley entdeckten auch andere weiße Künstler die Möglichkeit, »schwarz« zu spielen und so einen intensiveren Gefühlsausdruck und latente Sexualität in der populären Musik zu verankern.

Vorneweg Jerry Lee Lewis, dessen aggressive Stimme von dem »Rolling Stone«-Journalisten Jim Miller als »reine Verkörperung leichtlebiger Lust« beschrieben wurde. Der Pianist, der wie Elvis bei der Schallplattenfirma »Sun« in Memphis debütiert hatte, landete 1957 mit der Single »Whole Lotta Shakin!« einen Millionen-Hit. Von den ersten pochenden Klaviertakten an war dieses Stück eine erotische Klangorgie, die nicht nur wegen der Zweideutigkeiten des Textes »Shake it, Baby, shake« Wirkung zeigte.

Der dampfhammerartige Anschlag des »Killers«, wie sich Jerry Lee Lewis gerne nennen ließ, und sein schlüpfrig-drängender Gesang ließen keinen Zweifel an sexueller Provokationslust aufkommen. Zu seinem exzentrischen Spielstil, der die Fans oft so in Ekstase versetzte, daß sie die Einrichtung der Musikclubs demolierten, paßte auch die private Lebensweise.

Jerry hatte ein Faible für minderjährige Mädchen, und als er nach zwei vorhergehenden Ehen 1958 seine 13jährige Cousine Myra zur Frau nahm, kostete ihn dies für lange Zeit seine Karriere.

Aber auch schwarze Künstler sägten mit dem Rock 'n' Roll fleißig am Sittenkäfig. Chuck Berry beispielsweise, der zu den wichtigsten Anregern der englischen Beat-Bewegung in den sechziger Jahren zählt, wußte mit seinen Stücken die Teenager-Sprache so treffend zu kopieren, daß er genau das, was die Eltern nicht hören wollten, in für Heranwachsende leicht entschlüsselbare Metaphern packte.

So bei seinem ersten Hit »Maybelline«. Die geschilderte Wettfahrt mit Autos (»As I was motivating up the hill / I saw Maybelline in a Coupe de Ville«) bezieht sich vordergründig auf einen beliebten Zeitvertreib, wurde aber genauso als Symbol für den Geschlechtsverkehr verstanden.

Eindeutiger traf sein ebenfalls farbiger Kollege Little Richard den sexuellen Nerv der Jugend. Der schlanke Sänger, der die Inbrunst der Gospelmusik mit obszönen Wortspielen und rasenden Rhythmen verband, kostümierte sich für seine Auftritte gern wie ein Dandy, schminkte Lippen und Augen, kalkte das Gesicht weiß und toupierte die Haare wie Zuckerwatte.

In seinem ersten Film »Don't knock the Rock 'n' Roll« wirkt Little

Richard für den »Rolling Stone« -Kritiker Langdon Winner wie »eine Kombination aus Elfe und Clown«: »Wenn er ›He duck back in the alley‹ singt, dreht sich Richard blitzschnell vom Klavier weg und stürzt dann wieder zurück, als ob er zum nächsten Ton noch zurecht kommen wolle. Während der Saxophonist auf dem Flügel kniend ein Motiv bläst, stellt Richard seinen Fuß auf den Deckel und beginnnt mit Hüften und Körper kreisende Bewegungen zu beschreiben – etwas, was in derartiger Übertreibung öffentlich nur unter dem Vorwand eines Rock-'n'-Roll-Tanzes gestattet ist.«

Bringt man die erotischen Merkmale des Rock 'n' Roll auf einen Nenner, sind es der ekstatische Rhythmus, die anspielungsreichen Gebärden und Bewegungsrituale, die versteckt frivolen Texte, die neben dem urwüchsigen Gesang die Gemüter erhitzten: Schluckauf-Intonation, Gluckser, Flüstern, hymnische Verzückungsschreie und Falsett-Töne kennzeichneten einen vokalen Vortragsstil, der artifiziellen Schönklang durch triebmäßige Gefühlsäußerung ersetzte.

Soziologisch gesehen, hat der Rock 'n' Roll zwar die Sexualität aus einer schamhaft verklärten Tabuzone an die Oberfläche gebracht, an den alten Rollenklischees freilich änderte sich wenig.

Erotisches wurde freizügiger als zuvor thematisiert, die traditionelle Subjekt-Objekt-Beziehung zwischen Mann und Frau blieb trotzdem erhalten.

Das, von dem die Rock-'n'-Roll-Idole sangen, war der Sex der Männer. Sie tobten sich aus, waren die »Aufreißer«, die Helden. In den Liedern der fünfziger Jahre wurden Frauen nicht als ebenbürtige Partnerinnen besungen, sondern mußten sich mit der Rolle des austauschbaren Sexy-Girls begnügen. Sie hatten sich der Präpotenz des »starken Geschlechts« unterzuordnen und sich darauf zu beschränken, hübsch auszusehen und begehrenswert zu sein. Unwidersprochen sollte die Frau in der Rolle der idealen Geliebten, Hausfrau und Mutter aufgehen.

»Auf der Basis dieses scheinbaren Widerspruchs – einerseits Propagierung freier Sexualität durch die Männer im Rock 'n' Roll, andererseits die totale sexuelle Anpassung, vermufft und verlogen – konnte sich der Rock 'n' Roll entwickeln«, stellt deshalb zu Recht Brigitte Rohkohl in ihrem Buch »Rock Frauen« fest.

Weiter schreibt sie: »Die Situation der amerikanischen Frau in den Fünfzigern und Sechzigern kann man sich lebhaft vorstellen, wenn man an die Idole der damaligen Zeit denkt: Doris Day, fotogenstes Hutgesicht der amerikanischen Filmgeschichte, ihr hauchdünnes, zuckersüßes ›Secret Love‹ war wochenlang in den Hitparaden. In ihren Filmen repräsentierte sie das gewünschte Bild der typischen amerikanischen Frau: antiseptisch, jungfräulich, dezent gerouget, moralisch einwandfrei. Kapriziöse junge Dame, immer in Action, um an den Mann zu kommen.«[43]

Dieses »Sich-den-richtigen-Mann-angeln« war die unumstößliche Maxime für junge Mädchen, darauf sollten sie ihr ganzes Streben abstimmen. Selbstbewußtsein und Emanzipation hatten in einer Gesellschaft, die es als höchstes Ziel ansah, daß der Mann genug verdient, um seiner Frau ein sorgenfreies, auf die Arbeit am heimischen Herd beschränktes Leben zu bieten, wenig Platz.

Obwohl die sexuelle Betätigung der Jugendlichen vor der Heirat zunehmend als vergnüglicher Bestandteil der Partnersuche akzeptiert wurde, blieb die trauscheinlose Lebensgemeinschaft ebenso geächtet, wie ein uneheliches Kind. Familie und Ehe wurden in den Texten des Rock 'n' Roll kaum in Frage gestellt. So ist die vielbeschworene sexuelle Revolution, die mit dem Rock 'n' Roll einhergegangen sei, kaum mehr wie der erste Schritt eines gesellschaftlichen und sozialen Wertewechsels: Die öffentliche Sexual-Ethik übernahm zunehmend die Idee von einem freien, lustbetonten Geschlechtsleben, dem der Keuschheits-Gedanke, wie er vor allem von den Kirchen vertreten wurde, weichen mußte.

Onanie wurde nicht mehr totgeschwiegen, und statt wie lange Zeit die Empfängnis als einzig hehres Ziel für die geschlechtliche Betätigung der Frau zu propagieren, hatte deren von der Schwangerschaft abgelöste Befriedigung im Orgasmus nun den gleichen Stellenwert. Dieser ohnehin schwelende Drang zum Sex als Freizeitvergnügen war keine Ursache des Rock 'n' Roll, sondern schaffte sich in dieser Musikrichtung nur einen massenwirksamen Ausdruck.

»Politiker der Erotik«

In sexueller Hinsicht weitaus rebellischer und von politischem Veränderungswillen geprägt, war die Jugendkultur, die sich dann in den sechziger Jahren entwickelte. Die Familie als gesellschaftliche Institution wurde in Frage gestellt. Man lehnte sich gegen Werte wie Häuslichkeit oder Ehe auf und predigte eine Sexualität, die von vermeintlich repressiven Zwängen frei sein sollte.

Rockmusik war das wirkungsvollste Medium, um diese hedonistische Ideologie zu verbreiten. Für die Schriftstellerin Karen Durbin hätte

Rock ihr selbst und einer ganzen Reihe von Frauen die Möglichkeit gegeben, ihre Bedürfnisse zu artikulieren und zu ihrer Sexualität zu stehen, ohne sich dafür entschuldigen und jeden Anflug von Leidenschaft mit dem traditionellen »weiblichen« Verlangen nach wahrer Liebe und Ehe beschönigen zu müssen.[44]

Denn damals idealisierte die Gesellschaft die Sexualität der jungen Mädchen noch ziemlich stark und stand ihnen die Chuzpe, sich frank und frei körperliche Befriedigung zu verschaffen, ohne damit gleich eine feste Beziehung anzustreben, nicht zu.

Künstler wie Eric Burdon oder die »Rolling Stones«, die sich mit ihren Sex- und Drogenexzessen und der antiromantischen Attitüde nachdrücklich über bürgerliche Moralvorstellungen hinwegsetzten, wirkten vor diesem Hintergrund deshalb auch für weibliche Fans besonders ermunternd.

So sprach der »Stones«-Hit »I can't get no satisfaction« den Teenagern aus dem Herzen. Sie verstanden den Titel, wie die »Zeit« schrieb, als »Aufforderung an jeden einzelnen, sich nicht länger die Befriedigung zu versagen, deren Erfüllung doch längst schon möglich ist.«

Die Rockmusik verkörperte die Gegenwelt zu den autoritären Eltern, in der Sex als »schmutzig« und »schädlich« verteufelt wurde. Der Mythos »Sex and Drugs and Rock 'n' Roll«, der ein Leben ohne Zwänge und in neuen, durch Rauschmittel erweiterten Bewußtseinsphären versprach, griff um sich.

Ob nun Eric Burdon den Zeitgeist auf die schnoddrige Formel brachte: »Wir hatten damals nur im Kopf, jedes Mädchen zu legen, das in die Nähe kam. Unser hauptsächlicher und ständiger Wunsch war eine endlose Party«, oder Jim Morrison mit dem anarchistischen Satz: »Wir sind Politiker der Erotik. Wir sind für alles, was mit Revolte, Chaos und sinnloser Betätigung zu tun hat«, das Ganze in einen fast gesellschaftskritischen Zusammenhang rückte – die Rockmusik war stärker noch als während der Presley-Ära Symbolträger einer vermeintlich tiefgreifenden Aufbruchstimmung.

Micks Macho-Manieren

Daß diese Rock-Revolution letztlich doch nur Utopie war, mußte man später in den siebziger Jahren feststellen. »Rock hat aufgehört, Heranwachsenden Weltanschauung und Lebenshilfe zu vermitteln«, sagte der amerikanische Impresario Bill Graham: »Er ist nur noch Entertainment.« Doch bevor das gigantische Geschäft mit der Jugendkultur deren rebellischen Ansatz zunichte gemacht hatte und allenfalls die Punkbewegung noch einmal einen Generationskonflikt heraufbeschwörte, kam erst die Blütezeit jener Rock-Heroen, die sich zum Inbegriff einer protestierenden Generation stilisieren konnten.

Die Hippie-Bewegung entstand. Mit langen Haaren und ausgeflippter Kleidung dokumentierte man äußerlich ein von alten Verhaltensweisen abgewandten Lebensstil, der ohne Autoritätsdruck und hierarchische Strukturen die Befreiung von den Normen der Leistungsgesellschaft in Drogenerlebnissen, Stadtflucht und Mystik suchte. Besitzansprüche an den festen Partner sollten einer bedürfnisorientierten Promiskuität Platz machen.

Anspruch und Wirklichkeit klafften freilich ziemlich auseinander. Wohl gab es Underground-Gruppen wie die »Fugs«, die neben ihren Friedenssongs mit intellektueller, hart-kritischer Lyrik die Verlogenheit der amerikanischen Durchschnitts-Sexualität anprangerten oder auch die Bandkommune »Grateful Dead«, der es anstelle der konsumorientierten Glitzerwelt des Showgeschäfts um wirkliche, von gegenseitiger Verantwortung geprägte Veränderungen im Zusammenleben ging. Doch in der Regel beließen es die meisten Stargruppen Ende der sechziger Jahre bei chauvinistischer Kraftmeierei.

In erster Linie ging es darum, die männliche Gier nach Sex unverblümter als je zuvor auszudrücken, was oft genug mit der Emanzipation der Sexualität verwechselt wurde: »Let's spend the night together« von den »Rolling Stones« ist letztlich nichts anderes, als ein Song über die Bedürfnisse des Mannes, der ein Mädchen körperlich benutzen, sonst aber weiter nichts von ihr wissen will.

Gewiß: Mick Jagger mit seinem lasziven Auftrittsgebaren, der wilden Gestik und den ekstatischen, am Vorbild des schwarzen Sängers James Brown orientierten Gesangsstil ist eines der wirkungsstärksten Sexidole der Rockmusik. Jagger wurde zum Auslöser einer weltweiten Massenhysterie bei den Jugendlichen, seine Rebellenattitüde und die Rauheit der einpeitschenden Rhythm & Blues-Nummern ließen kein Zweifel daran, daß hier jemand vorhatte, mit Verhaltensnormen zu brechen.

Die »Rolling Stones« mußten in den Augen ihrer Fans scheinbar auf nichts und niemand Rücksicht nehmen. Mit ihren Sex- und Drogenexzessen setzten sie sich nachdrücklich über den bürgerlichen Moralkodex hinweg und festigten – passend zu ihren provozierenden Texten – das Image von aggressiven, schmutzigen und diabolischen Vertretern eines neuen proletarischen Selbstbewußtseins.

Mick Jagger, Sohn eines Physiklehrers und entdeckt von Alexis Korner, war schon durch seine äußerlichen Vorzüge zum Mädchen-Liebling prädestiniert. Die sinnlich aufgeworfenen Lippen seines großen Mundes und die drahtige, gertenschlanke Figur setzten unmißverständlich erotische Signale. Nicht umsonst schälte sich Jagger bei den Auftritten in geschickter Dramaturgie aus seinen engen Bühnenkostümen, um bald mit nacktem, schweißglänzendem Oberkörper über das Parkett zu wirbeln.

Ob er das Mikrophon wie ein trotziger Schulhoflümmel als Penis-Symbol vor den Unterleib hielt, mal mit der Gitarre, mal mit dem Stativ Koitus-Bewegungen imitierte, oder herausfordernd den Gürtel aus der Hose zog und ihn wie eine Peitsche schwang − die veitstanzartige Choreographie kündete stets von Sex.

Unter dieser Oberfläche einer freizügigen Zurschaustellung von Körperlichkeit und geschlechtlicher Lust aber blieben die althergebrachten, rigiden Herrschaftsansprüche des Mannes unberührt.

Die Frau ist das Objekt, das man sich bedenkenlos untertan machen darf. In diesem Sinne schrieb der Kritiker Alan Becket: »In ›Under my thumb‹ finden wir den Ausdruck eines ungemilderten Triumphs und der Kontrolle über die Geliebte. Dieser Text wird zum Teil gut durch die Musik begleitet. Der Rhythmus suggeriert das Niederstampfen; der Gebrauch der Marimba jedoch macht es delikat und teilt mit, daß manch anderes am Anfang dieser Beziehung geschehen mag, und daß der Jubel noch ein wenig verstohlen ist.«[45] Ob Jagger nun in dem Titel »Yesterday Papers« sinnbildlich höhnt: Wer will schon die Zeitungen von gestern, wer will schon die Mädchen von gestern? oder auf der Platte »Beggars Banquet« die Liebeskünste einer Fünfzehnjährigen anpreist, viele »Stones«-Titel entpuppen sich als Rollenbilder derber Straßenjungs die sich gegenseitig mit ihren Bett-Abenteuern brüsten.

Der Frankfurter Popkenner Wolfgang Sandner hat zu Recht drei dominierende Frauenklischees in der von Männern produzierten Rockmusik herausgestellt, die deutlich auch bei den »Rolling Stones« auftauchen. Zunächst nennt er die »Rolle der Jungfrau Maria, das heißt des idealisierten, schönen und guten Wesens (Musikbeispiele: Teen Angel, Venus in Blue Jeans, Living Doll, Dream Lover, Five Foot Two Eyes of Blue, Angel Face, The Most Beautiful Girl, The Sunshine of My Life), dann die traditionelle Eva-Rolle, die verführerische Frau mit maßlosen Forderungen und ausschweifendem Lebenswandel, die den Mann so lange quält, bis er das nette Girl von nebenan heiratet. (Beispiele: Hard Headed Woman, Brown Sugar, Mean Woman Blues,

Long Black Veil . . .) und schließlich als dritte Stereotype die Sklavin des Mannes, die selbst Bob Dylan in seinem ›Wedding Song‹ beschrieben hat.«[46]

In die hier zitierte Kerbe schlägt ein großer Teil der männlichen Rockstars. Eric Burdon in seinen jungen Jahren, auch »The Who« mit ihrem manchmal vulgären Rock 'n' Roll und natürlich Robert Plant von »Led Zeppelin«, der im »Lemon Song« das legendäre »Quetsch mich Baby, bis mir der Saft die Beine runterläuft«, schrie.

Iggy Pop, 1968 erstmals mit seiner Band »The Stooges« in Erscheinung getreten und heute als Erfinder der Punk-Musik gefeiert, trieb die sexistische Frauen-Verachtung nicht nur verbal, sondern auch handgreiflich auf die Spitze. So soll der Sänger, der sich nicht selten auf der Bühne eine splitternde Flasche auf die Brust hieb, bis er blutete, bisweilen ins Publikum gesprungen sein, wo er Mädchen an den Haaren riß und sie mit seinen schwarzgeschminkten Lippen ableckte.

Durch solche aggressiven Show-Ingredienzen, Rauschgift-Exzesse und morbiden Schocker-Klänge hatte Iggy Pop in der amerikanischen Underground-Szene rasch den Ruf, der Mann mit dem meisten Sex-Appeal zu sein, obwohl in den Songs der »Stooges« von Liebe nicht die Rede war. Statt dessen wurde brutaler Sex als ein Zeichen resignierender Verzweiflung und Gesellschaftshaß vorgeführt.

In der selbstzerstörerischen Show des Sado-Maso-Sängers hatte das demonstrative Zerschmettern jeglicher Idylle weniger eine aufklärerische Wirkung, sondern erschöpfte sich darin, die voyeurhafte Gier des Publikums nach Sensation und Nervenkitzel zu befriedigen.

Orgasmus-König

Mit harten Bandagen arbeitete auch die kalifornische Kult-Gruppe »The Doors«. Der von dem »Miami Herold« als »King of Orgasmic Rock« glorifizierte Sänger Jim Morrison hatte die Band 1965 gegründet. Die Absicht des adonishaften, dunkelgelockten Künstlers war es, seine Fans mit mystisch angehauchter, teilweise blutgetränkter Lyrik erotisch aufzuladen. Hierfür schien ihm jedes Mittel recht. In der Auftritts-Ekstase ging er sogar so weit, sich selbst zu entblößen.

Geschichte hat ein Konzert im »Dinner Key Auditorium« von Miami im März 1969 gemacht: Während die Fans nach Zugaben schrien, riß der mit schwarzen Lederhosen bekleidete Morrison das Hemd herunter und stöhnte ins Mikrophon: »Wollt ihr mich berühren?« Dann forderte er: »Kommt und faßt mich an!« Nach Berichten des Konzertveranstalters Ken Collier stürmten daraufhin zahlreiche Fans die Bühne und umringten die »Doors«. Der angeheizte Jim Morrison schrie: »Wollt ihr meinen Penis sehen? Wollt ihr sehen, wovon ich heute abend gesungen habe?« Collier, der die Katastrophe herannahen sah, kämpfte sich durch die Meute zu Morrison durch und entriß ihm das Mikrophon. Der Sänger aber tanzte weiter, öffnete seine Hose und schien zu masturbieren.

Das Resultat: Morrison wurde von der Polizei verhaftet und wegen »unzüchtigen und lüsternen Verhaltens in der Öffentlichkeit durch Zurschaustellung intimer Körperteile und Simulation von Masturbation und oraler Kopulation« angeklagt.

Die Öffentlichkeit hatte ihren Skandal. Eine eigens gegründete »Liga für den Anstand« rief sogar zur Demonstration gegen die Doors auf, an der sich 30 000 Menschen beteiligt haben sollen. Das tat der Popularität der Gruppe jedoch keinen Abbruch. Im Gegenteil: Die Anhänger solidarisierten sich und kürten Jim Morrison zu einer amerikanischen Antwort auf das britische Sex-Symbol Mick Jagger.

Bei aller Offenherzigkeit litt der von Alkohol- und Drogenmißbrauch gezeichnete »Doors«-Frontman indessen an ähnlichen ödipalen Komplexen und innerer Zerrissenheit wie Iggy Pop, was auch durch seine musikalischen Predigten für die freie Liebe nicht verdeckt werden konnte. So berichtet der »Doors«-Produzent Paul Rothchild über die Plattenaufnahmen des legendären Titels »The End«: »In der Nacht vorher versuchten wir, ›The End‹ aufzunehmen. Aber wir schafften es nicht. Jim schaffte es nicht. Er versuchte verzweifelt es zu tun, es war ein einziger Schrei: ›Kill the father, fuck the mother‹. Ich weiß nicht, ob Sie ihn mitten in ›The End‹ sagen hörten: ›Kill, kill, kill!‹ Sie werden es das nächste Mal hören, während der ganzen gewaltigen Rage-Sache: ›Kill, kill, kill, kill, kill‹, und an einer anderen Stelle schreit er: ›Fuck, fuck‹, wie ein Rhythmusinstrument.«[47]

Eine intellektuellere Alternative zu diesem Rock- und Sex-Trauma der »Doors« versuchte die schon 1964 von Avantgarde-Poeten des New Yorker Künstlerviertels »Greenvich Village« gegründete Band »Fugs«. Als führender Kopf des Sextetts gilt der bärtige Sänger Tuli Kupferberg, der parallel zu seinen musikalischen Ambitionen teilweise an der Underground-Hochschule »Free University« dozierte und den Posten eines Educational Director bei der »Liga für sexuelle Freiheit« innehatte.

Kupferbergs historisch nicht eben faktensichere Philosophie: »Sex ist

Anarchismus. Er ist einfach eine biologische und eine organische Sache. Ganz allgemein wird Sex langsam natürlicher; doch er ist schon so lange als eine schlechte Sache angesehen worden, daß heute nur wenige Leute den richtigen Platz im Leben für den Sex kennen. 5000 Jahre lang haben wir ihn als böse, als widerlich angesehen und ihn wichtiger genommen, als er in Wirklichkeit ist.«[48]

Um ein ungezwungenes Verhältnis zur Sexualität zu gewinnen, empfahlen die »Fugs« in ihren Liedern die Onanie als ersten wichtigen Schritt der sexuellen Entkrampfung. Dies bot damals noch Zündstoff, wenn man bedenkt, daß stramm konservative Zeitschriften wie das »Readers Digest« in Artikeln Masturbation als schädlich verunglimpften, vor seelischer Deformation warnten und reichlich sportliche Betätigung oder kaltes Duschen als pädagogisch ratsamen Ausgleich empfahlen.

Auch andere Anzeichen für das verklemmte Verhältnis der amerikanischen Gesellschaft zur Körperlichkeit nahm Kupferberg aufs Korn, wie zum Beispiel die von der Werbung ausgeschlachtete Transpirationsangst, und textete: »Mein Mädchen hat kein Geld / aber ihr Bär schmeckt nach Honig / denn sie macht diese / Coca-Cola-Spülung.«

Die zornigen, ungeschminkten Verse der Band sollten die chauvinistische Männerwelt decouvrieren, in der sexuelle Zwiespältigkeiten durch Ersatzträume von sterilen Posterwesen und vermeintlich willigen Leinwand-Idolen mit prallen Silikonbusen und Schmollmund kompensiert werden.

So beschreibt das Lied »Supergirl« ironisch die Sehnsucht nach der pflegeleichten Geliebten, die ihre Person völlig den Bedürfnissen des Mannes unterordnet: »Ich will ein Mädchen, das ficken kann wie ein Engel, kocht wie ein Teufel, arbeitet wie ein Pony und liebt wie ein Affe«, heißt es auszugsweise.

Seine Überzeugungen faßte der Subkultur-Dichter Kupferberg in dem Buch »1001 Arten der körperlichen Liebe« und in dem Bühnenstück »Fucknam« zusammen, zwei Arbeiten, die sich rasch einer großen Popularität bei der College-Jugend erfreuten.

Kupferberg, der die sexuellen Probleme der Gesellschaft als Ursache für Machtgier, Unzufriedenheit und Brutalität verstand, kam zu der Überzeugung: »Ganz generell, die Leute, die die Verbrechen unserer Zeit verantworten, und das sind die politischen und militärischen Verbrechen, sind in sexueller Hinsicht unglücklich. Wären die Leute glücklich, dann würden sie wohl kaum Tausende von Meilen fliegen, um Kinder und Frauen mit Benzin und Napalm zu verbrennen.«[49]

Ein Musikmonster und seine Drahtseilakte

Diese Gedankenwelt lieferte schon bald Vorlagen für andere Künstler: Allen vorneweg der kalifornische Rock-Provokateur Frank Zappa, der gerne neben Jimi Hendrix zu den größten Erneuerern der Rockmusik gezählt wird. Sexualität ist für den Werte-Zertrümmerer und Rebellen gegen Spießer-Mief ein dominierendes Thema.

Dabei nimmt er kein Blatt vor den Mund und klotzt mit ordinären Formulierungen und Show-Effekten. Bei Konzerten mit seiner Gruppe »The Mothers of Invention«, die er 1964 ins Leben gerufen hatte, ließ er eine Stoffgiraffe ins Publikum ejakulieren, verherrlichte den Sex mit Minderjährigen und beschimpfte die Bürger als »Plastic People«.

Sein Aufstieg zum »perversen Musikmonster« (ein englischer Kritiker) wurde von Reibereien mit dem Gesetz, Skandalen und einem meist entrüsteten Presse-Echo begleitet.

Schon als 24jähriger verhaftete man Zappa und seine 19 Jahre alte Gefährtin Corraine Belcher wegen »sexueller Perversion«: Bei einer Razzia in seinem Studio im kalifornischen Cucamonga hatte die Polizei ein Tonband beschlagnahmt, auf dem Beischlafgeräusche musikalisch verarbeitet waren. Nach 10 Tagen Gefängnis bekam Zappa die Bewährungsauflage, daß er drei Jahre lang nicht mehr mit einem unverheirateten Mädchen unter 21 Jahren ohne Anwesenheit eines Erziehungsberechtigten Kontakt haben dürfe.

Während den sechziger Jahren wurde Zappa in Amerika fast ausnahmslos von den Rundfunk- und Fernsehanstalten boykottiert. Denn die oft provozierwütig-vulgäre Sprache des Künstlers, der mit einem Klosett-Poster für sich warb, kippte Wasser auf die Mühlen des sittenstrengen Establishments, das sogar Anti-Zappa-Kampagnen ins Leben rief.

Die Empörung entzündete sich an Zeilen wie: »Nach der Dusche drückt sie ihre Pickel aus, jagt sich 'nen Strahl Intimspray die Fotze hoch, das macht sie heiß, ohwohwoh. Sie ist erst 24 und schafft schon keinen Orgasmus mehr. Ein trauriger, aber typischer Fall. Der letzte, der bei ihr drüberstieg, schob ihn rein, und er schlaffte ihm ab. Sie vermasselte es ihm, und lachte ihm ins Gesicht« (Aus: »Half a Dozen Provocative Squats«) oder »Falls du eine Lady mit Minititten bist, dann kannst du dich trösten mit dem altehrwürdigen Spruch aus der Volksschule: Alles, was nicht in den Mund reingeht, ist Verschwendung« (Aus »Penis Dimension«)

Besonders populär wurde trotz des Medien-Boykotts der Titel »Dinah-Moe Humm«, ebenfalls abgefaßt in einer betont derben Pornosprache: »Ich zerrte ihr den Schlüpfer runter, ließ meinen steifen Daumen rotieren auf ihrer Zuckerpflaume. Ich stieß und rieb, ich brachte mich fast um – ich riß sie an den Haaren, stemmte ihre Beine in die Luft und fragte, ob sie da drin irgendwelche Läuse habe. Sie kniete da, Hintern nach oben, ich war am Schieben und Machen. Sie kam auf den Geschmack und fing an zu quieken.«

Ob nun hier und in anderen Liedern mit Hilfe des Schocks Aufklärung betrieben wird, oder pures Vergnügen an verbaler Kraftmeierei die Hauptrolle spielt – Zappa reißt die alte Moral in Fetzen, ohne eine andere, bessere Perspektive anzubieten. Wie schon bei den »Stooges« und anderen Rock-Anarchisten ist auch bei ihm von humaner Liebe und sinnlicher Erotik selten die Rede. Musik wird als Transportmittel für eigene Omnipotenz-Phantasien benutzt und mit dem Deckmäntelchen der Kritik an der vermeintlich verlogenen Sittlichkeit gerechtfertigt.

Eine gesellschaftlich legitimierte Promiskuität, die auch gemeinhin als pervers empfundene Spielarten der Sexualität wie Kinder-Sex oder Sadomasochismus nicht ausklammert, mochte als fiktives Gebilde Hoffnungen auf erotische Zwanglosigkeit formulieren, seine Gattin jedoch hätte der kalifornische Ober-Freak nach eigenem Bekunden geprügelt, wenn sie unter seiner despotischen Fuchtel – die, am Rande erwähnt, auch seinen Mitmusikern oft zu schaffen machte – Seitensprünge gewagt hätte.

Kein Wunder, daß Zappa aus der Sicht der amerikanischen Frauenbewegung als häßlicher Chauvinist abgestempelt wurde. Kritik von dieser Seite wies Zappa häufig mit der Bemerkung zurück, daß sich ein Großteil seiner Songs mit den Männern beschäftige und diese keineswegs besser wegkommen lasse.

Dementsprechend war er um intellektuelle Rechtfertigungen für seine vulgären Zeilen nie verlegen. Daß er beispielsweise in dem Titel »Brown Shoes Don't Make it« singt: »Im Hinterkopf des städtischen Angestellten sehen wir einen Traum von einem Girl, ungefähr 13 Jahre alt – runter mit den Kleidern und rein in ein Bett, wo sie die ganze Nacht seine Lust hochkitzelt«, erklärte er dem deutschen Zappa-Spezialisten Volker Rebell so: »Der Held des Songs ist Rathaus-Fred, ein Abartiger mit artigen Manieren. Er ist mit der Ausarbeitung von Vorschriften für das soziale Verhalten Jugendlicher betraut. Dabei träumt Fred von einem wahnwitzigen Verhältnis mit einer in Schokoladensirup glasierten Dreizehnjährigen. Eine tiefgründige Satire, wie Sie bemerkt haben werden.«[50]

Ob Zappa tatsächlich nur ein ironischer Seismograph des »American way of Life« ist, oder aber dahinter seine eigenen unausgelebten Neigungen versteckt, bleibt freilich dahingestellt. Zugegebenermaßen hatten seine Wortspielereien humoristische Qualität. Nicht mit sauertöpfischem Sendungsbewußtsein, sondern mit einer frechen Kreativität hält er seinen Mitmenschen den Spiegel vor Augen: Auf der Langspielplatte »Tinsel Town Rebellion« zieht Zappa sich die Maske der Ironie über und macht sich in dem Stück »Fine girl« über das Hausfrauen-Dasein lustig, für das man keine Schulausbildung brauche. Es reiche, so der Text, wenn man mit einem Eimer voll Wasser meilenweit laufen könne, ohne einen Tropfen zu verschütten.

Ebenfalls mit Klischees beschäftigt sich Zappa in »Easy Meat«: Die Frauen seien Lustobjekte und dazu da, den Mann oral zu befriedigen. Phonetische Wortspielereien (»I saw her tiny titties through her see-through blouse«), mit einer zynisch-diabolischen Stimmfärbung vorgetragen, zeigen Zappas verbale Raffinesse und geben Hinweise, in welcher Richtung die Verse zu interpretieren sind.

Parallel zu der sprachlichen Satire läßt der »Bajazzo« des Underground-Rock mit musikalischen Drahtseilakten zwischen elektronisch erzeugten Kreischtönen, Jazzelementen, Geräuschkollagen und Anklängen von der »E«-Avantgarde keinen Zweifel an seinem hohen künstlerischen Anspruch.

So vereinen sich textliche Scharlatanerie, Porno-Idiom und kompositorische Delikatesse zu einem artifiziellen Verwirrspiel, das übrigens auch den Publikums-Ulk miteinzubeziehen weiß. Ein Beispiel ist hierfür der »Panty Rap«, eine Live-Nummer, die süffisant über den Wäschefetischismus witzelt. Zappa: »Hallo, seid willkommen zur Show. Nein, wir werden nicht Cheepnis spielen ... richtig, aber wir sammeln Unterhosen und wir sammeln Büstenhalter, wir sammeln kleine weibliche Wäschestücke. Wir machen eine Flickendecke daraus ... ehrlich, ihr könnt es mir ruhig glauben. Nun, so sieht's aus, und wenn du so was anhast, zieh es aus ...«

Obgleich die Beziehungen zwischen Sex und Rockmusik durch Darstellungsformen, Text und Ideologie, also im strengen Sinne durch außermusikalische Phänomene sichtbar werden, sei nochmals auf eine Ebene hingewiesen, die Erotik allein über musikimmanente Strukturen vermittelt.

Rockmusik ist nur in zweiter Linie zum intellektuellen Zuhören bestimmt. Durch das ekstatische Moment, die rhythmische Treibkraft, durch solistischen Spielrausch und den von Gefühl oder Erregung geprägten Gesang stehen sowohl beim Künstler, als auch beim Hörer Emotionen im Vordergrund.

Zumindest in den Anfangstagen war Rock Stimmungsmusik, Tanzmusik, Musik aus dem Bauch. Tanzte man früher nach streng ausgetüftelten Figuren und Schrittregeln, ermöglichte der Rock, daß sich jeder zu der Musik so bewegen konnte, wie es ihm Spaß machte. Das Tanzvergnügen war keine Frage mehr von Menuett-, Foxtrott- oder Walzertakt, sondern bestand im freien körperlichen Ausdruck.

Dieser kulturelle Schulterschluß zwischen der ekstatischen Tanzpraxis der Naturvölker und der industrialisierten Welt, eröffnete vormals ungeahnte Möglichkeiten des musikalischen Lustempfindens.

Die frauenfeindlichen und restriktiven Textbotschaften vieler Rockkünstler wurden hiervon nicht nur entschärft, sondern gerieten auch größtenteils völlig aus dem Blickfeld. Was für weibliche und männliche Zuhörer gleichermaßen zählte, war die körperbetonte Alternative zu der eigenen Musiktradition vergangener Jahrhunderte, die trotz ihrer sinnlich-erotischen Elemente dem extrovertierten, konsumorientierten Zeitgeist nach dem Zweiten Weltkrieg nur noch wenig zu entsprechen schien.

Für ein Großteil der Rockfreunde erschließt sich die mit dem Stigma des Bildungsbürgertums belastete Erotik der sogenannten »E«-Musik ja meist erst durch Hörerfahrung und musikalisches Differenzierungsvermögen.

Rockmusik hingegen kann durch ihre vielfach unverschlüsselten Wesenszüge einen schnelleren, direkteren Reiz ausüben. Gleichzeitig liefert der Rockstar durch seine Persönlichkeit und Ausstrahlung ein unmißverständliches Identifikationsangebot.

»Angie« von den »Rolling Stones« ist keine erotische Nummer, wenn man die Komposition beispielsweise von einem Manolinenorchester spielen läßt. Sie wird durch den Stimmklang Mick Jaggers erotisch, durch die gedehnten Silben, den melancholisch-lasziven Ausdruck, den er der Melodie verleiht.

Ein Blaustrumpf, der mit zitterndem Sopran das Lied »Chuck E.'s in Love« von Rickie Lee Jones singen würde, könnte keinesfalls die knisternde Erotik des Original-Titels vermitteln. Musikalische Sexualität und die Assoziation des Hörers, neben einem lüsternen Mädchen im Bett zu liegen, das einem mit warmem Atem Zärtlichkeiten ins Ohr haucht, kommt nur durch die Übereinstimmung von Inhalt und Darbietungsweise zustande.

Rickie Lee Jones erreicht diesen Effekt, indem sie frivole Kiekser in ein kehlig-scharfes Timbre münden läßt oder ein nasales Gurren über ein flirrendes Vibrato hin zu einem langgezogenen Lustschrei steigert.

Die Unzweideutigkeit der musikalischen Chiffren, rhythmische Stimulation und erotischer Gesang werden durch den Text und die körperliche Anziehungskraft des jeweiligen Künstlers unterstützt, selten aber ersetzt. Andersherum muß eine pornographische Liedsprache nicht unbedingt stimulierend wirken, wenn die damit verbundene Komposition entsprechende Affekte unterläuft. So geht es zwar in den Stücken von Frank Zappa überwiegend um Sex, erotische Musik machte er damit aber noch lange nicht. Das sollte klar auseinandergehalten werden.

Saiten-Fellatio des Gitarren-Gurus

Auch Jimi Hendrix, der seine Gitarre wie einen Frauenkörper liebkoste, gleichzeitig aber auch mißhandelte, wäre fehlinterpretiert, würde man ihm dieselbe Intention unterstellen, die zum Beispiel die »Supremes« mit ihren Beischlaf-Songs hatten.

Nach außen hin trat der dunkelhäutige Saitenhexer als exzentrischer Superstar auf, von dem ein maßloser Rauschmittel- und Groupieverbrauch kolportiert wurde. Doch dieses schillernde Hippie-Leben von Hendrix, der in bunten Gewändern und mit Voodoo-Ketten behängt herumstolzierte, konnte nicht über die abgrundtiefe Einsamkeit und Liebesunfähigkeit hinwegtäuschen, die den Gitarristen gequält haben muß.

So ist das erste Album der »Jimi Hendrix Experience« »Are You Experienced« von 1967 eine musikalisch manchmal brutale, erschreckend eindringliche Seelenschau, die mit Blues, Jazz, Rock und psychedelischen Klängen eine apokalyptische Untergangsstimmung vermittelt. Die Stücke wirken wie ein verzweifelter Kampf mit den Widersprüchen zwischen der Flower-Power-Losung »Make love not war«, der gesellschaftlichen Realität und den eigenen Depressionen, die die Jagd nach dem Glück so hoffnungslos erscheinen lassen.

»Foxy Lady«, ein Blues über verlorene Liebe, der eindringlich um harmonische Zweisamkeit bittet, macht klar, daß die Musik, die Elektrogitarre das einzige Ventil war für einen Mann, der von Zweifeln an sich selber zerfressen wurde. Ob Hendrix für die Hülle des Doppelalbums »Electric Ladyland« zwanzig nackte Mädchen fotografieren ließ, auf der Bühne Masturbationsbewegungen imitierte, oder die

Gitarre per Saiten-Cunnilingus traktierte, der paranoide Rückkoppelungs-Sound rückte die sexuellen Bezüge seiner Musik in ein beklemmendes Licht.

Aggressionen wurden freigesetzt: Nicht nur, als Hendrix in Monterey die Gitarre in Flammen aufgehen ließ, oder beim Woodstock Festival 1969 die amerikanische Nationalhymne »Star Spangled Banner« improvisatorisch zerfetzte, sondern auch, wenn er in seinen Liebesliedern wie »May This Be Love« die Sehnsucht nach menschlicher Wärme in düsterem Blues ertränkte.

Jimi Hendrix ging es nicht darum, musikalische Erotik gezielt einzusetzen, wie das seine ehemaligen Arbeitgeber Ike und Tina Turner praktizierten. Sex war gewiß oft Thema und Quelle der künstlerischen Inspiration, keinesfalls aber bloß taktisches Mittel, um die Publikums-Attraktivität zu steigern.

Hendrix hatte andere, von der Hippie-Philosophie geprägte Ziele vor Augen. Er träumte von einer besseren Welt, von einem Paradies, das Schwarze wie Weiße gleichstellt und keine Zwänge kennt.

Diese Gedanken werden in einem Interview-Zitat deutlich: »Man kann meine Musik für erotisch halten, das ist mir gleich«, sagte er. »Wenn ich sterbe, möchte ich nur, daß die Menschen meine Musik spielen, sich austoben, aus der Gesellschaft ausbrechen, alles tun, wozu sie Lust haben. Sich vergnügen. Das mechanische Leben, in dem Städte und Hotelzimmer eins werden, hat mir diese Freude genommen. Deshalb muß ich meine Zelte abbrechen. Vielleicht zur Venus oder sonstwohin. An einen Ort, an dem mich keiner findet.«

Daß freilich die erotische Beziehung zu dem Instrument als Weiblichkeitssymbol und Fetisch bei Hendrix eine große Rolle gespielt haben muß, ist offensichtlich. Seine Gitarre, auf der er während seiner Militärzeit Stunden über Stunden improvisierte, nannte er zärtlich »Betty Jean«. Die »Newsweek« ließ sich gar zu dem Vergleich hinreißen, daß der Künstler »seine Gitarre mit der Leidenschaft und dem Einfallsreichtum eines Casanovas« geliebt habe.

Hinter dieser medienwirksamen Bemerkung verbirgt sich eine entscheidende Ursache seines Erfolgs. Denn für den im Alltag eher schüchternen und zurückhaltenden Hendrix, der sich in der Jugend mit Spott und Ablehnung konfrontiert sah, bedeutete die Gitarre Trost für die narzißtische Kränkung, die er erfahren hatte. Sie verhalf ihm, sich über die anderen hinwegzusetzen, sein Selbstwertgefühl zu steigern.

Ohne hier allzu sehr über die tiefenpsychologische Sphäre von Hendrix spekulieren zu wollen, kann man den Schlüssel zu seinem genialen Gitarrenspiel, bei dem er oft nach Augenzeugenberichten in Trance geraten sein soll, in seelischen Zwiespältigkeiten finden. Die Psychologie behauptet, daß starke libidinöse Spannungen und Kränkung in der sozialen Wirklichkeit extreme künstlerische Energien freisetzen.

Frühkindliche Versagungen (Hendrix wird, während der Vater im Krieg kämpft, von seiner Mutter von Pflegeheim zu Pflegeheim gegeben) können unbewältigte Konflikte erzeugen, die ins Unbewußte verdrängt und dort fixiert werden. Solche Konflikte setzen sich als psychische Elemente im Gedächtnis fest und drängen auf Abfuhr. Nach Freud wehrt sich das Ich gegen die Erinnerung des verdrängten Materials, so daß diese höchstens verschlüsselt ins Bewußtsein gelangen. Eine Art der Verschlüsselung ist die Symbolisierung.

Durch seinen dynamischen Ausdruck und die Möglichkeit, ein Instrument dem Gefühl seines Spielers entsprechend klagen, jubeln oder weinen zu lassen, konnte die Gitarre für Hendrix die Funktion dieser Symbolisierung übernehmen und dem Gitarristen erlauben, seinen unbewußten Kindheits-Traumata Luft zu machen.

Daraus läßt sich schließen, daß die Motivation des Instrumentalspiels in verdrängten Ausdruckswünschen verborgen liegt. Bei den Ursachen für solche verdrängten Ausdruckswünsche kann es sich nicht nur um Kränkung oder Liebesentzug, sondern auch um ungenügende Befriedigung körperlicher Wünsche handeln.

Soweit das biographische Material Aufschluß erlaubt, scheint die Lebensgeschichte von Jimi Hendrix ein Musterbeispiel für solch einen Ansatz, psychoanalytisch den Grund für eine solch enge Beziehung zu einem Musikinstrument zu entschlüsseln: Hendrix, der in seiner Jugend kaum Freunde hatte, erlebt seine Gitarre als tröstenden Gesprächspartner. Während der Zeit als Fallschirmspringer kann er sich bei ihr vor den Hänseleien seiner Kameraden verkriechen. Später, zunächst im Süden Mississippis und Louisianas, dann in Nashville, verhilft ihm sein Spiel zu Anerkennung, Erfolg bei Frauen und Selbstbestätigung.

Er ist jemand und kann mit seinen Tönen andere Menschen faszinieren. Diese Erfolgserlebnisse begünstigen, daß die ohnehin schon angeknackste Fähigkeit für einen natürlichen Umgang mit Alltagsbeziehungen sich immer stärker zur Weltfremdheit verdichtet. Die Gitarre lenkt von solchen Problemen immer wieder ab, läßt als einfache Rückzugsmöglichkeit leicht die Augen vor sozialen Handikaps verschließen.

Das Talent von Hendrix, seine atemberaubende Karriere begünstigen diesen schleichenden Entfremdungsprozeß. Der Gitarrenguru spielt wie der Teufel, Schmarotzer und Geschäftsleute nehmen ihm die Eigenverantwortung ab, machen Verträge, erledigen alltäglichen Kleinkram. Hendrix' verhängnisvolles Schicksal nahm seinen Lauf und konnte auch von Gefährtinnen wie Devon Wilson oder Monika Dannemann, die diese Probleme ahnten, nicht aufgehalten werden.

Unterm Strich zeigt dieses Beispiel, daß die Beziehungen zwischen Rockmusik und Sexualität weitaus vielschichtiger sind, als ein pornographischer Text hier oder ein paar bestrapste Chormädchen dort als optischer Blickfang dort vermuten lassen.

Zwischen Zwitter und Glitter

Unbestritten bleibt, daß ein sexy Image immer ein gutes Verkaufsargument in der Rockmusik war, genauso wie Skandale im Privatleben, erotisches Aussehen und frivole Songverse.

Spätestens in den siebziger Jahren wurden solche vielfach gezielt eingesetzten Hilfsmittel immer wichtiger, um sich in der Flut von neuen Gruppen und der Gigantomanie des Milliarden-Umsätze machenden Rock-Busineß zu behaupten.

Das Kopieren bewährter Rock-Rezepte wurde zur Regel, und oftmals entschied nicht die musikalische Leistung eines Künstlers über Erfolg oder Mißerfolg, sondern dessen möglichst originelles Image: Die Zeit des sogenannten Glitter-Rocks brach an.

Während sich Künstler wie Neil Young, James Taylor oder Bob Dylan auf die »Singer & Songwriter«-Tradition besannen und nach einer neuen, nostalgisch gefärbten Innerlichkeit suchten, belebten die Newcomer die fahle Rocklandschaft mit abseitigen Verkleidungen, sadomasochistischen Showritualen, Transvestiten-Glamour, Schock-Texten, Horror-Effekten und brutaler Macho-Attitüde.

Zu den Aushängeschildern dieser Pop-Spielart, die mit all dem kokettierte, was in einer traditionellen Sexualethik noch als »pervers« angesehen wurde, zählten David Bowie, Lou Reed, Alice Cooper und Gary Glitter. Eine Hatz nach schrillen Effekten setzte ein. Jeder wollte noch mehr auffallen als der Konkurrent.

Die zwischen sado-erotischem Machogehabe, Lederfetischismus und Diva-Exzentrik angesiedelten Rollenspiele von David Bowie machten theatralische Elemente zum gleichberechtigten Show-Bestandteil neben der Musik. Der Künstler, der mit pinkfarbenem Makeup, hochhackigen Schnürstiefeln, falschen Wimpern und Seidenschal auf die Bühne kam, betonte am Anfang seines Aufstiegs bei jeder sich bietenden Gelegenheit seine Zweigeschlechtlichkeit.

Verbunden mit der stilisierten Darstellung von Gewalt und makaberen Horrorvisionen ließ der ehemalige Jazz-Saxophonist und Werbetexter die Grenzen zwischen Mann und Frau verschwimmen. Das Ziel war weniger, mit der hermaphroditischen Schocktherapie um Verständnis für sexuelle Randgruppen zu werben, sondern zunächst einmal, sich selbst unverwechselbar zu machen.

Ein gesellschaftskritisches Anliegen gab die amerikanische, teilweise von Frank Zappa protegierte Band »Alice Cooper« vor: So behauptete der Chef Vincent Furnier, man habe den typischen amerikanischen Frauennamen Alice Cooper als Symbol gewählt, um deutlich zu machen, daß »biologisch gesehen jeder weibliche und männliche Anlagen in sich trägt.« Viele gesellschaftliche Probleme würden aus der Verdrängung dieser latenten Bisexualität resultieren.

Aber es gab wohl auch kommerzielle Gründe für »Alice Coopers« aggressive, homoerotische Horror-Show. »Gewalt und Sex verkaufen sich«, gestand der in Goldlaméhosen und schwarzen Lederriemen auftretende Bandleader ein. Bei seinen Konzerten ließ Furnier nicht nur gern mit obszönen Gesten anspielungsreich eine lebende Boa constrictor zwischen seinen Beinen pendeln, sondern trieb auch die Musikerkollegen mit einer Peitsche an.

Zu den Show-Ingredienzien gehörte es, daß eine Mülltonne auf die Bühne gezerrt und deren Inhalt ins Publikum geleert wurde, während dichte Rauchschwaden durch den Saal quollen. Am Ende köpfte die Gruppe angeblich zu ohrenbetäubendem Getöse lebende Hühner und schleuderte die zuckenden Kadaver in die Zuschauer-Reihen. Mit einem elektrischen Stuhl und einer Guillotine rundete Alice Cooper seine nekrophilen Anspielungen (»I love the Dead before they're cold / Their bluing flesh for me to hold . . .«) und Kinderschändungsrituale (»Dead Babys«) ab. Auch dem Wäschefetischismus erwies er Reverenz, indem er, so jedenfalls will es Tony Palmer wissen, einer seiner Langspielplatten einen Damenslip beipackte.

Lou Reed, dem das Magazin »Rolling Stone« die Attitüde eines »effeminierten Frankensteins« bescheinigte, suchte seinen Poperfolg ebenfalls in spektakulären Abseitigkeiten. Seine Songs handelten von sexuellen Abenteuern, Drogenerlebnissen und Großstadt-Paranoia oder gedachten dem Liebesdienst mit der Peitsche (»Venus in Furs«).

Daß Uniformen und Nazi-Chic einen sexuellen Reiz haben können, ist nicht erst eine Entdeckung der New Wave. Schon 1972 ließ der ehemalige Kunstlehrer Bryan Ferry in seiner Gruppe »Roxy Music« glänzende Stiefel, Breecheshosen und Schulterriemen homoerotische Signale aussenden. Der angerauhte, kühle Canzone-Schmalz des Sängers, sein dekadenter Habitus und die Brillantine-Frisur wurden zum Vorbild einer ganzen Reihe von Epigonen in den achtziger Jahren, angefangen bei »Depeche Mode« bis hin zu »Frankie goes to Hollywood«.

Ohne Fleisch kein Preis

Die Regel, daß eine gute Verpackung ein Produkt schon halb verkauft hat, gilt freilich nicht nur für sexuell drapierte Songtexte und Bühnenpräsentation (leicht geschürzte Chormädchen waren ein optischer Reiz, auf den man gerne zurückgriff), sondern auch für den wichtigsten Umsatzträger, die Schallplatte selbst.

Für die Covergestalter ist es vielfach wichtiger, daß ihr Produkt ins Auge sticht, als daß künstlerischer Inhalt und äußere Darstellung einander entsprechen. Genauso, wie beispielsweise Reifenhersteller oder Zigarettenfabrikanten in ihrer Werbung geschickt erotische Reize integrieren, obwohl ihr Produkt gar nicht mit Sex zu tun hat, gibt es eine Reihe von Schallplattenhüllen, die mit nacktem Fleisch zum Kauf überreden wollen.

Die Gruppe »Mama Lion« beispielsweise bildet auf der Frontseite ihres Covers eine wohlproportionierte Blondine ab, die – was man erst erkennt, wenn die Hülle ganz aufgeschlagen wird – an ihrer Brust ein Löwenbaby säugt.

Neben humorvoll-erotischen Anspielungen, wie man sie auf dem »Rolling Stones«-Album »Sticky Fingers« findet, wo ein Jeans-Hosenlatz mit aufziehbarem Reißverschluß den Fans Einblicke offeriert, die mehr versprechen als sie halten, gibt es die fast schon programmatische Covergestaltung der Band »Roxy Music«, die so gut wie keine Platte herausbrachte, auf deren Hülle sich nicht ein oder mehrere Mädchen in Unterwäsche präsentieren.

Eine Reihe von Pin-up-Darstellungen und Frauen in aufreizender Lederkluft zieren auch die Platte »Vicious But Fair« von den »Streetwalkers«.

Die Band »Boxer« läßt auf einem Cover eine nackte Schönheit mit weit gespreizten Beinen posieren, die ihre Schamgegend mit einem knalligen, roten Boxhandschuh bedeckt.

Für Aufsehen sorgte auch die Hülle des Albums »Virgin Killer« von den deutschen Hardrock-Stars »Scorpions«, die ein nacktes 10jähriges Mädchen hinter einer an der Vagina zerbrochenen Glasscheibe zeigt.

Selbst in der sonst prüden Schweiz versuchte die Gruppe »Mainstreet«, dem Erfolg ihrer Debüt-Platte »Hollywood« nachzuhelfen, indem sie ein vor einem Spiegel sitzendes Modell in zarten Dessous fotografieren ließ.

Den optischen Sex-Trumpf spielten schließlich auch »Nazareth« aus: Die Platte »The Catch« ziert eine Männerhand in einem Baseball-Handschuh, die sich auf den prallen Po eines mit einem kurzen Lederrock bekleideten Strapsmädchens legt.

Aber nicht nur männliche Musiker geben ihren Schallplatten eine erotische Optik, auch viele Rock-Frauen lassen auf Coverfotos ihre weiblichen Reize spielen. Während Kim Wilde als kühl-verführerische Blondine posiert, sich Helen Schneider das Outfit der ungezähmten Lederbraut gibt, oder Ex-Abba-Sängerin Agnetha Fältskog mit Schlafzimmerblick, feucht glänzenden Lippen und rosa Angorajäckchen auf das Kindchen-Schema setzt, bezieht Jayne County eindeutig Position und reibt sich auf der Hülle von »Rock 'n' Roll Resurrection« mit lüsternem Gesichtsausdruck ein überdimensional aufgenommenes Mikrophonstativ zwischen den Beinen.

Sei es nun durch Plattencover, Videos oder PR-Fotos, die Schallplattenfirmen und Künstler wissen seit langem, wie man an die sexuellen Sehnsüchte der Männer appelliert.

Nacktfotos oder zumindest eindeutig erotisch ausgerichtete Aufnahmen konnten schon für manches Nachwuchssternchen das Geschäft anheizen.

Daß man auch als zweitklassige Sängerin auf den Titelseiten großer Illustrierten landen kann, demonstrierte der »Prince«-Schützling Vanity. Die Zeitschrift »Stern« brachte im Februar 1985 eine Coverstory über die Amerikanerin wohl weniger wegen musikalisch herausragender Leistungen, sondern weil sich mit ihrem wohlgeformten Busen auf der Titelseite die Auflage steigern ließ.

Mit textilfreien Popmädchen wartete auch das Männermagazin »Lui« auf. In der französischen Ausgabe entblätterte sich die rassige Patricia Paay, Sängerin des holländischen Gesangstrios »Starsisters«, um mit Po und Busen den Plattenumsatz anzukurbeln.

Machen die »Heavy-Metal«-Girls, die regelmäßig in der englischen Hardrock-Postille »Kerrang« ihre Leder- und Kettenkluft lüften, noch vor der Schamgrenze halt, hatte die Sängerin Dale Bozzio aus der kalifornischen Gruppe »Missing Persons« keine Hemmungen, den Lesern des Hardcore-Hefts »Hustler« einen tiefen Blick zwischen die weit gespreizten Beine zu gestatten.

Vorreiterin auf diesem Gebiet, die Musikerkarriere durch Aktaufnahmen voranzutreiben, war Amanda Lear, die vor allen Dingen wohl deshalb nackt vor die Kamera trat, damit die hartnäckigen Zweifel an ihrem weiblichen Geschlecht endlich durch augenscheinliche Tatsachen aus der Welt geschafft wurden. »Sex sells« – diese Branchenregel wurde gerade nach der ice-box-coolen New-Wave-Epoche wieder Mitte der achtziger Jahre aktuell.

Nebenbei besonders pikant: Nicht nur die deutsche Musikzeitschrift »Sounds/Musikexpress« liftete mit schöner Regelmäßigkeit knapp oder gar nicht bekleidete Stars auf das Titelblatt und konnte unter dem fadenscheinig-ironischen Vorwand, »aus journalistischer Sorgfaltspflicht der Wahrheit uneingeschränkt zum Sieg verhelfen« (O-Ton Redaktion) zu wollen, von dem Strip-Boom profitieren, um seinerseits die Leserschaft durch Sexfotos zu ködern.

»Ich spürte von Anfang an, daß man eine Menge erreichen kann, wenn man ein Mädchen ist – und das auf eine aufreizende, weibliche Art unterstreicht. Ich habe das ausgenutzt, wo immer ich konnte«, sagt Madonna, der 1985 zum amerikanischen Sex-Idol gehypte Bubblegum-Sopran. Ihr wundersamer Aufstieg von der New Yorker Straßenkatze zur Schallplattenmillionärin und Starschauspielerin (»Desperately Seeking Susan«) ist beispielhaft dafür, wie im Showbusineß Image und schillernde Äußerlichkeit für den Erfolg allemal wichtiger zu sein scheinen als künstlerische Phantasie.

Das »Material girl« Madonna legte es ohne Vertuschungsversuche darauf an, wie ein »Boy Toy«, ein Spielzeug für Jungs, zu wirken: »Sex ist Madonnas Trumpf. Das geht so weit, daß er zu ihrem einzigen Kommunikationsmittel wird, zum alleinigen Terrain, auf dem sie sich noch wohlfühlt«, analysierte einer ihrer Bekannten.

Bei ihr geht es gar nicht um eine Erotik, die aus der Musik, ihrem Gesang heraus entsteht, es geht nur um sie selbst, um ihre Art, sich auf der Bühne zu bewegen, um ihr Aussehen, den Schmollmund und lolitahaften Augenaufschlag.

Das voyeuristische Bedürfnis wird allemal gestillt. So nahm der Pressekampf zwischen »Penthouse« und »Playboy« schon fast groteske Züge an, nachdem beiden Zeitschriften von windigen Fotografen alte Aktaufnahmen aus jener Zeit angeboten worden waren, als Madonna vor ihrem Erfolg und ohne Geld noch fast jedes Mittel recht war, sich über Wasser zu halten.

Die beiden Männermagazine versuchten mit hohen Summen jeweils zuerst die Strip-Bilder für ihre Leser ankaufen zu können. Anwälte wurden bemüht, und da auch Klagen und Gegenklagen fruchtlos blieben, ließen die Herausgeber Hugh Hefner und Bob Guccione sogar die Druckmaschinen stoppen und bildeten die nackte Sängerin fast gleichzeitig in den zwei Monate vorgezogenen Septemberausgaben ab.

Viele Rock-Künstlerinnen, beispielsweise Joan Armatrading, Annie Lennox oder Gianna Nanninni, haben versucht, das Klischee zu durchbrechen, daß Frauen in der populären Musik allenfalls die Rolle des dekorativen, hirnlosen Sexpüppchens spielen können. Intellektuelle Texte und einfallsreiche Kompositionen sollten das Gegenteil beweisen. Zum Teil mit Erfolg. Neben Martha Davis, Rickie Lee Jones und Nina Hagen war vollem Patti Smith hier eine Vorreiterin. Wenn bei weiblichen Rock-Idolen Erotik ins Spiel gebracht wird, geschieht das nicht selten ohne gezieltes Daraufhinwirken der Künstlerin selbst. Sie muß in der Regel nur über ein attraktives Äußeres verfügen, und schon fragen Medien und Männeraugen nach ihrem Sex-Appeal. Die Frau – und da hat sich die ganze Rockgeschichte hindurch nichts geändert – ist für ein Großteil der Hörer voyeuristisches Objekt, eben Lustobjekt.

Gewiß, die in sich körperbetonte Präsentation der Rockmusik auf der Bühne, der dem Lustschrei so ähnliche, emphatische Gesang begünstigen solche Projektionen, doch stehen erotische Signale selten im richtigen Verhältnis zu den anderen künstlerischen Fähigkeiten oder dem eigentlichen Anliegen.

Da pflücken die Medien Nenas angebliche Schulmädchenerotik so lange auseinander, bis der Eindruck entsteht, als seien Deutschlands Kritiker eine Horde wildgewordener Pädophiler. Gianna Nanninis bitterernst gemeinte Absicht, durch den Song »Amerika« die traditionell lustfeindlich erzogene italienische Frau zur Selbstbefriedigung anzuregen, wird mit anzüglich-wissendem Männergrinsen quittiert.

Rosa Precht könnte noch so virtuos auf ihrem Klavier herumhämmern, an der Show der gutgebauten Blondine interessieren ihre männlichen Fans vor allem naheliegende Bettassoziationen.

Auf der anderen Seite finden Künstlerinnen wie Ulla Meinecke oder Anne Haigis, die durch ihre Erscheinung und Darstellungsweise nicht einem erotischen Idealtyp entsprechen, verhältnismäßig wenig Popularität oder vornehmlich weibliche Anhänger.

Porno-Phantasien, tiefgefroren

Zum weitgehendst wirkungslosen Aufstand gegen diese Mechanismen kam es während der Punk-Ära Ende der 70er Jahre. Die Punks rückten nicht allein von der rosaroten Liebesromantik ab, die zu einem wesentlichen Teil die Texte der Popmusik bestimmt, sie wollten auch den Warencharakter der Sexualität bloßstellen. So gab es viele Musiker des Genres, die in der Öffentlichkeit mit Sexartikeln aus den Porno-Shops wie beispielsweise Gummipuppen oder Sado-Maso-Accessoires kokettierten. Man wollte der Gesellschaft ihre eigenen Pornophantasien vor Augen halten und versuchen, deren entmenschlichende Folgen durch provokativen Schock zu entlarven.

Während die Medien diese Auflehnung verniedlichten und »Punkerinnen« in Strapsen und Lederdreß als freche Variante ihrer Pin-Up-Girls abbildeten, war ein ganz neuer Typ von Sängerin zu hören. Die weiblichen Punks kreischten mit schrillen Dilettanten-Stimmen ihren Gesellschaftsekel heraus und machten gegen den Sexismus mobil. Mode und Musik merzten jegliche Sinnlichkeit aus und konnten so das tradierte Rollenverständnis zersprengen. Durch ihre zur Schau getragene Häßlichkeit entzogen sich weibliche Punks der männlichen Gier und wurden vom Objekt zum Subjekt.

Der unterkühlte Wesenszug der New Wave mochte einen ähnlichen Effekt haben, aber das Alleinseligmachende schien die Verleugnung erotischer Tatsachen nicht zu sein. Denn sowenig wie zornige Emanzen das Gros ihrer Geschlechtsgenossinnen umpolen konnten, sowenig ließen sich auch die meisten weiblichen Rock-Stars von ihren zu Eisblocks erstarrten Kolleginnen davon abhalten, geschlechtliche Reize weiter mit exhibitionistischer Lust zu Markte zu tragen.

Daß ausgerechnet die Rock-Kultur ein über Jahrhunderte gefestigtes Rollenverhalten ändern könne, mußte bislang Utopie bleiben.

Weder der schelmenhafte Zappa, noch die androgynen Grenzgänger, noch verhärmte Punks boten eine raumgreifende Alternative: Rock als Spiegel der Zeit verdichtet Strömungen, dokumentiert künstlerisch den Wertewandel — nicht mehr, nicht weniger.

Das wird, nachdem in vierzig Jahren Rockgeschichte fast alle Spielarten der Erotik ausgereizt worden sind, immer deutlicher. Es gibt graduelle Unterschiede der Enthemmung: Zwischen dem Hüftschwung des Rock-'n'-Roll-Idols Elvis und Wendy O. Williams von der Schokkergruppe »Plasmatics«, die bei Auftritten ihre nackten Brüste mit Rasierschaum einreibt, während sie sich symbolisch mit einem Schlagzeugstock stimuliert, ist ein weiter Weg beschritten worden. Ähnliches aber geschah auch in der Filmwirtschaft und auf dem Zeitschriftenmarkt. Der hektische Freizügigkeitswettlauf blieb allerorten nichts schuldig an aufreizenden Einblicken.

Der Feind des Guten: Des Guten zuviel

Erotik und Sex in der Rockmusik stellten ein freieres Bekenntnis zur Körperlichkeit in Aussicht. Eingelöst hat sie dieses Versprechen aber nur bedingt. Denn die Phantasie – auch ein wichtiger erotischer Zündfunke – hat immer weniger Raum. Der größte Feind des Guten ist des Guten zuviel: Es besteht kaum Aussicht, daß durch die verbale und leibliche Enthüllungsinflation die großen emanzipatorischen Hoffnungen erfüllt werden. Die Aufhebung von Scham und Distanzlosigkeit zeigt, daß Rockmusik nur noch vereinzelt eine wirkliche Botschaft hat – Äußerlichkeit muß Innerlichkeit ersetzen.

Anmerkungen

1 Leonardt, E. W., »Die Zeit« , vom 5. 12. 1980
2 Marcuse, Max, »Handwörterbuch der Sexualwissenschaft«, Bonn 1926
3 Freud, Sigmund, »Das Unbehagen in der Kultur«, Frankfurt 1953
4 Choisy, Maryse, »Kunst und Sexualität«, Köln 1962
5 Burdon, Eric, aus: »Living is a Rock 'n' Roll Fantasy«, Artikel: Sex und Rock 'n' Roll, Berlin 1979
6 Aus: »Penthouse«, Januar 1981
7 Willms, Harm, »Musiktherapie 2 / Musik und Entspannung«, Stuttgart 1977
8 Sopchak, Andrew L., »Individual Differences in Responses to Different Types of Music, in Relation to Sex, Mood and Other Variables«. Aus: Psychological Monographs: General and Applied 69 (1955), Nr. 11, pp 1-20
9 Willms, Harm, a.a.O
10 Burdon, Eric, a.a.O
11 Marcuse, Max, a.a.O
12 Marcuse, Max, a.a.O.
13 Hermann, Hans, H., »Europa kam aus Afrika«, Hamburg 1980
14 Abaelardus, Petrus, »Leidensgeschichte und der Briefwechsel mit Heloisa«, Hrsg. Prost, Eberhard, Heidelberg 1979
15 Mehler, Ulrich, »Liebeslieder des Mittelalters«, aus: »Concerto«, Heft 6/1984
16 Faßnacht, Dieter, »Schriftenreihe zur Sexualethik«, Frankfurt 1976
17 zitiert nach: Hoffmann, E.T.A., »Kreislers Dissertiuncula«
18 Kapp, Julius, »Niccolo Paganini«, Tutzingen 1969
19 Kapp, Julius, a.a.O
20 Wessling, Berndt, H., »Franz Liszts Virtuoses Leben«, München 1973
21 Harrys, Georg, »Paganini in seinem Reisewagen und Zimmer«, Neuausgabe des Originals von 1830, Tutzingen 1982
22 Kapp, Julius, a.a.O.
23 Harrys, Georg, a.a.O.
24 Kapp, Julius, a.a.O.
25 Kapp, Julius, a.a.O.
26 Helm, Everett, »Franz Liszt«, Reinbek 1972
27 Helm, Everett, a.a.O.
28 Raabe, Peter, »Liszts Leben«, Stuttgart 1931
29 Wessling, Berndt, W., a.a.O.
30 Wessling, Berndt, W., a.a.O.
31 Raabe, Peter, a.a.O.
32 Helm, Everett, a.a.O.
33 entnommen aus: Krehbiel, Henry, Edward, »Afro American Folk Songs«, New York 1914
34 Polillo, Arrigo, »Jazz«, Berlin 1978

35 Osborne, Jeffrey – Bei einem Interview im Frankfurter Plaza am 17.4.1984
36 Klausmeier, Friedrich, »Die Lust sich musikalisch auszudrücken«, Hamburg 1978
37 Moog, H., »Beginn und erste Entwicklung des Musikerlebnisses im Kindes-alter«, Eine empirisch psychologische Untersuchung, Dissertation, Köln 1963
38 Liszt, Franz, »Gesammelte Schriften«, Hrsg. L. Ramann, Leipzig 1881
39 Liszt, Franz, a.a.O.
40 Berendt, J. E., »Das Große Jazzbuch«, Frankfurt 1982
41 Müller, Marieluise, »Peter Hofmann / Singen ist wie Fliegen«, Bonn 1983
42 Berendt, J. E., a.a.O.
43 Rohkohl, Brigitte, »Rock Frauen«, 1979
44 zitiert nach Frith, Simon, »Jugendkultur und Rockmusik«, Reinbek 1981
45 zitiert nach Kaiser, Rolf Ulrich, »Rock-Zeit«, Düsseldorf 1972
46 Sandner, Wolfgang, »Erotik und Sexualität in der Rockmusik«, Hifi 4/78
47 zitiert nach Kaiser, Rolf Ulrich, a.a.O.
48 zitiert nach Kaiser, Rolf Ulrich, a.a.O.
49 zitiert nach Kaiser, Rolf Ulrich, a.a.O.
50 Rebell, Volker, »Zappa – Freak-Genie mit Frack-Habitus«, in: »Rock-Session 1«, Reinbek 1977
51 aus: »Penthouse«, Februar 1982

Personenregister

Abaelardus, Petrus 53
Adorno, Theodor W. 50
Agoult, Marie d' 80
Ahrens, Joseph 169
Alexander, Peter 52
Apollon 56
Apollina Six 96, 133
Armatrading, Joan 199
Armstrong, Louis 24

Bach, Johann Sebastian 22, 39
Bailey, Philip 127
Baker, Josephine 24
Ballard, Hank 86 ff.
Bay City Rollers 49
Beatles 87
Becket, Alan 183, 185
Beethoven, Ludwig van 22, 41,
    51, 61 ff., 64
Beggs, Nick 46
Bekker, Paul 30
Bellini, Vincenzo 122
Berendt, Joachim Ernst 150
Berg, Alban 161
Berlioz, Hector 22, 53
Berry, Chuck 25, 178, 180
Birkin, Jane 93
Bizet, Georges 63
Björling, Jussi 141
Blackmoore, Ritchie 47, 48
Boccherini, Luigi 70
Bolan, Marc 46, 49
Bornemann, Ernest 150
Boulez, Pierre 169
Bowie, David 25, 194
Boxer 196
Boy George 49
Bozzio, Dale 198
Brentano, Clemens 73
Brown, James 25, 89 ff., 95, 132
Brown, Roy 87
Bruckner, Anton 42, 60

Burdon, Eric 30, 36, 181, 184

Cameo 94, 102
Carpendale, Howard 52
Cassidy, David 46, 49
Charles, Ray 87, 132
Chéreau, Patrice 137, 138
Chic 93
Choisy, Maryse 15
Chopin, Frederick 22, 53, 70
Clementi, Muzio 70
Cohn, Nik 89
Collier, Ken 185
Commodores 102
Conelly, Brian 25
Cooke, Sam 132
Cooper, Alice 25, 195
County, Jane 197

Davis, Martha 199
Day, Doris 179
Debussy, Claude 22, 40, 59, 168
Denhoft, Michael 157
Depeche Mode 49, 196
Desprez, Josquin 20
Deter, Ina 132
Dio, Ronnie James 129
Dionysos 56
Donizetti, Gaetano 122
Doors 184 ff.
Dorau, Andreas 132
Douglas, Carl 93
Durbin, Karen 180
Dvořák, Anton 42

Earth, Wind & Fire 94, 102, 127
Ellington, Duke 24

Faithful, Marianne 107
Fältskog, Angnetha 197
Ferry, Brian 196
Festetics, Marie Gräfin 80

Frankie goes to Hollywood 152, 196
Franklin, Aretha 40, 94, 102, 132, 133
Freed, Allan 86
Freud, Sigmund 14, 58, 119
Fuchs, Eduard 37
Fugs 182, 185
Fulbert, Heloisia 53
Funkadelic 94
Furnier, Vincent 195

Gamble, Kenneth 92
Gap Band 94, 102
Gautier, Theophile 82
Gaye, Marvin 132, 144
Genesis 43
Ginsberg, Alan 45
Giulietta, Guicciardi 22
Glitter, Gary 194
Gluck, Christoph Willibald 63
Goethe, Johann W. v. 15
Goldmann, Albert 89
Goldstein, Richard 90
Gordy, Berry 87, 91
Graham, Bill 181
Grateful Dead 182
Graves, Barry 175
Grönemeyer, Herbert 130

Haartz, Hans 130
Hagen, Nina 199
Haigis, Anne 199
Haley, Bill 174
Hamel, Peter Michael 157
Harris, Wyonie 85
Harry, Deborah 30
Harrys Georg 76
Haydn, Joseph 22
Hayes, Isaac 88, 91
Heller, Stephan 70
Hemphill, Paul 175
Hendrix, Jimi 187, 191 ff.
Henselt, Adolf 70
Henze, Hans Werner 169
Herrmann, Hans H. 39
Herz, Henri 70

Hiller, Johann Adam 122
Hoffmann-Erbrecht, Lothar 148
Hoffmann, E. T. A. 72
Hofmann, Fritz 138
Hofmann, Peter 135 ff.
Holliday, Jennifer 133
Hopkins, Jerry 175
Huff, Leon A. 92
Human, League 49
Hummel, Nepomuk 70

Iglesias, Julio 52, 91, 131

Jackson, Bullmoose 85
Jackson Five 43
Jackson, Millie 94 ff., 133, 134
Jagger, Mick 25, 185 ff.
James, Rick 49
Jarreau, Al 94
Johnsson, Guy B. 100
Jolson, Al 174
Jones, Rickie Lee 190, 199
Jürgens, Udo 52

Kah, Hubert 130
Kaiser, Roland 52
Kalkbrenner, Friedrich 70
Kapp, Julius 76
Karajan, Herbert von 136, 138
Katero, Apollonia 96
Kennedy, Joyce 92, 102
Kershaw, Nik 49
Khan, Chaka 43, 94
Kitt, Eartha 94
Klausmeier, Friedrich 119
Knight, Gladys 133
Koblenz, Babette 166
Kollo, René 135 ff.
Kollo, Willi 136
Kühnl, Claus 157 ff.
Kupferberg, Tuli 185 ff.

Lage, Klaus 132
Laine, Frankie 174
Landini, Francesco 20

Lear, Amanda 198
Led Zeppelin 25
Lennon, John 25
Lennox, Annie 199
Lewis, Jerry Lee 25, 180
Ligeti, György 166, 169
Limahl 46, 49
Lindenberg, Udo 131
Liszt, Franz 23, 69, 70, 79 ff., 124, 125
Little Richard 180
Luman, Bob 175

MacCrae, George 93
Machault, Guillaume de 19, 40
Madonna 152, 198 ff.
Mahler, Alma 58 ff.
Mahler, Gustav 23, 58 ff.
Mainstreet 197
Mallarme, Stephane 59
Mama Lion 196
Marylin 49
Matiasek, Helmuth 136
Maze 102
McCoy, Van 93
Meinecke, Ulla 199
Mentz, Paul 31
Messiaen, Oliver 168, 189
Meyerbeer, Giacomo 127
Miller, Jim 178
Mills, Stephanie 133
Monteverdi, Claudio 15, 21, 39
Moroder, Giorgio 93
Morrison, Jim 184 ff.
Mothers Finest 92
Mothers of Invention 187
Motown 87
Mozart, Wolfgang Amadeus 22, 63 ff.,
    123, 138, 168
Müller-Hornbach, Gerhard 157
Murail, Tristan 167, 169

Nanninni, Giana 199
Nazareth 197
Nena 199
Nietzsche, Friedrich 14, 64

Nilsson, Birgit 141
Norman, Jessye 126
Novalis 72 ff.
Nugent, Ted 47

Odine, Howard 100
Offenbach, Jacques 63
Orff, Carl 142
Osborne, Jeffrey 94, 118
Osbourne, Ozzy 49

Paganini, Niccolo 23, 69, 70, 74,
    76 ff.
Palmer, Tony 176
Parker, Tom 177
Pendergrass, Teddy 132
Perkins, Carl 176
Phillips, Sam 176
Pink Floyd 43
Plant, Robert 25, 47, 48 184 ff.
Platon 18, 30
Pleyel, Camilla 70
Pop, Iggy 184 ff.
Precht, Rosa 199
Presley, Elvis 25, 85, 174 ff.
Prince 95 ff.
Puccini, Giacomo 122
Purple Schulz 132

Rachmaninoff, Sergej 39, 166
Ravel, Maurice 42, 168
Ray, Johnny 174
Rebell, Volker 188
Redding, Otis 132
Reed, Lou 25, 194 ff.
Reger, Max 58
Rellstab, Ludwig 75
Riemann, Hugo 41
Richard, Little 25, 178
Richter, Johanna 58
Robinson, Smokey 87
Rohkohl, Brigitte 179
Rolling Stones 25, 43, 181 ff.
Ross, Diana 87, 91
Rossini, Gioacchino 63, 122

Roth, David Lee 48, 129
Rothchild, Paul 185
Roxy Music 196
Rubens, Peter Paul 15
Rushing, Jimmy 86

Sade 26, 94
Sand, George 23
Sandner, Wolfgang 183
Sasson, Deborah 138
Sayn-Wittgenstein, Fürstin von 80
Schelling, Friedrich Willhelm 56
Schilling, Peter 130
Schlegel, Friedrich 125
Schmidt-Joos, Siegfried 175
Schneider, Helen 197
Schopenhauer, Arthur 142
Schönberg, Arnold 161
Schreker, Franz 63
Schubert, Franz 125
Schumann, Clara 70
Schumann, Robert 22, 78
Schütz, Heinrich 41
Scorpions 197
Sex Pistols 39
Shakespeare, William 15
Sinatra, Frank 52
Skrjabin, Alexander 59
Smith, Bessie 24
Smith, Patti 199
Sopchak, Andrew L. 33
Spandau Ballett 49
Stamitz, Johann 22
Starsisters 197
Stax 87
Stockhausen, Karl Heinz 169
Stooges 184
Strauss, Richard 63
Strawinsky, Igor 23
Streetwalkers 196
Stuckenschmidt, H. H. 148
Summer, Donna 93, 121, 133, 153

Takemitsu, Toru 169
Tangerine Dream 43
Thalberg, Siegmund 70
Thomas, Rufus 88
Three Degrees 92
Tolstoi, Leo 51
Tschaikowsky, Peter I. 42, 51
Turner, Ike 88
Turner, Tina 88 ff., 94, 132, 192

Vanity 197
Varena, Elsa 136
Verdi, Guiseppe 23, 123
Vogelweide, Walter von der 53 ff.
Volluti, Giovanni Battista 127

Wagner, Richard 16, 23, 30, 40, 51,
    53, 56, 63 ff., 123 ff., 141 ff., 168
Wagner, Wolfgang 136
Weber, Carl Maria 22
West, Mae 172
White, Barry 91
Who 184
Wilde, Kim 197
Wilson, Devon 194
Williams, Wendy O. 200
Willms, Harm 31
Windgassen, Wolfgang 135
Winner, Langdon 179
Witheman, Paul 24
Wolf, Hugo 22, 57 ff.
Wolkenstein, Oswald von 17, 19,
    40, 54
Wonder, Stevie 87

Young, Paul 46, 49
Yun, Isang 166, 169

Zappa, Frank 106, 187 ff.

Döpfner & Garms

Neue Deutsche Welle

Kunst oder Mode?

Ullstein Buch 36505

Die »Neue Deutsche Welle« hat, ähnlich wie die Beatbewegung im angloamerikanischen Raum, hierzulande erstmals eine eigenständige Epoche eingeleitet – sie wurde zur Initialzündung. Endlich liegt es vor: das Standardwerk zur deutschsprachigen Popmusik der späten siebziger und frühen achtziger Jahre. Scharfzüngig werden aktuelle Trends dargestellt und kommentiert. Schonungslose Polemik und sachliche Information ergänzen sich zu einem kenntnisreichen, dabei aber spannenden und humorvollen Sachbuch. Es umfaßt einen geschichtlichen Abriß, stilistische Analysen, gesellschaftspolitische Betrachtungen der Jugendkultur und Interviews. Der zweite, lexikonartige Teil portraitiert zahlreiche Einzelinterpreten und Gruppen.

Populäre Kultur